QIE SI QIE JI

且思且记

我这样写地理教学反思

曹军 著

Q

安徽师范大学出版社

·芜湖·

图书在版编目(CIP)数据

且思且记:我这样写地理教学反思 / 曹军著.— 芜湖: 安徽师范大学出版社,2019.10
ISBN 978-7-5676-4089-4

Ⅰ.①且… Ⅱ.①曹… Ⅲ.①中学地理课 – 教学研究 Ⅳ.①G633.552

中国版本图书馆CIP数据核字(2019)第086114号

且思且记——我这样写地理教学反思　　　　　　　　　　　　曹　军◎著
QIE SI QIE JI WO ZHEYANG XIE DILI JIAOXUE FANSI

责任编辑：祝凤霞
装帧设计：丁奕奕
出版发行：安徽师范大学出版社
　　　　　芜湖市九华南路189号安徽师范大学花津校区
网　　址：http://www.ahnupress.com/
发 行 部：0553-3883578　5910327　5910310(传真)
印　　刷：江苏凤凰数码印务有限公司
版　　次：2019年10月第1版
印　　次：2019年10月第1次印刷
规　　格：700 mm×1000 mm　1/16
印　　张：19
字　　数：312千字
书　　号：ISBN 978-7-5676-4089-4
定　　价：59.00元

如发现印装质量问题,影响阅读,请与发行部联系调换。

前　言

　　教学反思,教师并不陌生,人人都会说,都会写,但是能把积极的教学反思当作自身需要和职业习惯的还不多。教师形成反思意识,养成良好反思习惯,本身就是对事业、对学生、对自己有责任感的体现,有助于教师形成爱岗敬业、虚心好学、自我批判、追求完美的优良职业品质。反思素养的形成离不开读书和实践,苏霍姆林斯基说过,不读书,不迷恋书籍,提高教育水平的一切措施都将失去意义。教师全部素养的形成和提高,都跟读书分不开,都要从书籍这个丰富的源泉中吸收营养。教学反思要立足课堂,立足实践,教师只有投身教育教学一线,切实加强与学生的交流和交往,才能感知教育发展的脉搏,才能感知人的成长和"教育人"的酸甜苦辣。

　　教师的教育艺术源于教育实践,是在实践中日积月累而成的,但并不是所有的实践都能够自然而然产生教育艺术,它需要教师拥有一双慧眼,保有一颗灵心,在教育实践中时刻做一个有心人,善于发现,善于总结,善于在不断反思中改进和成长。上好一节课不仅需要想通大道理,也需要做好小事情,"课堂无小事,事事皆教育",强调的就是课堂教学要从细微处入手,让每一件"小事"都成为教育学生和促进教师发展的良好载体。"金无足赤,人无完人",我们只有在教学工作中多反思,总结成功经验,发现问题与不足,并不断改进、完善和进步,才能使自己成为一名优秀的教师。

　　我1996年参加工作,2001年8月至今一直在射阳县盘湾中学工作。这是一所农村普通高中,学生学习基础薄弱,学习能力不强,农村学校课难上、学生难教是很多老师的共识。因此,要"站稳"课堂,教育好学生,农村教师更需要爱心、耐心、信心和恒心。

　　从教20多年,我在摸索中前进,在前进中成长,在成长中收获幸福和希望,感悟自己的教育生活,走自己的专业发展道路,边学习,边实践,边反思,至今已积累了几十万字的教学反思。通过教学反思,我有机会与学生对话、与自己对话、与教育对话。这些教学反思涉及教学活动的方方面面，没有震撼的场景和深邃的理论，记录的只是零零碎碎的教育教学琐事和个人的思考，但它真实还原了一所农村中学一个普通教师课堂内外发生的点点滴滴，其中有些可能只是我自己的"个案"，有些可能有一定的普遍性，因而记录下来有一定的价值。

本书精选了2014年1月至2017年12月本人所写的教学反思，这些教学反思立足课堂，以"教""学""研"为基础，主要分为以下六编。一是教学过程反思。本部分涉及教学理念、教法设计、教学行为、教学反馈、教学评价等方面内容。二是学情学法反思。本部分涉及学情分析、学习感悟、学法指导等方面内容。三是课程教材反思。本部分涉及教材知识、教材结构、课标解读、课程建设和开发等方面内容。四是师生关系反思。教学的本质是人与人的交往，教学活动中的师生互动、教学矛盾、偶发事件的处理等也是我反思的内容。五是教师专业发展反思。本部分涉及教师读书与学习、借鉴与研究、内化与行动、引领与创新等方面内容。六是杂谈。教师每天的关注点不能局限于"教"与"学"，因此教育管理、育人智慧、生活真知、理想事业等也是我反思的内容。

《普通高中地理课程标准(2017年版)》的发布，引发了广大地理教师学习和研究的热潮，本书的教学反思有许多涉及地理核心素养培育和立德树人根本任务方面的内容。前几年的教学反思依然沿用《普通高中地理课程标准(实验版)》中的表述，个别与新课程标准矛盾之处已作修改。书中提及的教学内容主要来自鲁教版高中地理教材，每则教学反思都有日期和明确的主题。在整理时，我逐字逐句对全书进行了修改和完善，主观上确实下了一番功夫。如果这些"教育原件"能给大家带来一些"微惊喜"，提供一点"微服务"，我就满足了。

本书在编写过程中，承蒙安徽师范大学焦华富教授的悉心指导和大力支持，江苏省中小学教学研究室于蓉教研员审阅书稿并提出宝贵意见，在此向他们表示衷心的感谢！

由于水平有限，书中不妥或错误之处，敬请同仁与广大读者批评指正。

曹 军

2018年9月20日

目　录

教学过程反思

学情学法反思

目录

课程教材反思

目思且记——我这样写地理教学反思

师生关系反思

专业发展反思

杂　谈

教学过程反思

人们解决世界上的问题，靠的是大脑思维和智慧，而不是照搬书本。

——爱因斯坦

每天都有新感觉 | 2014-01-03,星期五

上午在高二(1)班上课,借助多媒体,我带领学生系统复习了鲁教版高中地理必修二第三单元第一节"农业生产与地理环境",并结合具体农业发展案例,让学生进行分析,又评讲了一些练习题。我讲的声音比较大,练习题评讲主要是抓易错点,学生听得认真,回答问题也比较积极。这部分内容我教过好几遍了,但今天的课还是有新感觉:一是教师上课务必要全身心投入,要有激情;二是讲课声音要洪亮、有力,这样更容易吸引学生;三是练习题呈现要多样化,教学案、多媒体材料、生活中的实例等都可以作为训练素材。一天中在不同班级上同一内容,感觉往往是不同的,留心反思这些"差异",积累经验,对改进自己的教学是大有裨益的。

课堂教学的艺术性 | 2014-01-06,星期一

在日常工作中,有的教师备课、上课认真,作业批改一丝不苟,工作很尽力,但是学生却不喜欢听他的课,这一现象值得我们关注。在课堂教学的科学性、发展性等方面,这些教师做得不错,但他们对课堂教学的艺术性把握不好。德国教育家第斯多惠说:"教学的艺术不在于传授本领,而在于激励、唤醒、鼓舞。"教学中教师要激发学生的情感,和学生没有情感上的沟通,怎能指望学生爱听你的课? 在课堂上如何吸引学生的注意力,引导学生"乐学",本就是一门艺术。教师一味地讲新课、讲题目、提要求,学生会觉得单调、疲惫甚至厌烦。语言幽默、善于沟通的教师,能把教学的知识性和趣味性巧妙结合起来,学生学得愉快,教学效果自然会好。

情境教学法的应用 | 2014-01-10,星期五

我在讲授必修一第三单元第一节"地理环境的差异性"时,为了让学生认识自然地域分异规律及其产生的原因,创设了如下的故事情境:我们开展一次旅行实践,A组由亚洲的印度尼西亚沿太平洋西海岸旅行至白令海,B组沿北纬45°线由亚洲东海岸向内陆旅行至中亚,C组由喜马拉雅山南麓攀登到山顶。各组学生描述旅行中会看到的植被与自然环境,并进行分析解释。

在讲解自然地域分异规律的应用时,我创设了如下的故事情境:一次跨南北半球的野外考察,2013年10月从非洲的尼日利亚沿海出发,一路向北到达冰岛;请学生准备旅行必备的户外用品,描绘旅行中会看到的风景与自然带。这些情境设置指向获取地理知识的方法,培养学生知识迁移运用的能力,学生参与热情高,教学效果好。

练习册代替不了教学案 | 2014-01-14,星期二

设计一份好的教学案,要参考各种教学资料,加上整理、修改、印制,要花不少时间。有的教师图省事,备课时不准备教学案,课堂上需要训练时,就用练习册上的试题,这样做效果一般。教学案上有教学目标、教学重难点,还有特别挑选的试题,切合学生的"口味",而练习册上的试题虽然涉及所有知识点,质量也不错,但试题难易不一,"对点"课时的练习少,有些并不适用,所以在课堂上直接用练习册可能会造成一些时间浪费。在条件允许的情况下,我还是提倡教师编写教学案,精心选择内容和试题。

"放""收"结合 | 2014-01-15,星期三

所谓"放",是指在课堂教学中,教师要放手让学生自己发现、思考、交流、探究、展示,即让学生自己动脑、动口、动手。首先,教师要"敢放",让学生在课堂上"动起来",引领他们去自主学习、合作学习、探究学习,这样的地理课堂才能充满生机和活力。其次,教师要"会放",注意把握"放"的度,不能为了"放"而"放",为了活动而活动。课堂教学中还有"收"的问题,所谓"收",是指教师要注重引导,精心设疑,善于启迪,把握进度,在引导学生广泛而深入地探讨地理事象的同时,能紧扣主题,聚焦中心。在课堂教学中,教师该"放"则"放",该"收"则"收","收""放"结合,"收""放"有度,这才是生动活泼的课堂,才是有生命力的课堂。

好课要有思维的碰撞 | 2014-01-16,星期四

为了上好县市公开课,教师往往准备很长时间,备课、磨课,请人指导,还在班级"演练"几次,这样的公开课往往上得比较顺利。在这样的公开课上,师生双边互动活跃,目标达成也较好。但是在这样的公开课上,我们很

难看到学生的质疑和困惑,即使有也不像是发自内心的流露,更多的似乎是教师的"点拨"或课前的"安排"。有老师在公开课上询问学生是否有疑问之处,但用时很短,容不得学生慢慢酝酿和体会。好课应该有思维的碰撞,有遇到困难时的迷惑不解,有顿悟后的豁然开朗。有些课看似顺利,但实际上,这样的课没有"起伏",没有思维的碰撞,不能算是好课。

分段复习效果好 | 2014-02-20,星期四

如果要在两节课内复习一个单元的内容,还要评讲一份地理试卷,该如何安排?我以前都是先复习,后评讲试卷,但我今天作了一些调整,觉得效果挺好。第一节课先复习地理必修一第四单元前两节"自然资源与人类"和"自然灾害与人类",利用多媒体和学生一起梳理重要知识点,然后评讲试卷,到下课时讲完了选择题和判断题部分。第二节课我先从教材入手,复习第三节"全球气候变化",对该节常考的知识点作了回顾,并让学生背诵一段时间,然后再接着评讲试卷剩余的综合题。这样两节课由原来的"复习—评讲"模式调整为"复习—评讲—复习—评讲"模式,分段复习使课堂富于变化,学生注意力也更集中。

不同层级问题的设计 | 2014-02-26,星期三

热带雨林的分布和功能是地理教学中经常提及的案例,从深化人地协调观的角度,我在课堂上设计了如下四个不同层级的问题:

问题一:热带雨林分布在何处?对全球气候有何重要意义?(提高区域认知水平,辨识人类活动与地理环境之间的联系。)

问题二:热带雨林地区有哪些丰富的自然资源?给人类带来了哪些好处?(认识人类活动要遵循自然规律,理解人地协调发展的重要性。)

问题三:人类对热带雨林进行了哪些开发活动?会造成怎样的影响?(认识自然地理环境满足人类需要的潜力和有限性,以及人类活动产生的积极和消极影响。)

问题四:针对热带雨林开发存在的问题,你认为该如何保护热带雨林?(学会对现实人地关系地域系统进行简要分析,指出人地关系存在的问题,提出协调人地关系的措施和对策。)

协同备课 | 2014-02-27,星期四

在传统的教学方式中,教师往往单打独斗,备课耗费了大量时间与精力,效果却未必都理想;而在协同学习视野下,备课要协同作战。所谓备课,其实就是备课程,即将国家课程和地方课程校本化、班本化的过程,它不仅仅是简单的内容增删调换,更多的是要开发课程资源。但个人备课很难达到这个要求,只有协同备课,通过合理分工、通力合作才能实现。协同备课还有一个重要任务,就是精心设计学生的协同学习方案。教师如果没有协同备课的逻辑惯性,往往也很少考虑学生的协同学习。实际上,如果能够充分调动起学生的积极性,组织学生开展协同学习,他们就会倒逼教师开发课程资源。

这种教学模式好吗 | 2014-03-10,星期一

陈老师上物理课,环节很简单,一节课只讲30分钟左右,都是自己画图讲解,学生听,剩下15分钟左右的时间让学生看书或写作业,他在班级巡视、督促,解答学生疑问。他经常说:"你讲多了,学生听吗?"我不认为陈老师的课堂模式是最优的,但是他在教学中体现了"以生为主"的原则,学生有看书、练习的时间,这比有的老师上课"满堂灌"好多了。"讲—练"模式谈不上有多高的艺术性,但对于初上讲台的教师来说,在一时难以驾驭先进教学模式的时候不妨一学。

"练习"不是课堂必需环节 | 2014-03-13,星期四

今天下午第一节课在高二(4)班讲授必修三第一单元第一节"认识区域"。这一节的内容不多,只有三个问题,我这节课只讲了前两个问题"区域的含义"和"区域的类型",用时约30分钟。之后,我让学生拿出"同步练习",要求他们完成上面的8个选择题(其中有2个题目稍难),然后评讲,前后用时约15分钟。反思本节课,表面上"有讲有练",但重点没讲透,学生的"练"也很仓促,我只顾课堂结构的完整性,实际效果却并不好。只要学生在认真听,只要教学重点还没有讲透,教师就应该继续"讲",哪怕多花点时间也值得。"同步练习"用不用,取决于课堂实际教学的需要,它不是课堂

必需环节,"同步练习"可以两节课甚至三节课一讲,也可以在章节结束时专门安排时间评讲。当然,这不是说课堂上放弃学生的"练",而是"练"的形式应该多样化,不能局限在几个题目上。

合理安排教学时间 | 2014-03-19,星期三

今天在高一(5)班讲授"地理环境的差异性",这部分内容比较抽象,特别是地域分异规律。我在课堂上结合不同的自然景观图和气候类型图,引导学生通过读图发现规律,突出热量条件是产生从赤道到两极地域分异的基础;引导学生通过比较景观图片,分析因水分条件变化而形成的从沿海到内陆的地域分异规律,并利用"知识窗"材料,安排学生进行讨论,促进了学生对这一知识点的理解。我想,对于本节内容来说,如果快节奏、大容量地讲授,学生可能会难以吸收,无法形成自己的思维链条,而如果前松后紧,又有可能掌握不好时间,因此,教学时间安排要松紧适当,有精讲,有略讲。

洞察学生的经验世界 | 2014-03-20,星期四

在教学的开始,教师应首先保留自己的见解或者书本中的观点,先去了解学生对当前主题的想法。而要了解学生真实的想法,就需要在教学中利用一些开放性的、探测性的问题,让学生在推论、预测中表达自己的想法。比如,在地球形状的教学中,如果教师在教学之后问学生:"地球是什么形状?"那学生都会说是圆的,因为这个问题只能诱导学生去复述书本的内容。为了了解学生真实的想法,教师可以在授课前先问学生:"假如你从站立的地方出发,一直向东走,没有山水等阻挡你的道路,一直走下去,你最后会发现什么?"相信地球是圆的的学生会说"我会回到这个地方",而如果一个学生觉得地球是平的,那他可能会说"我发现我会走到大地的边缘"。这种探测学生真正想法的问题常常采用"如果……,将会……"的形式,即给学生描述一个事件或一种情景,让学生运用相关知识推测结果,这比内容复述更能反映学生真正的想法。

设计"一举多得"的教学活动 | 2014-04-03,星期四

每一个教学活动的设计,不能仅仅为了实现某一项目标,完成某一项

任务。教学设计应当是引导学生完成一个活动,且能有多方面的收获。在"应试"教学中,教师设计的每一个活动,一般都是为了完成唯一的任务,达到唯一的目的——应试,这种做法是劳民伤财的"多举一得"。素质教育反对这种"唯分数""唯考试"的教学思想,发展学生核心素养也反对片面追求升学率的做法。因此,教学设计必须多线索、多方位、多角度地设计,即设计出能使学生一举多得、全面发展的教学活动。

知识分层目标的表述 | 2014-04-04,星期五

高中地理知识目标的分层主要根据重要程度和难度两个方面来划分,一般分为三层:A——重要且难;B——重要但一般;C——不重要或容易。怎么准确表述各层目标,很多老师可能没有认真研究过,在目标设计时用词比较随意,学生也难以把握。在编写教案时,我尝试以可量化行为动词来确定等级:了解水平(C级)——知道、认识、了解、识记、说出、举例、描述等,理解水平(B级)——理解、说明、分析、解释、比较、归纳、判断、领会、区别等,应用水平(A级)——运用、应用、设计、总结、撰写、解决、评价等。这样表述教学要求就明确而具体了。

多媒体教学手段运用的原则 | 2014-04-17,星期四

多媒体教学手段要用得恰当合理,否则可能会削弱学生的注意力,妨碍学生的思维和想象,也会降低教师个人魅力,使教师成为课堂上袖手旁观的"第三者"。运用多媒体教学手段,应把握"三个需要原则",即学科教学需要的原则、重难点突破需要的原则、学生学习需要的原则,这样才能事半功倍。如教授"地球的公转"时,对于学生摸不着、看不到、听不见、感知不深的现象,如公转的方向、轨道、速度,黄赤交角,昼夜长短变化等,教师可以运用多媒体演示地球运动状态,直观形象、一目了然,这样有助于培养学生的空间思维和想象能力,有助于课堂教学效率的提高。

关注我国的地理国情 | 2014-04-22,星期二

今天在讲授"谋求人口合理容量"时,为了让学生了解我国严峻的人口形势,我提问:"盘湾中学900名学生,每天要吃掉多少粮食?射阳县95万

人口,每天又要吃掉多少粮食?"学生通过计算,最后得出盘湾中学每天最少要消费约350千克大米,而射阳县每天要消费约40万千克大米。这个数量是惊人的!接着我展示了一幅春运火车站人潮涌动的图片,学生看了若有所思。我国作为一个发展中国家和世界人口最多的国家,深受人口、资源、环境等问题的困扰。教学中教师要引导学生关注我国的基本地理国情,关注家乡的发展,增强热爱祖国和热爱家乡的情感。

在"平淡"处设疑 | 2014-04-29,星期二

教材中有些内容看似"平淡",却与"关键点"相关,如能在这些"平淡"处设疑,让学生从无疑变为有疑,接通质疑、解疑的链条,就能使学生的学习积极性不断提高,从而取得良好的课堂教学效果。例如,"地球的宇宙环境"一课由宇宙、太阳、地球三部分构成,我是用如下几个设问串联这三个部分的:人类生活在地球上,那么地球处在怎样的宇宙环境中?宇宙中的恒星数不胜数,为什么我们要着重了解太阳?太阳系有八大行星,为什么只有地球上有生命?让我们一起来研究地球吧!如此就把三部分内容串联了起来,由小到大,由近及远,层次分明,从而使讲授如行云流水般自然、顺畅。

先提问,后点名 | 2014-05-07,星期三

课堂提问是一门艺术,有的教师不太注意研究,课堂提问比较随意,比如先点名一个学生,然后读题目、提问题,学生回答。被提问的这个学生在思考,但未被提问的学生就会"事不关己,高高挂起","优哉游哉"。这个现象值得注意,教师要发挥提问的最大效益。教师在清楚地叙述完提出的问题后,要观察学生对问题是否明确,要留给学生思考的时间,在多数学生"跃跃欲试"时,再点名回答,这样效果会更好,而如果学生异口同声地说出了答案,就不必再点名提问了。

评价好课的标准 | 2014-05-22,星期四

现在教研组评课,很多教师特别关注授课教师在课堂上的语言表达、内容处理、教法设计、目标达成等,点评非常深入,也很客观,但是对学生的

状态谈得不多,对学生怎么看、学、思、做,观察分析得少。我认为,一堂好课的标准,应该明确落实在课堂的主体——学生身上。因此,评课首先应评估学生的"学",其次才是教师的"教",两者都要兼顾,重点评学生。课堂上主要考查学生的三种学习状态,即学生的参与状态、交流状态、达成状态,这三个方面都做好了,就是一堂好课。

重视证据在地理探究中的应用 | 2014-05-23,星期五

在科学研究中,科学家要花费大量精力收集证据,以此为基础来解释自然界的奥秘。在地理教学的探究中,证据有着同样重要的作用。例如,在讲授"季风环流"后,学生清楚了盐城地区属典型的季风气候区,盛行风随季节而发生有规律的变化。但也有学生说我们这里除了吹西北风和东南风,有时也会吹西南风和东北风。这个说法对吗?我安排学生观察风向,两天后,学生证实了本地偶尔会吹西南风和东北风,这就是证据。对这一现象如何解释呢?在分析主导风向的同时要让学生清楚,实际的大气运动受多种因素影响,运动状况复杂。可以说,证据是学生通过探究获得新知的关键所在,通过收集的证据,证明假设的对错,将解释与已有的知识相联系,提高学生的推理及判断思维能力。

加强对学生的归因指导 | 2014-05-27,星期二

归因是指对自己或他人行为结果的原因进行分析的过程。根据原因的来源,归因可分为内部归因和外部归因。内部归因指把行为结果的成功或失败归结为内部的原因,如个人努力程度、学习态度、能力水平等;外部归因指把行为结果的成功或失败归结为外部的原因,如活动任务的难度、学习环境、个人运气等。经验和研究都表明,将学习成绩差归结为自己努力不够或能力不足的学生常常愿意接受别人的帮助或指导;而将学习成绩差归结为学习内容太难或自己运气不好的学生则往往不愿接受他人的帮助或指导,学习缺乏主动性。因此,要加强对学生的归因指导,面对学习中出现的问题和暂时的挫折,要引导学生更多地进行内部归因,以更积极主动的姿态投入今后的学习生活中。

引发学生的认知冲突 | 2014-06-06,星期五

在讲授"水稻种植业"时,为了说明水稻生产需要考虑劳动力、市场需求、饮食习惯等因素,我设计了如下问题:刚果盆地、亚马孙平原都是高温多雨的气候,但为什么少有水稻分布？这与学生已学的知识相矛盾(水稻分布在高温多雨的气候区),引发了学生的认知冲突。我先让学生个别发言,再相互补充、讨论,终于化解了认知冲突,解决了问题。很多时候,教师只用教材,讲教材,使学生对知识的把握只停留在浏览、知晓、背诵的层面。而苏霍姆林斯基曾说:"如果没有思考和研究活动,记忆也会变成有漏洞的东西,什么也装不住。"教师要做的是要搜集事实材料或创设问题情境,引发学生形成一次次认知冲突,在"思考—探究—顿悟"的过程中理解和掌握知识,提升思维能力,这才是真正的学习。

课堂教学目标的变革 | 2014-06-09,星期一

高中地理新课程标准提出了三维目标,但在实际教学中,情感、态度与价值观目标往往被忽略。有的教师认为情感、态度与价值观目标是蕴含在知识与技能目标之中的,不需要专门教,这其实是一种片面的理解。情感、态度与价值观目标不仅包括可持续发展、人地协调等价值观,还包括提高地理审美情趣,增强热爱祖国、热爱家乡等情感。实际上,情感、态度与价值观目标是学科教学追求的终极目标。心理学家研究发现,自我系统在学习过程中有极其重要的作用,加强元认知和自我系统是发展自我调节的核心,这应成为教育的根本目标。正如社会学习理论创始人班杜拉所指出:教育的根本目标之一是使学生具备自我调节能力,以实现自我教育。自我调节不仅有助于教学的成功,也有助于终身学习。可见,在设计地理课堂教学目标时,营造民主平等的氛围,创设良好的学习环境,采用多种教学方法等,并不是为了完成知识与技能目标,这些本身就应该是教学的目标。

从问题视角切入 | 2014-06-12,星期四

区域可持续发展教学的立足点应该是对区域问题的判断及解决方案的设计。在教学中,我们可以从区域存在的问题切入,溯因求果,探讨合理

的解决办法。例如,在"流域综合开发与可持续发展——以长江流域为例"(鲁教版)的教学中,从问题视角切入,可作如下处理:

环节1:长江流域开发中出现的问题。引导学生看书思考总结出长江流域开发中出现的水土流失、洪涝灾害和环境污染问题,重点强调洪涝灾害。

环节2:洪涝灾害产生的原因。洪涝灾害是怎样出现的? 为什么会加剧? 引导学生绘制长江流域图,结合"长江流域自然环境和自然资源"一目内容分析洪灾产生的自然原因,并结合流域开发分析人为原因。

环节3:洪灾的治理措施。针对长江流域开发中的问题,探究治理措施,如上游地区加强生态环境建设,开展水土流失治理,中游地区整治江河湖泊,退耕还湖,疏浚河流和湖泊,做好分洪工程,等等。

环节4:迁移应用。以"美国田纳西河流域"为案例,分析其开发中存在的问题和原因,探讨治理的对策,举一反三,完成"流域综合开发与可持续发展"教学。

德育渗透不可少 | 2014-06-16,星期一

我今天在高一(5)班讲授"城市交通网",提到城市发展中面临两个问题,一是城市交通拥挤,二是城市环境污染。如何缓解城市交通拥挤? 学生回答:优先发展公共交通,扩大路网规模,错开出行高峰,加强城市交通管理,等等。我进一步追问:"周末放假,你是乘公共汽车回家,还是让父母开车来接?"学生举手应答,乘公共汽车回家的约2/3,坐父母的车回去的约1/3。我说:"大家考虑一下,如果人人都乘私家车,周末校门口不就堵成一团了? 你还能及时到家吗? 城市是你我生活的空间,为了这一方净水蓝天,建议大家以后多乘公共交通工具!"同学们纷纷点头。课堂教学中及时渗透"绿色出行""低碳环保"的理念十分必要,这样可以增强学生关心和爱护环境的社会责任感,养成良好的行为习惯。

春秋季节吹什么风 | 2014-06-18,星期三

我在讲授"季风环流"时,必讲季风气候分布。盐城就是典型的亚热带季风气候,夏季盛行东南风,高温多雨,冬季盛行西北风,低温少雨。有学

生问:亚热带季风气候区春秋季节吹什么风呢? 这可是个新颖的问题(以前从没有学生这样问过),有必要向学生解释。如果我们讲季风气候特点,只讲夏冬季节,不讲春秋季节,这样的分析是不完整的。我告诉学生,东亚地区春暖秋凉,春季是东亚地区冬季风向夏季风转换的季节,海洋和陆地气温差别小,气压差异也不明显,因此风向不稳定,以偏北、东北风居多。而秋季是东亚地区夏季风向冬季风转换的季节,海洋和陆地气温差异同样较小,气压差异也不明显,因此风向也不稳定,各个方向的风都会吹,以偏东、东北风居多。我这么解释,学生就清楚了。

给作业写评语 | 2014-06-25,星期三

以往只见语文老师在批改作文时写评语,我也尝试在地理作业上写评语。作业写得好的,我就写上:"你真棒,继续努力!""你进步很快,你能做得更好!"作业需要改进的,我就写上:"坚持就能成功。""只要你认真写,你会写得更出色!"两三个星期下来,学生的作业发生了翻天覆地的变化,作业质量在不断提高。苏霍姆林斯基说过,成功的欢乐是一种巨大的情绪力量,是继续学习的一种动力。我在作业后面写的激励性的评语,成了学生前进的动力。教学无小事,事事皆教育,从细微处入手,把每一件事做到极致,就能成功。

抛锚式教学 | 2014-06-30,星期一

抛锚式教学有时也称"实例式教学"或"基于问题的教学"。这种教学要求建立在有感染力的真实事件或真实问题的基础上,确定了这类真实事件或问题,整个教学内容和过程就被确定了,就像轮船被抛锚固定一样,所以这类教学称为抛锚式教学。抛锚式教学的主要环节有:

(1)创设情境。创设使学习能够发生的和现实情况基本一致或相类似的情境。

(2)确定问题。确定与当前学习主题密切相关的真实事件或问题作为学习的中心内容,所选出的真实事件或问题就是"锚"。

(3)自主学习。在这一环节中不直接告诉学生如何解决问题,而是提供解决问题的有关线索,注意发展学生的自主学习能力。

（4）协作学习。即讨论交流，通过不同观点的交锋、补充、修正，加深每个学生对当前问题的理解。

（5）效果评价。抛锚式教学要求学生解决面临的现实问题，学习过程就是解决问题的过程，需要在学习过程中观察并记录学生的表现。

科学解答学生疑问 | 2014-09-04，星期四

在讲授黄土高原水土流失的治理时，有学生问，为什么不能在"几"字段实施"裁弯取直"工程，让黄河不流经黄土高原呢？这个疑问代表了很多同学的看法。我首先肯定了该同学提出的疑问：有想象力！之后我对这个问题予以分析：一方面，黄河流经黄土高原，确实加剧了对地表的侵蚀作用，千沟万壑的地表与流水的侵蚀密切相关，但黄河水是沿线农业灌溉、工业和居民用水的主要来源，如果黄河不流经黄土高原，会极大地影响当地的居民生活和工农业生产；另一方面，黄河"几"字段跨东西一千多千米，"裁弯取直"线路长、工程难度大，对自然生态环境也可能会有较大的负面影响，即使"裁弯取直"，也还是从黄土高原南缘开挖，还是要流经黄土高原。

悬念设置的过渡性 | 2014-09-05，星期五

我今天在高一（2）班讲授"地球自转的地理意义"一节"产生时差"一目时，先问学生地球上为什么会有时差？学生回答是由于地球自转。然后引出地方时概念，我问学生："这么多不同的地方时，给我们交流带来很多不便，怎么解决这个问题呢？"学生答分区计时。我又问："怎么分区呢？"学生看书、读图，能说出一些简单的时区划分方法，但并不全面，我利用多媒体进行了补充。我再问："时区分出来有什么作用？时差怎么换算呢？"如此设置悬念，层层推进，这一目内容讲得就比较清楚了，学生也容易掌握。每一节课的教学内容都是由相互关联的知识有序构成，要想使前后知识点联系得更为紧密，教师可在该知识点即将结束时，以设置悬念的方式把下一个知识点或者重点呈现到学生面前。这样能够吸引学生的注意力，从而使学生在知识点之间实现顺畅过渡，并保持思维的连续性。

不必"贪多求全" | 2014-09-11，星期四

今天我在高一(5)班上课，首先带领学生复习上节课内容。我结合地图和文字材料，让学生回答地球自转的方向、周期和速度。学生对地球自转的线速度和角速度分辨不清，我只好把这个知识点又讲一遍，然后让学生判断日照图上的晨线和昏线。令我意外的是，学生对此还是"盲目揣测"，看来掌握情况实在不好，我只好把"昼夜交替"要点又回顾了一下。剩余20分钟，我开始讲授新内容"产生时差"，在讲到国际日期变更线时，下课铃声响了。可想而知，这节课上得不太好，主要是复习环节花的时间过多。课前复习是必要的，但不必面面俱到，贪多求全，一是时间不允许，二是很难吸引学生的注意力。复习只能抓住几个要点，要么提问，要么结合题目进行检查。如果知识确实很难或学生掌握的情况很差，那么课堂就可以转变为复习课，不必讲授新内容了。

地理概念教学 | 2014-09-16，星期二

"锋面气旋"是高一地理的难点之一，我在讲授这部分内容时，从概念入手，抓住核心词素进行分析，效果不错。我分三步分析：首先，明确"锋面气旋"是个"气旋"。什么是"气旋"？学生都清楚是低气压。好！只有低气压才能形成"锋面气旋"，那么高气压就不在此概念范围。其次，"锋面气旋"存在"锋面"。何谓"锋面"？"锋面"无非就是冷锋、暖锋(准静止锋暂不考虑)，两者组合才能构成"锋面气旋"，而且缺一不可。最后，气旋的气流由四周流向中心，气流只有流动才能形成冷锋、暖锋，无论该气旋在哪个半球，冷锋的移动方向都是由高纬流向低纬，而暖锋则相反。以北半球为例，冷锋的气流由北向南流，暖锋的气流由南向北流，这就是典型的"锋面气旋"。这样的概念分析，学生印象深刻。

普遍存在疑问时不需提问 | 2014-09-18，星期四

今天在高一(4)班上课，最后提的几个问题，大多数学生弄不清楚，我仍然让他们回答，结果学生站起来无话可说，造成了"冷场"的局面。其实，学习"地球的公转"本身就需要有较强的读图能力和空间想象能力，大多数

教学过程反思

学生不懂,教师就应该及时画图、讲解、分析,而不是让学生回答个别的问题。由于他们正处于迷惑和渴望新知的状态,此时提问,反而影响授课进程和效果。

重视对非预设性课堂的研究 | 2014-09-19,星期五

在讲解了"地球自转的地理意义"后,我问学生还有什么问题,高一(2)班有一个学生问:"老师,地球为什么会自转?"大家都笑了,认为这个问题太"天真"了。我教了这么多年课,还是第一次听到这个问题,我一时也不能给出确切答案,于是我说:"这个问题问得好,老师还没有考虑清楚,我想听听大家的意见!"我这么一说,学生兴趣大增,畅所欲言。大家讨论的焦点是:地球运动需要消耗能量吗?若需要消耗能量,能量从何而来?是来自地球本身,还是太阳?若不需要消耗能量,那它是"永动机"吗?我也参与到学生的讨论中,但10分钟过去了,大家还是没有形成一致意见,于是我把这个问题作为课后作业让学生继续去探究。

制作地理模型 | 2014-09-23,星期二

模型是地理学习的重要工具,如地球仪就是学习地球运动、世界地形、海陆分布等知识的重要教学工具。有些地理知识较为抽象,再加上地理对空间思维的要求较高,学生对着平面的纸质材料难以理解和掌握,若可以制作立体模型,开展地理实验教学,则能大大降低学习难度,而教师若能引导学生自主设计、制作模型,则会使学生对知识的理解更加深刻。

地理模型可以分为实体模型与虚拟模型。在地理教学中,不仅需要制作实体模型,还应广泛制作和使用虚拟模型,如利用AR、VR技术制作地理模型等。

课堂要"舍得"表扬学生 | 2014-10-10,星期五

今天在高一(4)班上第四节课,主要内容是评讲教学案题目,我首先通报了学案完成情况,对完成较好的同学点名表扬,同时指出了练习中的一些不足。一节课下来,我发现,凡是受到表扬的同学课堂注意力都更集中,思维也更活跃。我坚持在课堂上表扬学生,或许有的老师会说实在找不到

学生的"优点",那是因为衡量的标准太高。不与外校、外班学生比,就在本班学生之间比,与个人过去比,怎么会找不出学生身上的闪光点呢?课堂上要"舍得"表扬学生,这种表扬不是偶尔的、个别的,而是经常性的、普遍的,这是有效教学的方法之一。

发挥课代表的作用 | 2014-10-13,星期一

课代表是学科教师的帮手,在检查作业完成情况、督促学生学习等方面发挥重要作用。我任教的高二(1)班的地理课代表非常负责,不仅按时收发地理作业,统计上交人数,还主动督促班级同学预习、复习。有时没有地理课,他会主动跑到办公室向我询问当天作业。由于他学习认真,工作积极负责,我经常表扬他,还送给他两本地理图书。课堂教学要以学生为中心,所有工作成效最终都要以学生发展状况来评价。所以,选好课代表,发挥好课代表的带头引领作用,是地理教师应该做好的一项工作。

换班教学效果好 | 2014-10-16,星期四

星期一集体备课,要求组内老师本周安排一次换班教学。今天我和乐老师换班教学,我去高一(3)班上地理课。面对新班级和新面孔,我还真有点紧张呢,一点不敢懈怠。课前准备是很充分的,而学生对我这位"新"老师也充满了好奇和期待,课堂上听得认真,讨论、发言也很积极,我是很满意的。乐老师在我所带的班级上了一节课,师生反映都很好。看来,换班教学值得提倡,一个班级一门学科长期由一位老师任教,程式化以及固定的讲课风格和模式容易使学生感到疲惫和无味。换班教学让学生接触到同一学科的不同老师,体会到不同老师的教学风格,有助于提升学习效果。同时,学生对老师教学水平和质量的比较、评价,无形中也会督促教师不断改进教学方法,创新教学模式。

适时追问 | 2014-10-21,星期二

生生之间、师生之间的对话,并非简单的你问我答,教师需要在倾听表达的情境中敏锐地把握、提炼出焦点问题,以实现更深层次的对话,从而促使学生形成个性化的理解。例如,在学习"锋面系统"时,可以展示冷暖锋

示意图,以"如何判断冷暖锋"为核心问题展开对话性讲授:一看气团移动方向,二观雨区范围,三察天气是否变冷,四进行互动对话。教师提问:冷锋过境时是否一定会降水?学生回答:由于暖气团上升,气温降低,水汽凝结形成降水,但是否会降水,降水多少要看暖气团的湿度。教师回答:你的想法是对的,当冷锋前方暖气团湿度较小,水汽含量不足时,冷锋过境很可能不会形成降水。学生追问:所有的降水都是由暖气团带来的吗?有没有例外……在上述学习过程中,学生主动思考后提出的疑问,往往是最宝贵的对话教学资源,因此,教师可以适时将师生对话引向深入。

教学进度服从于教学质量 | 2014-10-27,星期一

下午第一节课在高二(1)班评讲"区域能源和矿产资源的开发"配套练习。我先评讲其中的一部分题目,学生听得入神,因为涉及的重点知识比较多。不知不觉30分钟过去了,课堂只剩下15分钟了,于是我立即停止评讲,转授新课。但学生似乎对配套练习上的试题更感兴趣,因为他们急于想知道出错的原因和老师的分析。在学生意犹未尽的时候讲新课,虽然进度赶上了,但是把学生的关切抛在一边,这是得不偿失的。教学进度要服从于教学质量。下午第三节课在高二(3)班我作了调整,一节课专门用来评讲昨天的练习,学生听得认真,虽然没讲新课,但是教学效果要好得多。

问题设计简明扼要 | 2014-10-29,星期三

今天在高一(6)班听了刘老师的一节公开课。他借助多媒体课件,课讲得不错,但幻灯片上展示的材料文字过多,字号又小,学生阅读起来比较吃力,容易产生疲劳感。利用幻灯片呈现问题一定要简明扼要,要有针对性和层次性,对综合性强、涉及图表比较多的问题要加工整理。每张幻灯片上设计一个或两个问题为佳,幻灯片的底色最好是白色的,文字黑色加粗,这样看得更清晰。对于探究类问题,教师首先要引导学生阅读材料,让学生对材料和问题有全面的了解和通盘的考虑后,再让学生回答。

症结在哪 | 2014-10-31,星期五

在授完"世界的气候类型"后,我感觉很累,讲得口干舌燥,但学生似懂

非懂,没有达到预期的教学效果。我及时总结、反思:①由于内容多、难点多、知识抽象,学生很难完全将气候类型与其所分布的地区联系起来;②学生难以理解各种气候类型的特点和成因,因为他们缺少感性认识和现实生活体验;③能否改变以教师讲授为主的情况,让学生自主探究,先展示主要气候类型区的景观视频,再提供一些记者的游记文章,最后师生共同探究相关气候的话题。后来经过尝试,果然上出了成功的课。

及时解答学生的疑问 | 2014-11-03,星期一

今天在高一(2)班讲到"昼夜交替"时,有个学生突然发问:"老师,在晨线上是否能同时看到日出?"他的问题很有代表性。我停下来,立即进行解答:"在晨线上确实是同一瞬间看到日出,但日出的地方时并不相同(春分、秋分日除外)。"然后结合示意图进行说明。我这么一解答,那个学生自然很高兴,学习兴趣也更浓了。学生有疑问,无论课前、课堂上还是课后,只要他们提出,我都会及时解答。遇到三言两语无法解释或者自己也不清楚的,我也会及时告知学生。

教学方式选择不搞"一刀切" | 2014-11-04,星期二

有的学校鼓励教师上课用多媒体,个别学校还统计每周教师使用多媒体的情况,通报使用的次数。我认为这种做法有"画蛇添足"之嫌。使用多媒体是教学手段之一,课堂用不用、用多长时间完全取决于教学的需要。现在校内外开设公开课,多媒体辅助教学必不可少,可以让教师充分利用教育信息资源,但用了多媒体也不一定是一节好课。在日常教学中,也不是每一节课都需要使用多媒体,如实验课、技能课、评讲课等,因此,教师要根据实际情况决定是否使用多媒体。如果大家一哄而上,不顾教情、学情,把多媒体看成教学的唯一手段,那就是教育的形式主义,可能会出现千人一面的授课模式。课堂教学的生命力在于创新,个性化、有新意、高效的课堂应成为每个教师追求的目标,而多媒体只是实现目标的手段之一。

不要拖堂 | 2014-11-06,星期四

高中的地理课安排在上午或下午最后一节课比较多,下课铃声响起,

就是学生吃饭的时候了,因此教师要抓紧结束教学。但有时候下课铃响了,新课还没讲完,有的老师不忍心留这个"小尾巴",会再讲几分钟,完成任务才"心满意足"地离开。殊不知,这几分钟的时间,学生的思绪早已飞离了教室,课堂也会有一波波的"骚动"。虽然教师讲得兴致十足,可学生疲惫不堪,这样的学习不是一种负担吗?一节课留一点"小尾巴",甚至有点缺憾,并不是件坏事,它可以促使教师去反思自己的教学行为,思考课堂的得与失。尽量不拖堂,这是我上课坚持遵守的原则。

多一些以图释文 | 2014-11-11,星期二

将课本文字转化为图表,直观阐述教材中的文字内容,这对学生理解和掌握知识是大有益处的。地理教师课堂板书时应突出核心知识,少写多画,以图释文,这样有利于学生由抽象思维向形象思维转化,养成多角度思考问题的习惯。例如,针对"制成品相比原料重量大大减轻的工业部门,应布局在什么地方"这一问题,可绘制示意图,以图释文,这样学生就容易直观地得出结论。

创新课堂导入方式 | 2014-11-17,星期一

以前我讲授农业内容时都采用书前题目导入或案例导入,今天改变一下,让学生回答我的问题:11月,我们盘湾镇的农民正在收获什么农作物?又在准备播种什么农作物?今年农作物产量如何?学生大多来自农村,有的甚至天天在农田旁经过,但并没有留心农事,所以回答起来并不容易,这令我感到意外。我借机组织小组合作探讨。大家相互讨论,终于说了出来:盘湾镇的农民正在收获水稻、大豆、辣椒,正准备播种小麦、蚕豆、油菜;今年农作物产量较高,但农产品价格不高……我最后小结。如此结合乡土地理素材导入新课,学生感兴趣,效果不错。

赞美要明确具体 | 2014-11-20,星期四

我听一位老师上课,开头评讲练习题,他先介绍作业完成情况,他说:"大部分学生练习册完成得不错,少部分学生写得不够认真。"但学生对他这句话似乎没有什么反应。我认为,赞美对象要明确,"大部分学生"到底是哪些学生?批改作业的时候应留心记下这些学生的名字,然后在课堂上响亮地说出来,指出他们作业中的"亮点"。具体的赞美可以真诚地鼓励学生,激发他们学习的热情。相反,批评则要是"面"上的,最好不要指名道姓。成功教师的一大特点就是总能在课堂中创造出积极的氛围,他们尤其懂得赞美的力量。

复习不能只围绕高考 | 2014-11-21,星期五

今天参加高三地理复习研讨会,几位领导和教研员在讲话中都提到,高三二轮复习阶段是决定高考成败的关键时期,其重要性决定了该阶段的教学决不能是游离于高考之外的教学。此说法值得商榷!人人都知道高考的重要性,但教学工作应着眼于学生的素质提高,着眼于学生的终身发展,而不仅仅是考试。在高三阶段,复习课同样可以上得声情并茂、生动有趣,让学生不仅收获知识,也收获兴趣和成长,这样的教学才是良好的、可持续的教学。要鼓励教师运用一切有效的教学手段组织教学活动,如演示、辩论、观测、调查等,只要提高了学生的积极性,让他们学习有了热情和动力,我们就不用担心他们应付不了高考。

不以口头代笔头 | 2014-11-24,星期一

低效课堂最明显的特征就是"教学替代":教师讲得多,学生动口少,教师板书多,学生动笔少,教师演示多,学生动手少,教师成了课堂的"导演"和"主演"。教学成效的高低归根到底是由学生是否参与、怎样参与、参与多少来决定的。教学本来就是由"教"和"学"两部分组成的,"教"应围绕"学"展开,由"学"来定"教",课堂可以不"教",但绝不能不"学"。教师应主动追求"不以讲代教、不以教代学、不以少数代多数、不以口头代笔头",努力减少课堂教学替代现象的发生。

什么造就了积极的课堂 | 2014-11-25,星期二

优秀教师在新学年开始的时候就明确了对学生的期望,比如对地理知识和技能、地理实践能力、地理情感、考试测评等方面的要求,并在接下来的时间里坚持贯彻这些要求。优秀的教师关注期望,一般的教师关注规则,失败的教师关注破坏规则后的惩罚措施。积极的课堂中,教师关注教学目标的实现情况,并想方设法优化教学策略,推进具体措施的落实。这样的课堂气氛活跃,师生情感投入多,学生参与度高。

关注学生的需求 | 2014-11-26,星期三

今天在高二(3)班评讲期中试卷,课前发下去的是答题纸,上面只有综合题得分,整份试卷分数还没有统计出来。我刚走进教室,就有学生对我说:"老师,选择题答案是什么?"学生的意思是想先核对答案,看自己能拿多少分,他们很关心自己的分数。我满足学生的需求,在黑板上写出前15个选择题的答案,让学生核对。后面还有15个选择题,我说等我们分析讲解后,你就知道答案了。之后评讲试卷时,我不看重学生说的答案,而是关注学生的分析思路。我这样调整,学生兴致很高,评讲效果也很好。

巧打比方化解难题 | 2014-11-28,星期五

学生对地理环境非地带性规律难以理解,我在课堂上把相关内容讲了两遍,学生还是一头雾水。后来我打了一个比方,效果就好多了。我说:"作为一所农村中学,盘湾中学的毕业生考的大都是专科院校,这可以看作地域分异的一般规律。但今年例外,学校有学生考上了一本院校(武汉大学),引起社会关注,这就可以当作非地带性规律了。"学生笑了,频频点头,化解难题取得了一些成效。但是学生在地理环境特殊性规律应用上还存在迷惑,如何破解,我还在思考。

我这样鼓励学生 | 2014-12-01,星期一

高二(1)班有个姓戴的同学,前一阵子因为晚自习玩打火机,被班主任

批评训斥,并要求写检讨书。这几天他很遵守纪律,但是对学习却毫无兴趣,常常坐在那里发呆。这个学生身体素质很棒,对人热情,不是一个坏孩子。今天上课,我首先让他回答问题,他急忙站起来翻出课本,在同学的提示下,说出了答案。我微笑着点了点头,说:"戴同学身体素质是班级里最棒的,我想在其他方面他也能够很棒,大家说是不是?""是!"同学们齐声回答,并向他投去了欣赏的目光。他微笑着坐下了,我觉得大家给了他学习的信心和勇气。

课堂容量与节奏 | 2014-12-04,星期四

今天上了一节公开课,县教研室的老师来听课。备课时面临一个问题:如果这节课选"锋面系统""气旋与反气旋"两个课题,课堂容量就太大;而选一个课题,课堂容量又略少。我思虑一番,决定执行后一种方案。上完课后我自己觉得还比较成功,课堂容量虽然少了些,但节奏放慢,讲得透彻,而且活动时间充裕,学生参与度高,效果比较好。对于农村学生来说,课堂不应追求大容量、快节奏,而应立足基础,面向全体学生,"宽"基础、"重"积累,切实提高学生必备的地理素养。

板书的直观性 | 2014-12-05,星期五

今天在校公开课上,我听了地理组两位老师关于"大气的受热过程"的同课异构,都比较成功。其中,有个环节值得一说,即板书的直观性问题。刘老师的板书如下:

A——太阳辐射

B——地面辐射

C——大气逆辐射

E——大气逆辐射

F——地面辐射

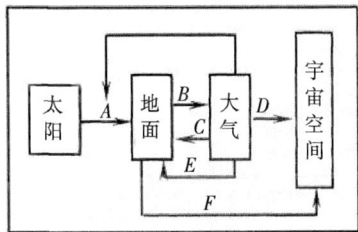

这个板书内容上没问题,各环节之间构成有机整体,但不够直观形象,不方便记忆,而王老师的板书就弥补了上述不足:

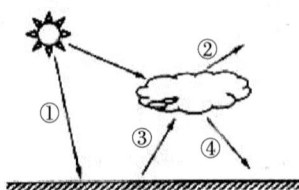

①太阳辐射→②大气辐射→地面增温
→③地面辐射→大气增温→④大气逆辐射

这个板书简洁明了,有图有文字,标出了太阳、云层和各种辐射的方向,热量传递过程一目了然,因果关系明显,学生看图更容易理解。

提问后的停顿 | 2014-12-08,星期一

今天在高一(2)班上课,我提出了几个问题:太阳热量怎么向大气传输?大气逆辐射有何作用?晴朗的夜晚为什么容易下霜?学生个别回答,我总结,但学生的回答并不理想。我反思了一番,这几个问题并不深奥,但问题呈现过于密集,学生缺少思考时间,回答仓促。提问后适当的停顿,一是可以避免学生个别回答所导致的"一人紧张,众人松弛"的局面,促使全体同学思考问题,收到"一人回答,众人受益"的效果;二是教师可以借机"扫描"全班,留心学生的思考状态。停顿时间的长短,根据问题的难易程度确定。

要不要赶进度 | 2014-12-10,星期三

今天在高二(3)班上课,面临一个问题:练习册试题学生刚做好,没讲评,而教学进度又偏慢,是讲评试题还是赶进度,我犹豫了好一阵子。在走进教室的一瞬间,我决定本节课只讲评练习册试题,复习旧知,不上新课。课堂上我把练习册重点试题讲了一遍,同时对书本中相关的知识点进行了复习,因为练习册是学生昨天刚写的,印象深刻。最后,我还留出10分钟时间让学生"消化"领悟。如果课堂上挤出10分钟来讲新课,进度虽赶上了,但节奏过快,学生容易疲劳,"吸收"很少,不如不"赶"。

从基础知识讲起 | 2014-12-11,星期四

今天在高一(2)班讲授"气旋与反气旋",学生对气旋与反气旋的气流流动、过境时的天气都理解,但对天气系统过境时的风向弄不清楚。我连

画了3个示意图,在上面标注水平气压梯度力和地转偏向力,进而画出风向,但还是有学生搞不懂。风向是初中地理的知识,但学生初中没有学,自然就不清楚风向的概念了。见此情形,我在图上标出东南西北的方位,即"上北下南,左西右东",再对风向作说明,气象学上把风吹来的方向确定为风的方向,如风来自西北方向就叫作西北风,风来自东南方向就叫作东南风,然后再回到气旋图上说明风向。这么分析,学生就好理解了。看来对我校学生来说,有时候上课还要从最基础的知识讲起,一步一个脚印扎实推进。

做好地理分层教学 | 2014-12-16,星期二

分层教学是指在承认学生个体差异的前提下,教师根据学生的基础知识、学习能力、兴趣爱好等把班内学生分成若干层次,在备课设计、教学安排、作业布置等方面对不同层次的学生提出不同层次的要求,并创立分层评估体系,使不同层次的学生都能得到充分发展与提高。我在教学中,针对学生的差异情况,将学案中的学习目标、学习内容分为A、B、C三层,A层面向学优生,B层面向中等生,C层面向学困生。分层是不公开的,只有我自己了解各个学生暂时所处的层次。分层也是动态的,随着时间的推移,学生所处的层次也会不断变化。基于"学案导学"模式的地理分层教学,能兼顾不同层次学生的需求,使学生想学、会学,这既能保证基础较差的学生完成基本的课程目标,又能使高水平的学生得以拓展提升,从而在有限的时间里高质量地完成教学任务。

老师,别着急 | 2014-12-18,星期四

今天在高二(1)班上课,请一个学生回答问题:南北纬30°～60°是什么风带?那学生站起来,翻翻书,看着我。我提醒他回答,他说:"老师,别着急,让我想想。"其他同学都笑了。我等待了几分钟,他终于说出南北纬30°～60°是西风带的答案,我予以肯定,然后画图呈现。确实,学习的过程中不能心急,要慢慢来,对学生知识掌握进程不能划统一的时间表。人是有差异的,很多时候,急于求成反而会揠苗助长,得不偿失。

多媒体不能主宰课堂 | 2014-12-23,星期二

我听过一位年轻地理老师的课,他设计的课件,把所有知识点、所有活动,都通过文字、图片、动画、声音显示出来,层次分明,上课就按顺序播放,他本人充当放映员、解说员的角色,课堂成了多媒体主导,学生只是观看、欣赏。这显然本末倒置了,这一现象值得关注。在课堂教学中,无论何时、采用什么教学手段,都要以学生为中心,高度重视学生自主、合作、探究学习以及师生互动。多媒体展示的文字、图片等,只是创设情境的手段,是帮助学生进行意义建构的桥梁,其所表达的思想和意图仍需要通过师生双边活动,让学生有效地"接收"和"内化"。因此,教师要领会现代教育媒体的作用,构建教师为主导、学生为主体,师生和谐互动的学习共同体。

没有固定的授课模式 | 2014-12-25,星期四

上午在高一(4)班上第四节课,我沿用了"提问—复习—新授—巩固"的授课模式,前两个环节学生参与度高,配合较好,而后两个环节特别是新授环节,就有学生分神了,甚至打瞌睡,教学效果受到影响。这不能完全怪学生,因为一节课的黄金时间只有20分钟左右,要学生保持45分钟全身心投入是很困难的。这节课中心任务是讲授"洋流的分布规律",针对班情、学情,如果我及时调整一下,课堂开门见山讲新课,抓住课堂前20分钟的黄金时间,教学任务完成情况可能就会比较好。实际上,课堂的授课模式是灵活的,各个环节、各个步骤根据实际情况可以调整变化,这才符合"因材施教""因人而异"的教学原则。

消除学生的困惑 | 2014-12-26,星期五

北半球的冬至日,是北半球一年中白昼最短的一天。有学生问我,冬至日过去了,但为什么早上日出还在推迟?我当时以为学生观察有误,但后来经过了解,情况确实如此。我查阅了一些资料,弄清了其中的原因。原来,教材中提到的太阳日是24小时,事实上,一年当中只有4天刚好是24小时,而这4天都不在12月份。太阳日最短的是在9月初,只有大约23小时59分钟30秒,最长的是在12月初,为24小时30秒左右。由于12月份太

阳日的平均长度超过24小时,而我们的时钟依然按照24小时来计算时间,这就导致日出时间比时钟滞后。这种情况累积起来,就导致白昼最短的一天到来之前的一两周,仍出现早晨日出推迟,夜幕降临变早的现象。直到一两周后(下一年年初),这种情况才改变。我把这个原理解释给学生听,他们虽然不完全理解,但非常感谢老师的热情服务。

课堂少讲"大道理" | 2014-12-29,星期一

上午在高一(4)班上第四节课,有个别学生玩手机,还交头接耳,我当时很生气,训斥了他们:"你们干什么? 听不听课了? 课堂上有什么废话要讲? 想不想考大学了?"那几个学生愣住了,把手机放进了桌肚里,但不久又"死灰复燃",恢复了原来的样子。这时我暂停讲课,眼睛盯在那两个讲话的学生身上,持续了十几秒,凝固的空气、聚焦的眼神一下子使他们"紧张"起来。之后我在黑板上写了几个字:拜托,请安静! 这样的提示标语对学生起到了提醒作用,下面的课好上了些。看来,课堂靠训斥、靠讲大道理效果并不明显。法国教育家卢梭说:"真正的教育不在于口训,而在于实行。"教育要讲究方法、讲究艺术,教师应规范自己的言行,尊重学生的人格,如此才能教育好学生。

开展"化错教学" | 2015-01-08,星期四

"化错教学"是指把课堂教学中的差错化为教学资源,适时融入后续的教学过程中,"化腐朽为神奇",变"事故"为故事。"化错教学"的要义在于教学过程中自然生成、适时融入,而不是事先刻意安排;敏锐发现差错背后的意义,揭示其内在的矛盾、张力,巧妙彰显其积极意义,而不是简单地否定学生的错误;充分挖掘并利用差错的多方面价值,培养学生直面错误、追求真知的求真人格,学做真人,将教学活动引向深入,引向学生心灵深处,而不仅仅是促进认知的发展。

控制提问次数 | 2015-01-13,星期二

上午在高二(3)班复习"洋流及其地理意义",这部分内容很重要,知识点多。我在讲解的同时,对洋流的形成、寒暖流的区分、洋流分布规律等逐

教学过程反思

一提问，学生回答得不太顺畅，不少答案都是我顺势"点拨"出来的。本节课结束，只复习到洋流的分布规律，"洋流的地理意义"还没复习。反思本节课，缺陷在哪里呢？可能在提问环节上。复习课旨在引导学生回顾、梳理教材，帮助学生重建和完善知识框架，学生遗忘一些知识属正常现象，但提问的次数过多，无疑有碍知识体系的建立，降低了复习效率。另外，学生掌握的情况不一样，提问多了，一部分学生可能会逐渐领会，可对另一部分学生来说可能就是在浪费时间。复习阶段，从学生的需求和应考的角度来说，学生希望老师多讲一些重难点和易错点，再配以一定的训练，而不是持续提问。

心中有"区域" | 2015-01-19，星期一

我在讲授鲁教版高中地理必修二"农业生产与地理环境"一节时，先展示一幅"世界农业地域类型分布图"，让学生指认亚洲及中国、印度、美国、澳大利亚的位置。令我吃惊的是，不少学生连亚洲都不知道在哪里，更别说各个国家了。很多学生初中地理没怎么学，老师讲得少，学生训练少，造成学生对区域的认知不足。针对这一情况，我给学生补充七大洲和主要国家的基本知识，对其轮廓、海陆位置、地形等作简要介绍，而且连续几节课都回顾了这方面内容。经过这么"恶补"，效果是有的，学生逐渐能指认具体区域了。农业地域类型这部分内容的教学，如果学生心中没有"区域"，那么各种农业地域类型知识就难以落实在具体空间中，教师讲得再好，也只是"空中楼阁"。

重视单元教学设计 | 2015-01-29，星期四

平时教师的备课和教学设计都是以课时为单位的，这样的"课时主义"容易把教学内容碎片化，对知识处理缺乏全局性的整体把握。而作为课程目标的地理核心素养，是知识、能力和价值观等的综合体现。如何将宏观的课程目标转化为一节节课的具体目标，实现地理核心素养与具体课时目标和教学内容的对接？以目标为指向的单元教学设计是实现这个转化和对接的重要环节。"核心素养—课标—目标单元设计—课时教学设计"是教师落实核心素养的必要过程。我们要以知识和技能为载体，将方法、态度、

价值观目标显性化,有意识地将方法培养和态度、价值观的形成作为一个长期连贯的目标,系统地进行单元教学设计,将知识的意义、价值贯穿其中,才能将核心素养课程目标落到实处。

培养学生的环保意识 | 2015-01-30,星期五

高中地理教材蕴含的环境教育内容很多,作为地理教师,要吃透教材,深入挖掘教材中的环境教育素材,及时渗透环境教育。例如,在学习自然资源的内容时,向学生展示我国土地资源、水资源、森林资源的利用现状,并向学生展示资源被污染、破坏的统计数字和图片,引导学生分析环境问题产生的原因以及应采取的措施,使学生意识到破坏自然环境会导致自然界对人类的无情报复甚至加倍惩罚,从而帮助学生树立正确的资源观、环境观。再比如,学习"大气圈与天气、气候"知识时,将"空气质量指数"引入课堂,让学生了解我国的大气环境状况,关心我们所生活地区的大气质量,使学生深切体会到环境污染影响生态环境,危害我们的身体健康。

审美课堂的评价 | 2015-03-05,星期四

如何评价审美课堂?目前尚无定论,也未有系统的评价标准。我认为,审美课堂应该做到"三有":第一,有知性。要求课堂教学紧扣教材主干知识,准确把握知识的内在联系,并尝试知识的具体运用,这样能有效培养学生好奇、质疑、想象、批判等思维品质。第二,有德性。要求结合教学内容,引导学生形成正确的价值观,认同、理解、遵守与维护社会规则,对民族传统和文化有归属感,引导学生关心、参与公共事务。第三,有灵性。让学生在学习过程中感受自然,接触社会,体验生命,追求生命的幸福。归结起来,通过审美课堂的学习,学生拥有知性的"真"、德性的"善"和灵性的"美",这是审美课堂要追求的目标。

如何选择练习题目 | 2015-03-13,星期五

地理课上选择什么题目供学生练习?有的老师就用课本配套的试题,不加筛选,结果训练没有达到应有的效果。有的老师选题过难或过易,学生反应时好时坏。选题的关键是教师要精心选择、整理具有典型意义的习

题,使学生通过练习达到举一反三、事半功倍的效果,并通过练习把知识转化成技能和潜在的素质。精练在实施过程中要力求做到:①内容精要,即抓住教材的精华和要点,讲练具有针对性;②方法精巧,练的目的在于举一反三、触类旁通,练要做到难易适度,题量适中。在实际教学中,讲和练不是截然分开的,而是有机融合,时讲时练、边讲边练、讲练结合。当然,"练"也不是每节课必需的环节,是否需要取决于授课的内容和学情。小组讨论、合作探究等也可以看作课堂训练的一种形式。

教学生研究学问 | 2015-03-17,星期二

今天在高一(1)班讲授"全球气候变暖的影响",我向学生展示了一则材料:

全球气候变暖将影响食物口感。研究人员预测,热浪会变得越来越普遍,这会令牛、鸡、猪等牲畜焦躁不安,以致牛排、猪肉肉质变得更僵硬,更难以咀嚼……

学生兴趣浓厚,有学生问,这则材料哪里来的?我告诉他们是从报纸上摘录的,我把收藏的报纸拿起来向大家展示,材料出自《中国剪报》。我对学生说,学习地理就需要不断地搜集、积累资料,资料来源很广,如报纸、杂志、书籍、网络等,我已积累了6本地理资料,这是我教学和写作的宝贵资源。大家要想研究学问,也要有这方面习惯,只要你坚持,就会有收获。教学生研究学问,法国教育家卢梭对此有精辟论述:"……在这种兴趣充分增长起来的时候,教他以研究学问的方法。毫无疑问,这是所有一切良好的教育的一个基本原则。"

设计具有挑战性的学习任务 | 2015-03-18,星期三

有老师讲,现在学生在课堂上懒得思考,但是对手机游戏却乐此不疲。为什么学生喜欢玩游戏?游戏什么地方吸引人?在我看来,可能有如下几个原因:第一,"我的事情我做主",游戏参与者的主体地位得到保障;第二,游戏没有外在的强制功利追求;第三,游戏具有让人身临其境的情境性和挑战性;第四,游戏中的动画、图像、音效让人着迷。好的游戏让人在玩的时候全身心投入,调动智慧,激发潜能,沉醉在环环相扣的情境中。这就是

游戏吸引人的秘密。从这个意义上说,智力活动有吸引力,学生是喜欢智力活动的。那么教学活动该怎么组织呢?关键是要组织适合学生的智力活动,让学生承担具有挑战性的学习任务,让学生享受智力活动带来的快乐。正如苏霍姆林斯基所说:"教学和教育的技巧和艺术就在于:要使每一个学生的力量和可能性发挥出来,使他们享受到脑力劳动中的成功的快乐。"

先讲"工业联系" | 2015-04-02,星期四

上午第一节课在高二(1)班讲授"工业地域的形成",我先讲"工业集聚",分析了工业集聚的优势,同时让学生思考:如果工业部门过分集中,会出现什么后果?学生回答:会出现用地紧张、水电供应不足、交通堵塞以及原料燃料供应困难等问题。之后我分析工业扩散,再引导学生探讨"工业地域"。后来发现我这样的教学设计,顺序不够合理,实际上本课知识结构如下:

工业联系→工业集聚→工业地域→工业扩散

我应该先从工业联系、工业集聚讲起,然后讲工业不断集聚,逐步形成工业地域、工业城市,最后再讲工业过分集中引发的工业扩散。这样讲符合工业的发展规律,层次清晰,也符合学生的认知顺序。

重视区域认知 | 2015-04-06,星期一

我通过课堂观察发现,有的老师对学生区域认知的引导不全面。例如,有老师在讲授"农业与区域可持续发展"时,关于东北地区地理位置的认识,仅要求学生从海陆位置、经纬度位置分析两者对东北地区热量带及气候的影响,而没有涉及其政治经济地理位置如在我国的方位及邻国,在全国一盘棋格局下的依据各地优势的地域分工等,实际上,政治经济地理位置对农业发展有重要影响。再如,在讲授"美国的商品谷物农业"时,有老师对美国小麦区、玉米带的位置、地形、气候、交通条件等作了详细分析,但是没有对美国的经纬度位置、海陆位置、国土轮廓及邻国等作介绍,导致学生在世界政区图上找不出美国,更指认不出商品谷物农业区的具体位置。

作业设计的多样化 ｜ 2015-04-10,星期五

有教师上课结束布置作业总是要求"完成同步训练""做教学案题目"等,长期固化,形式单一,学生感到索然无味。其实,作业设计是大有讲究的,新课程的作业已不再完全是课堂教学的附属,多样化的作业将是学生课外、校外生活的重要组成部分,对提升课程意义及生活价值有重要作用。在地理教学中,采用多样化的作业设计,以满足不同学生的需要。我归纳了以下几种作业类型:①传统类作业;②讨论类作业;③演讲类作业;④调查类作业;⑤活动类作业;⑥阅读类作业;⑦展览类作业;⑧游戏类作业;⑨自编地理试题。每节课可根据教学内容和学生实际,灵活选择作业类型,确定作业内容。

评价设计先于教学设计 ｜ 2015-05-04,星期一

在很多教师的教学过程中,学业评价往往被视为教学活动的最后环节,学生做完测验,就给他们评个分数,但很少给学生纠正错误或者重新检测的机会。而在基于课程标准的学业评价中,评价目标引导着学习目标的设定,评价设计首先应明确课程标准的要求,在教学设计前完成。依据学习目标设计学生的学习评价,教师如何知道学生是否实现了预期的学习效果?如何能证明学生掌握和理解了相关的内容?在设计教学活动前,有目的地设计学习评价,可以帮助教师带着问题思考教学,通过评价促进教学,确保达到预期的效果。学业评价不是一个独立环节,而是从学习目标确立到课堂教学开展以及课后练习拓展,贯穿于教学活动的全过程。

何时需要干预 ｜ 2015-05-05,星期二

在小组合作学习中,教师有效干预能发挥积极作用,但是若干预不当,则适得其反。那么什么时候需要进行干预呢?一是小组学生状态不佳时。小组学生没有专注于任务或者问题解决毫无进展,教师此时进行干预,能让小组成员振作精神,专注于解决问题,提高合作学习效率。二是小组学生意见有分歧时。小组学生遇到问题和困惑,经过反复商讨仍出现较大的意见分歧时,小组成员思维处于"愤""悱"的状态,渴望获得帮助,此时无疑

是教师实施干预的最佳时机。三是小组学生认识片面时。对于一些开放性问题,学生思维僵化或思路不清时,及时干预会让学生恍然大悟。

把握好干预的度 ┃ 2015-05-07,星期四

在小组合作学习过程中,当发现小组成员存在认知困难时,有教师就直接把答案或解题方法告诉学生,这种干预属于传统的包办代替,不能触发学生的思维碰撞,不利于学生合作学习。

把握好干预的度是教师干预成功的关键。教师在干预过程中,提供一定的帮助并尽量少用直接指令的方式,会使小组合作学习产生更好的成效。特别是小组成员出现认知困难时,教师可引导学生获取和解读图文信息,引入或者阐释重要概念,将抽象理论与学生生活经验联系起来,转换表述方式,这种帮助比直接给出答案或解题方法更可取。当学生通过教师上述干预已经有明确的解题思路时,教师就没有必要再干预了。

设计好板书 ┃ 2015-05-08,星期五

现在课堂上多媒体用得多,重点知识通过PPT都可以展示出来,那么黑板上写什么呢?我的经验是归纳提炼知识要点,把重要的、易混的知识整理成板书,包括文字、各种示意图表等。书中简单的或烦琐的条目一般不作板书。PPT呈现的内容和板书内容能否有重复?我的看法是可以有重复,但不能太多。一是因为重复书写会浪费时间,二是会造成学生视觉疲劳。是否每节课都要写板书?我认为要根据学生情况来定。如果学生基础扎实,学习情况好,课堂新授内容又少,板书就可以少写或不写;如果学生学习基础薄弱,PPT展示速度快,可略加停顿,提醒学生做好记录,必要时用板书加以突出强调。

略谈"标准件"教学 ┃ 2015-05-18,星期一

有一种教学模式值得注意:学生的学习、发展被教师牵着走,学生屈从于教师的意志,或屈从于教师的一套固定的知识体系,教师不管或很少理会学生的反应,不顾及学生知识生长点上的差异。这是一种单向、平面、求同式的教学,是制造"标准件"的典型模式,其结果必然导致学生的个体差

异被摒弃,主体性被忽略,个性发展受到抑制。日本学者香山健一曾一针见血地指出:"从文明史的角度看,进步基于差别。单调就是死亡……追求单调的心理,使人类贫乏,它从共同事业中抹去了每个人的独特因素。"每个教师都应反思自己的教学,从"标准件"的教学模式中跳脱出来。

提问的"两个等待时" | 2015-06-05,星期五

课堂提问要层次清楚,有研究者认为,在课堂提问中教师应有两个重要的停顿,即"第一等待时"与"第二等待时"。"第一等待时"是指教师提出问题后,要等待足够的时间,不要马上重复问题或指定学生回答。"第二等待时"是指学生回答之后,教师也要等待足够的时间再去评价学生的答案。这样做是为了留给学生回忆、联想、分析、组织语言的时间。提问要力戒满堂问、一问到底的僵化呆板的方式,把提问、独立思考、读书、讨论、书面回答、点拨等有机结合起来,力求各种方式的优化组合。

了解"翻转课堂" | 2015-06-11,星期四

翻转课堂是互联网时代的一种全新教学模式,犹如一股热浪席卷整个教育领域。所谓翻转课堂,是指以网络信息技术为平台,课前在教师的组织下充分发挥学生的主观能动性,完成对知识的深入学习,课中在教师的引导下以交互式学习方式完成知识内化,课后师生共同总结反思的一种新型教学模式。它的主要支持系统是微视频和网络学习平台。翻转课堂的地理教学设计注重学生课前阶段的学习,使学生带着问题走进课堂,而不是传统的带着问题走出课堂。课中阶段不再是教师一味地传授知识,更多的是学生在教师的引导下合作探究解决问题,完成知识的内化。课后阶段更多的是师生总结反思学习情况,梳理知识体系。

更新应对地震灾害的观念 | 2015-06-17,星期三

地理课上有老师讲授地震及其防范时,一般会问:"在教室上课的时候发生地震应该往哪里躲避?"这可能是一个过时的、错误的提问,因为怎么回答都有可能是错的。这个问题的正确答案是:教室及其他学校公共建筑必须是地震时最安全的地方,应该成为地震时避难场所的首选!作为地理

教师,必须向学生传递这样的信息:学校应该朝着"地震时最安全的地方"、朝着"地震时避难场所的首选"这个目标去设计与建造。防灾避险的基本技能要具备,而防灾的意识和观念也要更新。教师要多学习,始终站在学科发展的前沿,把最新的知识信息传递给学生。

开展地理实验教学 | 2015-06-24,星期三

马克思曾说"科学是实验的科学",表明了实验对于科学的重大价值。地理是一门实践性很强的课程,强调在真实的情境中运用所学地理知识和技能,感悟、分析、理解自然现象,引导学生学以致用。地理实验是科学、客观、合理地模拟地理现象和过程的教学活动。地理实验是相关知识点的拓展和延伸,有着独特的优势和功能,对地理学科素养的培养有着重要意义。地理实验设计的基本要求是:实验目的明确、科学性强,实验现象明显,突出原理、操作简便,安全环保,适合探究。教师在实验教学过程中要引导学生理解实验中的科学原理,体验科学探究过程,通过动手、合作、探讨等实践体验,促进学生认知、情感等素养的综合提升。

上好高一地理开篇课 | 2015-09-01,星期二

高一地理开篇课是为学生设置的从初中阶段进入高中阶段的衔接课,为了使学生从内心萌发出学习地理的愿望,我在今天的课堂中运用了如下教学策略:①建立良好的师生关系。从亲近学生情感入手,消除因陌生带来的紧张,如利用多媒体展示自己的照片、毕业院校、工作简历,和学生分享我的教育理念,拉近师生距离,形成情感上的信任。②做喜爱地理学科的榜样。我在今天的课上就充满激情地表现出对地理的喜爱,告诉学生地理是我认识自然、了解社会、提升人生品质的桥梁,为学生树立崇尚学习的榜样。③满足学生认知需要。从学生身边的地理事物入手,选取他们感兴趣的典型案例(如一般发生在7月中旬到8月上旬期间本地的伏旱)进行讲解,让学生感受到地理在社会生活中的重要意义和价值,激发他们学习地理的热情。

注意分析的准确性 | 2015-09-09,星期三

今天听了宋老师的一节课,他讲授的是"地球的宇宙环境"。宋老师通过呈现八大行星的视频图片和列表数据,引导学生思考问题:在太阳系八大行星中,从水星到海王星其表面温度的变化有什么规律？这与它们距太阳的远近有什么关系？学生根据提供的数据回答,之后宋老师总结"从水星到海王星其表面温度逐渐降低……因为它们离太阳越来越远",以此来说明地球上存在生命与其所处的位置和温度条件密切相关。但仔细分析,太阳系八大行星从内向外温度并不完全是"逐渐降低"的,如水星离太阳最近,但其白昼平均温度远低于金星白昼温度,夜晚平均温度也低于金星,所以只能说太阳系八大行星表面平均温度大体上从内向外逐渐降低。

巧妙解答学生的疑惑 | 2015-09-18,星期五

之前在讲完"地球自转的地理意义"后,有学生问我,昼半球中央经线为什么是12时？夜半球中央经线为什么是0时？这是一个类似于算术题"1+1为什么等2"的问题,我一时也没有解释清楚。课后我查找了一些资料,调整分析思路。今天上课我首先展示太阳光照下的昼夜半球示意图,在复述学生的问题后,我进行了解释:"昼半球中央经线为12时是因为昼半球中央经线就是太阳直射点所在的位置,这条经线也是离太阳光源最近的一条经线,正处在'如日中天'的位置,就是12时；而夜半球中央经线是离太阳光源最远的一条经线,正处在'深更半夜'的位置,就是0时(24时)。"这样解释通俗易懂,学生露出了笑脸,疑惑得到了解答。

难点知识放到前面讲 | 2015-09-29,星期二

今天下午第二节课在高一(4)班上课,首先是复习提问,然后评讲昨天的同步训练,共花了20分钟,之后开始讲新课"昼夜长短的变化"。我借助地球仪和多媒体进行讲解、分析,但发现学生注意力不够集中,有的甚至昏昏欲睡。这是怎么回事？我想可能是教学安排有问题。"昼夜长短的变化"这部分内容本身就比较难,需要学生有较强的空间思维能力和想象能力,学生理解要花很大功夫。而我这一节课把课内前半段的"黄金时间"用在

了复习和评讲试题上,课内后半段已属"强弩之末",这时用来讲难点知识,学生听起来、理解起来很吃力,注意力自然难以集中。

提问的有效性 | 2015-10-14,星期三

在导入新课"地球的宇宙环境"时,教师常让学生观看宇航员在太空中看地球面貌的视频,然后提问:"地球为什么被称为'蓝色星球'?"在学生回答后,很少有教师思考这个问题的价值。学生在历史课上早就了解航海家麦哲伦的环球航行,在小学阶段就知道"地球上海洋面积广大,是个蓝色的星球"。上述问题的提出缺少对学生地理思维品质提升的关注。实际上,面对高中学生,教师应提出的问题是:"地球表面最大的特征是什么?""为什么只有地球上有生命?"只有渗透区域差异的思想,才能打好自然地理学习的基础,培养学生地理思维能力。

处理好"考"与"教"的矛盾 | 2015-10-22,星期四

今天在高一(5)班讲授"大气的运动",遇到一个问题:关于"大气水平运动——风",学业水平测试不作要求,但其中涉及的一些知识又是后面学习"季风环流""全球的气压带与风带"所必需的,怎么办?我采取精讲要点、忽略难点的方法来讲解。课堂上只讲近地面和高空大气受力状况及风向,强调水平气压梯度力总是垂直于等压线,由高压指向低压,是风形成的直接原因,而对地转偏向力和摩擦力对风速、风向的影响一带而过。大气受力状况和风向的知识是学习后一节所必需的,所以要专门分析,而地转偏向力和摩擦力对风的影响本身就是难点,考试不作要求,课堂上就不用多花时间了。当然,这样的教学意图教师本人清楚即可,没必要特意向学生解释。

实物演示创设教学情境 | 2015-10-23,星期五

经纬线和经纬度的知识是初中地理的内容,但很多学生忘记了,甚至没有学过。今天上课我只好把这个内容先讲一遍。我以苹果、铁丝等为教具,一边演示,一边讲解:把苹果当作微缩的地球模型,将一根铁丝从苹果的一端穿到另一端,代表地轴。捻动铁丝,演示地球自转运动。用刀将苹

教学过程反思

037

果正中部横向切开,切面与"地轴"垂直,切面边缘的圆圈就是纬线(赤道),再将苹果纵向切开,切口(从南极点到北极点)形成的半圆就是经线,在此基础上阐明经纬线的概念和特点……这样在实物直观演示所创设的教学情境中,学生全神贯注地观察,更容易理解空间概念较强的经纬线和经纬度知识,正所谓"百闻不如一见"。

注重教学方法的多样化 | 2015-11-05,星期四

我在教学实践中发现,即使是一种先进的、新颖的教学方法,若长期使用下去,教学效果未必一直好。开始时学生会觉得教法新颖,便兴趣盎然,思维活跃,久而久之,兴趣慢慢淡了,情绪渐渐低落,直到最后感到索然无味。反之,如果教师能根据不同情况,随堂应变,就像吃饭更换菜品能增强食欲一样,灵活运用多种教学方法可以提高学生的学习兴趣。例如,课堂讲授根据教材内容和学生需求,综合运用讨论教学法、谈话教学法、实验教学法、角色扮演、合作学习等,注重学生对知识的体验和感受,多一些启发和实践,教学效果就大不一样。

放慢讲课的节奏 | 2015-11-09,星期一

今天在高一(5)班讲授"内外力作用与地表形态",这部分内容比较抽象,课堂讲解时间比较多。我先讲地质构造和类型,再讲褶皱的形成和地表形态,一步步展开,画图,结合实例分析,再配以多媒体演示,讲到难点知识时语速放慢,并偶尔停顿,最后用两个题目加以巩固。一节课容量并不大,题目训练也不多,但我感到学生是在认真听的,而且比较投入。下课铃声响了,有学生还在盯着PPT思考。课堂上讲得快,教师可能会感到"充实",但是对于学生来说,听懂绝非易事,他们会感到吃力甚至失望。产生这种现象主要是因为"教"的环节出了问题,因此,课堂教学需要适时放慢节奏,给学生思考的时间。

克服情绪"激动" | 2015-11-16,星期一

上午在高一上了两节课。第一节课学生配合比较好,授课很顺利。第二节课在另一个班,由于学生掌握情况不太好,师生互动花的时间多了些,

到最后只剩下几分钟时才把新课授完。此时,我没有戛然而止,而是按捺不住"讲"的冲动,又评讲了练习册上的几个题目,下课铃声响起,我又拖了一阵。我离开教室时,才意识到这样坚持"讲",实在是吃力不讨好,并且违背了自己长期坚持的不拖堂的原则。课堂上讲课总有情绪"激动"的时刻,越是这种时候越要控制自己的情绪。当讲则讲,当停则停,这样才能体现教学者驾驭课堂的能力。

注意表述的准确性 | 2015-11-17,星期二

鲁教版高中地理必修三第二单元第三节"中国可持续发展之路"重点介绍了人口战略、资源战略、环境战略、稳定战略四个战略。"稳定战略"一目下有这样的表述:"经济发展是可持续发展的核心,它既是实现可持续发展的核心和前提,也是可持续发展的立足点、切入点和归宿点。"这句话意在突出经济发展在可持续发展中的重要性,但句中出现两个"核心",语义有重复。在上一节"可持续发展的基本内涵"中,已经对经济可持续发展作了分析,在可持续发展中,经济可持续发展是条件,所以本句可以改为:"经济发展是可持续发展的核心,它既是实现可持续发展的前提和条件,也是可持续发展的立足点、切入点和归宿点。"这样修改,既与上一节内容相呼应,也更加通顺。

保护学生的想象力 | 2015-11-20,星期五

今天在高二(3)班复习"3S"(遥感技术 RS,地理信息系统 GIS,全球定位系统 GPS)技术时,我讲到数字城市,提到城市设施的数字化和城市的网络化,以及互联网、光纤网、广域网等,这时有个学生说:"还有蜘蛛网!"班级里顿时爆发出一阵笑声,我也笑了,竖起大拇指说:"你的想象力真丰富!我们周围的网确实多!"大家又笑了。学生并没有什么恶作剧的意思,他们的想法是天真、纯洁的,有时在别人眼里或许是对老师的讽刺、挖苦,其实不然,幽默和笑声本身就是课堂教学活动的"调味剂",学生有丰富的想象力,老师为什么不加以引导和鼓励呢?况且,城市道路系统发达,"密如蛛网",线缆如麻,甚至"乱如蛛网"……

适度奖励学生 | 2015-11-23,星期一

今天在高一(4)班上课,我特地带了两本书进教室。课前回答问题、小组活动发言,有两位同学表现非常积极,我各赠送一本书作为奖品。这两本书,一本是《地震防范与自救》,另一本是《气象之谜》,扉页上都有我的签名。拿到书的两位同学兴奋不已,其他同学唏嘘一片,无不对他们投去羡慕的目光。赠送图书是为了鼓励学生积极思考和发言,参与课堂活动,让学生"劳有所获"。当然,这种激励要适度。

教学是求异 | 2015-11-24,星期二

很多教师在教学中都会问学生"还有没有不同意见""还有没有新的想法"等问题,但在这种询问的背后,教师其实已在头脑中考虑好了"正解",并期待学生的回答与之相符。可以说,很多时候貌似"求异"的问题,实则是"求同"。

为了使所有的学生都能充分表达自己的看法,教学应该是多样的、变化的、求异的。它不是寻求把教育上的所有东西变得具有同一性,而是强调各种各样的"差异性",寻求各种"不同的声音",这样的教学是"去中心"的,边界是"模糊"的。为了把会与不会、懂与不懂的区别作为开展教学的原动力,必须着眼于差异,这就是"求异"。当教师本着"求异"的精神去教学的时候,教学活动就转化为促进一个个学生成长的动力。

以公开课的标准去上课 | 2015-12-02,星期三

星期日晚上的集体备课,讨论确定由我来上本周的校内公开课。这两天我一直在准备,从课堂导入、重点突破、转承过渡到活动安排、课堂小结等都作了精心设计,并对课件进行反复修改。但今天上午学校因为有临时活动,教务处、年级部的老师一个都没来听课。我当时想,是不是按原来的模式上课,公开课的材料先放一放,又一想,既然准备的材料这么充分,为何不利用呢?我按照公开课的模式去上课,创设情境、师生互动、精讲点拨……虽然累了点,但课堂效果特别好,学生注意力集中,连那些平时顽皮的学生也被深深吸引到教学过程中。看来,如果教师认真对待每

一节课,以公开课的标准去上好每一节课,那么教学效果会得到极大的提升。

及时解析考点 | 2015-12-03,星期四

今天听了刘老师的一节公开课"常见的天气系统",这是一节高二学业水平测试复习课。在导入之后,刘老师展示了本课的两点考试要求,他把考点中"理解"一词加粗,要求学生自己看,没有解析。约莫过了半分钟,刘老师开始梳理本课知识。我认为,课堂上既然展示了考点,不妨和大家一起分析一下,明确考点中"了解""知道""理解"用词的分量,以近几年学业水平测试中涉及的题目或分值为例,提醒学生对相关考点加以重视。课堂上只让学生看考点,他们既看不出什么,也没多大兴趣,因为学生案头的复习资料中就有"考试说明"。教师在课堂上对考点包括行为动词进行解析是十分必要的。

经常对学生说的几句话 | 2015-12-09,星期三

课堂上我经常对学生说以下几句话:

"大家对我的课感兴趣,是对我这个老师的最大鼓舞,我很荣幸。"

"不对,不是你笨,是我刚才说得不够清楚,你静下心,我再说一遍。"

"我的普通话不是很好,所以你们要认真地听,否则就浪费了大家的时间。"

"安静听课,是取得好成绩的基础,因此,看到你们如此安静地听,我对你们充满信心。"

"谢谢大家听得这么专心,对我这么尊重。"

经常说这几句话,我很快乐,学生感受到了我的尊重,也很快乐,课堂气氛就比较融洽。

提高学生的审美修养 | 2015-12-11,星期五

美育作为全面发展教育的一个组成部分,应当贯穿在学校的全部工作中,体现在学校的整个精神生活中。苏霍姆林斯基在对学生的教育中,"学习、劳动和美"被认为是教育的"三大要素"。就地理教学而言,引导学生认

识自然的美、人类活动的美是一项重要的工作。大自然的美是客观存在的,教师的责任是引导青少年发现这种美,用饱含激情的语言向他们解说这种美。蔚蓝的天空、茂盛的植物、流动的河水……这一切都会使学生感到惊奇、赞叹,都会在他们心中留下美好的记忆,给他们以美的陶冶。校园绿树成荫,建筑错落有致,道路、草坪、亭台、溪流,都可以让学生感受到美。美育是道德教育的重要手段,是真正的个性的源泉。各位地理老师,请放慢教育的节奏,让学生有时间、有机会走出教室,徜徉在校园里,走进大自然去感受美吧!

利用学科 APP 资源开展教学 | 2015-12-14,星期一

今天我利用一款名为 Meteosphere 的软件,开设了一节问题探究课——"全球的气压带与风带"。这是一款天气软件,它根据全球 800 多个气象站的数据,预报出未来 48 小时内的天气变化情况,包括温度、降水、云和风势、等压线等,这些信息以动画方式呈现,非常直观。我设计了三个任务。任务一:结合教材中的海平面等压线图和 Meteosphere 软件中的等压线图,找出北太平洋和北大西洋上的主要气压中心,并说说这些气压中心是如何形成的?亚欧大陆上出现了什么气压中心?任务二:找出东北信风带和东南信风带的位置,观察它们的气流运动情况,并说说东北信风和东南信风在什么地方相遇?相遇时会出现什么样的天气?任务三:说说实际的大气环流与理论的三圈环流有何不同?有没有纬线方向上的环流圈呢?

整节课围绕三个任务来展开,由于 Meteosphere 软件为学生提供了真实的大气运动资料,学生能直接感知全球大气环流的复杂性、不确定性和非线性,在培养学生批判性思维的同时,更给学生以地理方法论上的启迪。

如何确定对话主题 | 2015-12-16,星期三

在教学中,我常常先安排学生自主阅读教材,了解学习要点,提出自己感兴趣的话题,然后选择与教学主旨相关的话题留作课堂讨论。以下是我在讲授"人地关系思想的演变"时关于文本解读的对话:

师:人类社会的发展正是人与自然相互作用的过程,通过对本节教材内容的阅读,你认为哪些问题值得我们深入探讨?

学生阅读并分析教材,提出自己的问题:

生1:环境问题一直都影响着人们的生活,在不同时期,人类是如何与环境相处的?

生2:当前存在的环境问题中,哪些是人为引起的?

生3:我们当前所面临的主要环境问题有哪些?应该如何应对?

生4:什么是可持续发展?它有着怎样的内涵?

生5:人地思想的演变过程是怎样的?

师:大家的阅读很仔细,提出了很多有价值的问题。本节课我们要着重研究三个问题:一是人与环境的关系,二是环境问题产生的原因和影响,三是可持续发展的内涵……因为时间关系,我们不能对大家提出的问题逐一分析,来不及处理的问题请大家课后收集材料分析解决。

"现炒现卖"与学生认知 | 2015-12-17,星期四

昨天我让学生完成学业水平测试模拟卷一第1~4讲,这份试卷相当于一份综合练习。前3讲的知识点课堂上已经复习过,但第4讲"地球公转的地理意义"还没有复习。今天上课,我想,评讲这份试卷效果可能会好。谁知讲到第4个选择题的时候就碰到了麻烦,由于"昼夜长短变化"学生还没有复习,而且这个知识点本身就比较难,学生对我的讲解没什么反应。在讲解第8和第10题的时候也碰到了同样的情况。看来,学生及时写好的作业"现炒现卖"是可以的,但是如果学生的认知步伐没有跟上,就不能"现炒现卖",因为对于学生不懂的或已遗忘的知识,在课堂上评讲与其对应的题目,学生会感到力不从心,讲了也不会,这是没有价值的。"现炒现卖"要服从于学生的认知。

抓过程破难点 | 2015-12-21,星期一

我上周在两个班讲了"季风环流",但效果都不好,主要是学生对季风的成因难以理解。这不是复杂的知识,学生为何难以理解呢?我查阅了一些资料,反思了教的过程,决定进行一些调整。今天上午在高一(5)班讲这个内容,我抓住"环流"两个字展开。先讲述北半球气压带呈块状分布,然后讲解:1月份亚欧大陆内部气温低,大气冷却收缩下沉,近地面形成高气

压,切断了同纬度的副极地低气压带,使其只保留在海洋上,由此形成海陆之间同一水平面的气压差异,而同一水平面大气总是由高压流向低压,由此形成的环流圈,称为"季风环流"。用同样的原理再分析7月份东亚季风的形成(南亚季风是由于气压带、风带的季节移动形成的),并画图演示(如图)。这样构建了季风环流过程图,再与"热力环流"进行比较,学生就容易掌握相关知识点。

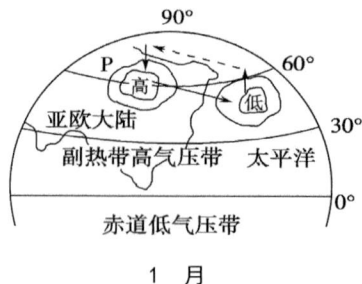

1 月

听写效果分析 | 2015-12-24,星期四

开展教研活动的时候,有位主任建议教师在课堂上要多听写,经常让学生背书、听写的教师,教学效果好,应对考试,听写是个好的复习方法。这种说法值得商榷!听写作为教学手段之一,可以适当运用,但长期使用,会削弱学生的学习兴趣,让知识学习变成无意义的机械识记,那就谈不上精神生活的丰富性了。苏霍姆林斯基说:"教师并不从所讲述的材料中把应当让学生记住的事件单独划分出来(有时候也会有这种必要),在课堂上并不使用那些促使学生去识记这些事实的教学方式。"他还说:"让不随意识记的规律起作用,即教师引用的补充材料(鲜明生动的事实)越多,则学生对主要的、基本的东西理解得就越深刻,记忆得就越牢固。"如果让划知识点、背书和听写充满课堂,学生会感到负担很重,学习会变得毫无乐趣,考试时可能会得到一点分数,但之后又会忘得一干二净,而且这段经历对学生来说是无聊、痛苦的,这和我们的教育初衷是背道而驰的。

及时呈现讨论要点 | 2015-12-25,星期五

今天是射阳中学公开教学活动日,我和学校其他几位老师去听课。我听了花老师的一节公开课"可再生资源的合理利用"。花老师通过展示考

纲、分析考点,让学生边思考、边回答、边交流、边总结,师生研学的程度较高。每个问题探讨结束,花老师及时呈现讨论要点,也可看作"参考答案",再让学生读、背知识点。虽然平时我们不主张向学生直接提供"标准答案",但在高三复习迎考阶段,这种答案呈现还是有必要的,而且是通过学生"学—思—悟—答"的过程得出的,是在整合各种意见的基础上形成的,对引导学生思维"聚焦"是有帮助的,这和死记硬背有很大的不同。所以复习课上,地理问题的"释放"与"解决""提升"同样重要,这样才能提高学生的地理答题能力,提高课堂复习效率。

"教"的目的 ┃ 2015-12-29,星期二

今天在高一(4)班上课,通过课前了解,我发现学生对上节课内容"锋面系统"的掌握情况并不理想。但课堂上我还是直接导入新课,讲"气旋与反气旋",配合画图和多媒体演示,讲得很细致,但学生听起来似乎很吃力,特别是对气旋、反气旋水平气流流动的方向不甚理解,于是我又作了进一步解释。课堂最后4分钟我出示了3道同步训练题,但学生能正确解答的并不多,其中第3题"根据气压变化判断是由什么天气系统控制",学生几乎无法回答,我只好读题、讲解,"自圆其说"。这节课我上得不够成功。针对学生学习情况,这节课应该及时回顾上节课内容,而不是直接上新课。后面的同步训练可以略去,因为教学的目的是为了让学生理解和掌握知识,是否需要课堂训练应该取决于学生掌握情况,学生还处于不懂或模糊状态下,就不需要同步训练了。

提示讲课要点 ┃ 2015-12-30,星期三

今天在高一(1)班讲授"洋流及其地理意义",我首先简要回顾上节课内容,之后导入本课:"为什么要讲洋流? 因为它是海洋水体运动的重要形式,对全球自然环境有重要影响。那么,什么是洋流? 洋流分为哪些类型? 有什么分布规律? 这些就是本节课要研究的内容。"这样交代,学生了解了本节课教学的目的和内容,学生的思路能跟上讲课进度,这是有好处的。在任何情况下,让学生知道你想要干的事和为什么要干,都是有好处的。如果你所设定的目标,与学生所关切的事物有着直接的联系,那就更好了。

教学过程反思

总之,上课时,教师应该让学生领会到课上讲的知识与过去和将来所学知识的内在联系。

美丽的"谎言" | 2016-01-05,星期二

开始期末复习,学生对"全球的气压带与风带"知识掌握不好,课堂怎么导入复习这个知识点呢?我是这样导入的:"课前有同学说对'全球的气压带与风带'还不够清楚,希望老师能再讲一遍。好,我们就来回顾一下这方面知识。"接着,我就画图、讲解、复习。其实,"全球的气压带与风带"是必修一的难点之一,历届学生对此都感到困难,但我没有明说。课堂上我编了"谎言"(课前并没有学生问我),但这可能会更容易引起学生的注意,因为"有同学向老师请教了",这可能会触动一部分学生的神经,让他们觉得自己的学习与别人相比还有一定差距……有时,教师美丽的"谎言"可能会激发学生的求知欲和学习热情,胜过空洞的说教,这就是教学语言的艺术。

课堂学会"打个岔" | 2016-01-11,星期一

地理组的李老师上课有个特点,就是很幽默,还会"跑题",每节课上到25分钟左右时,就会"打个岔",装作无意地和学生说一下天气或让学生关注另外一件事,如国际时事、体育新闻、生活趣事等。看起来好像远离了教学内容,浪费了时间,实际上却吸引了学生(甚至吸引了听课的老师),提高了教学效果。"打个岔"是一种教学艺术,也是以人为本教育原则的体现。有的老师,课堂板着脸,时刻提醒学生集中注意力,不敢"打岔",生怕浪费上课时间,结果"欲速则不达",课堂气氛沉闷,教学效果反而不佳。

设置真实的问题情境 | 2016-01-12,星期二

"真实"应为创设教学情境的第一要旨。教学情境应是社会生活中真实发生或可能发生的,即使是虚拟的情境也应该符合生活逻辑。有些人为编造的情境问题过于简单、肤浅,无认知冲突,学生不假思索便可得出答案。这既不能激发学生探究问题的兴趣和求知欲望,也不能激活学生的思维。只有真实情境中所提出的问题才最具有针对性和挑战性,对问题的解

决才更能显示出它的价值和现实意义。因此,教师要在学生鲜活的日常生活环境中发现、挖掘情境资源,设法让学生将要学习的概念与他们的经验建立联系,使真实可靠的问题情境成为学生感知的思维对象,在学生心里造成一种悬而未决但又急于解决的求知状态。

地理教学"慢"的艺术 | 2016-01-14,星期四

过去地理教师手中掌握着一门"慢"的艺术,一支粉笔洋洋洒洒,便将一幅逼真的区域轮廓图画在黑板上,惟妙惟肖。过去没有电脑,没有课件,学生没有人手一本的地图册,靠的是老师的画图基本功,老师如同非物质文化遗产传承人一样,这种"慢"的艺术是几年甚至几十年技艺的沉淀,画的人心神从容,不疾不徐,每一笔起承转合之间都是山河之情,每一笔所到之处都是心中对地理学的热爱。

今天的地理课堂,我们有了多媒体,有了色彩丰富、尺度精准的地图册,有了多媒体动画,能够呈现出多样的景观图、区域图、自然要素图等等。如今,黑板上的那种"慢"的艺术已经杳无踪影,偶尔手绘一幅图,呈现出来的已不是客观的世界轮廓,就是多一块陆地,少一串海岛,也鲜有人计较。

回归事件的"本身" | 2016-02-25,星期四

生活资料的分享是"明",是先导,生活中地理事件的分析是"暗",是目标。教师的任务之一是将暗引向明,使暗的问题浮出水面,为实现学生对地理事件的思考指引方向,回归事件的"本身"。今天的地理课中,我在出示一系列案例材料后,给出了导向明确的设问:

(1)从材料1中,你想到了什么地理问题?

(2)说说这种工业布局模式的原因,它为底特律的繁荣提供了哪些便利条件?(材料2)

(3)比一比,这种工业布局模式与前者有什么不同?对底特律的发展产生了什么影响?(材料3)

(4)想一想,日本和德国汽车工业发展对底特律的破产有何影响?(材料4)

(5)说一说,是什么因素促使底特律发生人口迁移?对该市又有何影响?

教学过程反思

可以看出,在设问中,题干的用词有的是概括性的,如"地理问题";有的是具体的,如"工业布局""底特律的发展""人口迁移"。这些导向明确的用词,便于学生在头脑中将生活现象与其背后的地理原理建立联系,从而开启从地理视角去探究生活的大门。

注意逆向推导 | 2016-02-26,星期五

今天听了宋老师的公开课"地理环境的差异性",有一个亮点值得记录。他在导入时,先用多媒体展示两张热带雨林和温带落叶阔叶林的图片,并提问:什么原因造成了两地景观的不同?学生回答"其所处的地理环境不同"。"什么地理环境?"宋老师追问。学生回答"纬度位置不同"。宋老师表示赞同,然后引导:"景观不同,地理环境不同。那么反过来,不同的地理环境,其自然景观也就存在差异,这就是我们要分析的地理环境的差异性。"如此导入,行云流水,学生对地理环境的差异认识就比较清楚。很多地理问题,因果关系的推导是值得研究的,要尽量把知识之间的内在联系向学生揭示出来,化繁为简,事半功倍。

忌"满堂讲""满盘抓" | 2016-02-29,星期一

临近学业水平测试,高二地理复习进入了冲刺阶段。今天课上复习"岩石圈与地表形态",我首先带领学生系统回顾了岩石圈的结构、岩石圈的组成和物质循环、内外力作用与地表形态等知识点,内容比较多,然后评讲"过关演练"上的配套试题。讲解结束离下课还有10分钟,我便让学生拿出"全真综合模拟测试卷",评讲上面的题目。这上面大多是综合性试题,难度比较大,我只评讲了3道题目,下课铃就响了。反思本节课,效果不太好。"岩石圈与地表形态"本身就是重要的考点,课上我把知识点"讲"了一遍,却没有留时间给学生巩固消化,学生掌握效果无法判断。之后又评讲配套练习和综合模拟测试卷,涉及诸多知识点,难度大,学生不易掌握。课堂时间虽紧,但是"满堂讲""满盘抓",把学生的学和练抛到一旁,复习效果就差了。

情境导入的好处 | 2016-03-02,星期三

今天听了李老师的一节课,他是这样进行课堂导入的:首先播放视频(电影《后天》中海水即将淹没城市的片段),然后提问:"从这段视频中,大家看见了什么?"学生回答:"海水即将淹没城市,城市将变成海洋。"接着展示图瓦卢的图片,并提问:"科学家们预测,若干年后这个国家将会沉没,有这种可能吗?"学生讨论。然后带着问题,李老师导入新课"全球气候变化及其对人类的影响",分析图瓦卢沉没的原因。这种通过电影片段和科学预测进行的情境导入,可以让学生直观感知本课内容,对学生形成了视觉冲击,让学生意识到生存的危机感,培养了学生的全球意识以及地理思维能力。

翻转课堂中的"任务单" | 2016-03-03,星期四

翻转课堂中的自主学习是以完成"任务单"的形式进行的。"任务单"的全称是"自主学习任务单",是以表单形式呈现的指导学生自主学习的方案,是提供给学生进行自主学习以达成教学目的的一种支架,它的基本要素是学什么、为什么学和怎么学。"任务单"的质量至关重要,因为它影响着学生课前自主学习的深度、广度和效度,影响着课中交流内化的程度和有效性。"任务单"的使用主体是学生,教师是隐藏在后台的指导者,这样就确立起"以学生为中心"的生本学习模式。设计"任务单"时,教师一定要转变观念,充分考虑学情,把设计的出发点和归宿点真正转移到"为学生学"上,并把是否有利于学生的学作为检验教师"任务单"是否有效的重要标准。

全面思维 | 2016-03-08,星期二

全面思维主要用于让学生分析地理成因,要求学生能运用多种模式,如一因一果、一因多果、多因一果、多因多果等,全面分析地理事象的成因。如在"如何利用南极冰山解决阿曼的缺水问题"的研究中,设计两个问题,让学生探讨阿曼和南极水资源特征的成因,进一步拓展思维。

问题探究:阿曼缺水的原因,南极水资源丰富的原因。

学生活动:小组讨论影响水资源的因素,从影响降水和蒸发的因素入

手,分析这两个区域水资源存在差异的原因,并结合阿曼和南极地区的实际情况分析,得出结论。这体现了多因一果的全面思维方式。

探究结论:阿曼地处北回归线附近,受副热带高气压和离岸东北信风的影响,降水量少;同时由于气温高,蒸发旺盛,所以水资源匮乏。南极地处南半球高纬地区,受极地高压和极地东风影响,降水较少,但因纬度高、海拔高,气温较低,蒸发微弱,所以水资源较为丰富。

课堂美的体验 | 2016-03-10,星期四

今天听了宋老师的一节课"东北地区农业可持续发展"。他采用多种手段让学生置身异彩纷呈的三江平原。课前首先播放三江平原四季变化的优美景观(春的萌动、夏的奋发、秋的成熟和冬的蛰伏),以及反映"北大荒"人开拓荒原激情的生产生活图片,精心制作短视频,渲染氛围,把学生带进美的意境。上课开始,先按照学案设计的问题,请学生回答老师邀请大家到"北大荒"的理由;再出示三江平原在"选美中国"评选活动中被评为中国最美沼泽湿地的图片;最后播放郭小川的诗句"这是一片神奇的土地——人间天上难寻",让歌颂劳动、创造美的诗句深深地根植到每个人的心田。如此引导,师生不仅体验到了地理美,还内化了情感品质。

尝试渗透式教学 | 2016-03-14,星期一

我在讲解"影响工业区位因素"时,展示了一幅曾经出差所到城市的定位地图,让学生阅读教材后,讨论回答以下四个问题:

(1)请说出材料中企业总部和生产部门在空间布局上有何差异及产生差异的原因?

(2)该企业生产部门主体布局在什么地形区,有何好处?

(3)该类企业的生产事故高发期主要出现在夏季和冬季,分析产生差异的原因是什么?

(4)近年来,烟花企业大量外迁到远郊山区,你是否赞同? 说明理由。

这节课跳出系统性的讲解过程,在创设真实的教学情境下,层层设问渗透知识,让学生通过思考,回答案例中的地理问题,从而分析领悟工业区位因素的两大核心环节:在哪里? 有什么联系? 让学生在合作探究中整合

信息,从时空的视角和发展变化的视角去分析地理问题。师生在这样生成性的教学环境下学习,取得了共赢互进的教学效果。

做好总结梳理 | 2016-03-16,星期三

今天在讲解"自然灾害与人类"时,我展示了视频新闻《东川模式享誉全球》和文字新闻《泥石流滩铺新绿》,让学生了解云南东川如何治理泥石流灾害。学生阅读图文,体会到合理的人类活动可以有效防灾减灾。总结时,我强调人类与自然灾害的相互影响,人类具有主观能动性,在科学认识灾害的基础上不仅可以防灾减灾,而且可以转变发展方式,实现区域协调、可持续发展,即由"治灾"到"治理"再到"致富"。其中,"治理"的"理"应当是理清楚人与自然灾害的关系,理清楚人地关系,理清楚生产与生态的关系,理清楚防灾减灾思路。

设计科学合理的板书 | 2016-03-17,星期四

有老师上课板书图省事,随心所欲,龙飞凤舞,这个现象值得注意。科学合理的板书应具有精、严、实、新、活、美的特点:

精——板书设计的语言文字精当凝练,符号线条简洁明快,对教材内容具有概括归纳作用。

严——严格遵循知识本身的逻辑,体现教师严密的教学思路。

实——如实反映教学意图,讲求实效,学生易领会、易记录、易掌握。

新——新颖巧妙的板书,能让人产生新鲜感,引起学生积极的认知倾向,进入学习的最佳心理状态。

活——灵活运用各种板书设计方式:图表式、梯级式、对称式、框架式、辐射式、闭合式等。

美——板书设计从内容到形式,应讲求完整、清楚、简练、协调,给人以美感。

长话短说 | 2016-03-22,星期二

上午第一节课在高一(4)班讲授"遥感技术及其应用",这节内容比较抽象,我在课堂上重点讲了遥感技术的原理,即人们在航空器或航天器上,

利用一定的技术设备,对地表物体(电磁波信号)进行"遥远的感知"。同时介绍遥感的应用领域:资源普查、灾害监测、环境监测等。最后结合几个实例,让学生分析探讨。整个过程用时只有30分钟,剩余时间让学生复习巩固。为何要这样处理呢? 一是遥感知识本身比较深奥,它是地理科学与现代信息技术相结合的产物,过度"探究",学生不易理解;二是对于遥感知识课程标准只要求"了解",学业水平测试中的分值也很少,所以只要抓住重点问题分析就够了。

发放问题任务单 | 2016-03-31,星期四

今天我在高一(5)班讲授"谋求人口合理容量",我给每个小组发了一张问题任务单,要求学生在本课学习过程中有什么问题和疑惑都写到上面,最后我会集中解答。这节课专业术语多,内容比较抽象。在讲课过程中,我提醒学生及时记下不懂的问题。课堂最后我把各小组的问题任务单收了上来,有学生提了这样的问题:哪个国家环境人口容量最大? 我说,世界上哪个国家环境人口容量最大,要综合考虑各国的资源、经济、科技、消费水平等因素,才能得出正确的答案。有学生问:我们需要多长时间才能达到人口合理容量? 我这样解释:人口合理容量是我们谋求的目标,实现这个目标,需要几代人坚持不懈的努力。另一张任务单上学生问:环境人口容量到底如何计算? 我是这样解释的:环境人口容量的计算,需要综合考虑资源、经济、科技、消费水平等因素,具体的计算还涉及统计学、经济学知识,有兴趣的同学课后可进一步探讨……学生提出的问题很新奇,也很有价值,这是我没有预料到的。在教学过程中,让学生及时记录疑问,当堂解答,这是教学的一种好形式。只要教师多想方法,敢于创新,创设轻松、开放、生成的课堂就不是难事。

注意知识前后联系 | 2016-04-04,星期一

下午第三节课在高一(1)班讲解"城市空间结构",分析社会因素影响住宅区的分化。由于收入水平的差异,出现了高级住宅区和低级住宅区的分化,在区位上呈现背向发展的趋势,高级住宅区多建在城市外缘,房屋面积较大,环境优美,而低级住宅区往往分布在内城和工业区附近,房屋面积

狭小,环境较差。我用多媒体展示了一组高级住宅区景观,接着问学生:"发达国家出现逆城市化,市中心区人口迁往何处?"学生回答:"郊外和乡村。""那这里是什么住宅区?"我问。"高级住宅区。"学生回答。"那这些人群收入情况如何?"我又问。"高收入人群。"学生回答。我这么引导,就把城市功能分区和逆城市化知识联系了起来,融会贯通,便于学生掌握。

教学应当走在发展的前面 | 2016-04-05,星期二

维果斯基认为,教学"可以定义为人为的发展"。首先,教学影响学生智力的发展,这种作用既表现在智力发展的内容、水平和智力活动的特点上,也表现在智力发展的速度上;其次,教学"创造"最近发展区,学生两种水平之间的动力状态是由教学决定的。教学应当走在发展的前面,应时刻关注学生的特点和变化,教学不能滞后于形势的发展和学生的发展。现在光靠教材来统领课堂教学是不行的,仅以教学内容的深浅来评判是否"走在发展的前面"也不行,我们需要结合教育科学的最新研究和学科发展的最新信息,把握时代发展的脉搏,与时俱进,才能搞好教学,才能更好地引导学生发展。

范例教学法 | 2016-04-07,星期四

范例教学法是由德国教育家瓦·根舍因首创的一种教学方法。教师在教学中以精选的知识经验和事实作为"范例",使学生通过对"范例"的学习,掌握一般的具有普遍意义的知识,培养学生主动学习、独立思考、举一反三的能力和创新精神。运用范例教学法进行教学包括以下几个阶段:①阐明范例的"个"的阶段。这一阶段要求以典型的事例来说明事物的特征,即通过典型的个别来阐明一般,目的是让学生了解并掌握"个"的本质特征。②阐明范例的"类"的阶段。通过对上一阶段获得的知识进行归纳、推理,让学生从"个"的学习迁移到"类"的学习,掌握某一类事物的普遍特征。③掌握规律和范畴的阶段。在前两个阶段学习的基础上,进一步探究出规律性的知识,其目的是使学生掌握事物发展的规律性。④获得关于世界以及生活经验的阶段。此阶段进一步把获得的知识进行加工和应用,从而获得关于世界和生活的经验,其目的是使学生不仅认识了客观世界,也认识

了自己,养成良好的行为习惯。

不轻易下结论 | 2016-04-11,星期一

今天在高一(1)班讲到这样一道判断题:

在土地贫瘠或难以开垦的地区,人地矛盾突出。(　　)

参考答案是"正确",但我在课堂上讲的时候,感到这句话有"问题":土地贫瘠或难以开垦的地区,人口本来就很少,人地矛盾怎么会突出呢?我略加停顿,对学生说:"此句表述是否正确,课后我们再探讨。"接着我继续讲下面的题目。回到办公室,我立即向其他同事请教,他们看了题目,认为这句话是正确的,因为在土地贫瘠的地区,生态环境很脆弱,可供开发的资源又很少,人类的不合理活动会造成人地矛盾十分突出。他们这么一点拨,我清楚了。明天上课的时候,我再和学生详细解释。

遗漏一点不要紧 | 2016-04-15,星期五

今天讲授"城市功能分区的成因",对其中的经济因素进行了分析:城市土地进行何种功能活动,取决于土地价格和各种活动付租能力的差异(结合示意图分析)。综合两方面因素,一般在地租最高的市中心形成商业区,在地租较高的道路两侧形成住宅区,而地租较低的其他地方则形成工业区。到此,这个知识点就讲结束了。我忽然想起漏讲了地租次高地区的土地用途,急忙又补充:在城市地租次高地区的道路交会处,也会形成小的商业区(因为这个地块交通便利,土地价格高)。我用粉笔在黑板上补充标出。我问学生懂了没有,学生无回应,说明学生掌握情况不好。城市功能分区中的经济因素分析比较抽象,能让学生了解从市中心向外依次形成商业区、住宅区和工业区,并能说明原因,这就够了。而我在讲完后又补充"地租次高峰",无疑会使学生产生疑惑。实际上,漏讲的知识先让它过去,可以放在下节课或试题中分析,没必要当堂纠缠、补充。

把握多媒体使用的节奏 | 2016-04-25,星期一

现在的地理课常用多媒体辅助教学,地图、景观图、数字材料等展示十分方便,学生注意力集中,兴趣提高了,但不肯动脑、动手的情况变多了。

其实,多媒体不能代替教师的讲解、分析,使用多媒体不能抛弃传统的板书。课堂材料的呈现不能过多,过多会分散学生的注意力。展示的每张PPT最好都能让学生看得清、看得全,要让学生有思考的时间。呈现的问题不在于多,而在于精,要紧扣教学的要点。学生长时间盯着PPT,也会视觉疲劳。一节课应该给学生留有一定的看书、思考、相互讨论或动笔的时间,这样安排才合理。

答案要共"磨" | 2016-04-29,星期五

高三地理试卷中的综合题答案往往带有主观性,提供的参考答案并不一定准确、完整,甚至可能有错误,需要阅卷老师补充、修正、完善。学生答案五花八门,什么样的答案给分,什么样的答案不给分,需要阅卷老师评判,有时也需要整个备课组讨论、交流。在阅卷开始前,老师应该把试卷拿到手,自己先做题,再与参考答案比对。高三地理试卷有一定难度,即使任教高三多年的教师也不一定"十拿九稳",所以阅卷前的做题是"磨题"的前提。备课组讨论、磨合的过程是对试题进行的第二次解读。在阅卷过程中遇到"新奇"的答案,进行组内讨论是对试题的第三次解读。经过这样的解读、"磨题",阅卷速度虽然慢了些,但这个"慢"是一个"磨刀"的过程,对教师教学和专业发展都是有利的。

控制课堂的练习量 | 2016-05-09,星期一

下午第一节课我在高一(5)班上课,首先回顾复习,用PPT展示关于农业区位因素的7道选择题和综合题,让学生分析、回答,这几道题目难度不大;接着开始讲解"农业地域类型",重点是"水稻种植业"和"商品谷物农业",结合两个农业案例,引导学生分析其分布、区位条件和特点,学生能基本理解;最后剩余的几分钟让学生完成教学案上对应的6道题目,并作评析。本节课课堂容量比较大,表面上看学生能够"理解",但实际上还有点问题。"讲—练—讲"模式下,环环相扣,内容充实,但学生疲于应付,学得累,缺少自主学习和探究的时间,教学效果受到影响。这种课关键是要把练习题目数量减下来,腾出时间让学生去看教材、思考问题,开展一些自主探究活动,这样课堂的"教"与"学"都不至于"气喘吁吁"。

好课需要大胆取舍 | 2016-05-11,星期三

简单是一种智慧,课堂教学应该在"取舍"间找到平衡,本着简单、简捷、简化的原则,对教学环节进行必要的筛选。在设置好教学目标后,教学环节要与其相匹配,力求简单明晰、重点突出。教师备课时要"深入",授课时则须"浅出"。教师备课的内容包括大量的资料与信息、问题与思考。但是当教师将备课内容转化为教学设计时,一定要化繁为简,因为烦琐的环节会冲淡教学主题,导致课堂高耗低效。繁杂的课堂环节设计不符合学生的认知实际,在这样的课堂中,学生很难拥有较大的收获。有的课堂问题满天飞,学生应接不暇,无力思考;有的课堂充满了讨论、表演、展示,学生被逼着向前走,表面的轰轰烈烈之后,脑中仍然是空白;还有的课堂,细枝末节的内容旁逸斜出,东拉西扯,整节课不得要领。

区域空间定位 | 2016-05-17,星期二

高考试题中区域图的选择很灵活,并不局限于世界主要国家和地区。高考试题中区域图一般只是背景图,其设计的切入点是区域位置及其特征,所以要给学生重点讲区域定位的方法。我常用如下三种方法:

(1)典型区域特征定位法。不同地区的气候特征、地形特征、自然带特征、地貌特征、河湖特征等都具有一定的规律性或关联性,这是判断区域的重要线索。如根据气温和降水组合,可以判断是低纬还是高纬,是内陆还是沿海,是大陆东海岸还是大陆西海岸。

(2)特殊地理事物定位法。代表性自然景观、文物古迹、现代建筑物、文化现象等往往是定位的重要线索。如法国的埃菲尔铁塔、埃及的金字塔、美国的自由女神像、中国的长城等。

(3)文字提示信息辅助判断。有的题目在题干或问题中提示了区域的大致范围或自然、人文特征,这对缩小定位范围和提高定位的准确度很有帮助。

三角分析 | 2016-05-25,星期三

三角分析是指将不同类型的证据组成一个更加一致的参考框架或关

系,以利于它们相互比较和对照。20世纪70年代,加拿大心理学家埃里奥特把"三角分析"引入课程行动研究,要求研究者不仅要用不同的技术去研究同一问题,而且应从不同的角度让不同的人去分析评价同一现象、问题或方案,他们的观点对行动研究结果都极为重要。从三种不同的角度(教师、学生、参与观察者)来收集关于教学情境的记录,每一种观点都代表了一种独特的认识。教师处在最易获得对教学情境的目的和意向内省的最佳位置,学生处在最易解释教师行动怎样影响他们对情境的反应的最佳位置,参与观察者则处在收集教师和学生之间互动特点资料的最佳位置,最后通过比较,三角形的一端可根据获得的资料来测试和修正。

共同愿景与角色分配 ┃ 2016-05-27,星期五

合作学习小组作为"学习与生活共同体",应该有属于自己的成长和发展目标,形成组员普遍认同的价值观和信念,使每个组员充分体验到归属感,最终建立属于小组自身的共同愿景。在缺少愿景的情形下,充其量只会产生"任务式的学习",只有当大家致力于实现某种他们共同关切的事情时,才会产生"创造性的学习"。由于学生"个体型学习"和"竞争型学习"的长期存在,教师的指导还是必要的。在合作学习小组中,教师应该善于根据学生在学习中表现出来的不同特点,安排学生扮演适当的角色,承担不同的学习任务。比如,有的学生适合搜集资料,有的学生适合分析论证,有的学生适合统筹管理,等等。这种角色分配,既保证了小组学习活动的有序推进,又能充分发挥个人的优势。

求助环节的设计 ┃ 2016-06-13,星期一

设置地理探究性问题,如本地工业的分布、环境污染的来源、城市化的影响等,除了要留给学生独立思考的时间和空间外,还要留给学生求助的机会。求助行为既包括学生个体查阅资料的自助,也包括向同伴请教的他助,还包括小组合作过程中的互助,甚至包括学生与教师交流过程中所获得的帮助,等等。这就要求教师在教学过程中要留有较为宽裕的时间给学生质疑、讨论、分析,学生也要有查阅资料的行动。教师要通过鼓励、督促,力求让每个学生都"行动"起来,通过"求助",形成自己对问题的认识和见

解,并能进行阐述。当然,将难度过大的问题留给学生探究会面临很多困难,因此探究教学并不排斥教师讲解,很多时候教师的点拨对化解难点会起到画龙点睛的作用。

注意分析的准确性 | 2016-06-15,星期三

今天在高一(1)班讲到这样一道题目:

考察的范围越大,人口迁移对人口数量变化的影响就( )

A. 越大　　　B. 越小　　　C. 不变　　　D. 不确定

学生回答"B"。我举例分析:从盘湾镇范围看,人口迁移对人口数量变化影响较大;但若从江苏省范围来看,人口迁移对人口数量变化影响就较小。此时学生产生了迷惑:人口迁移对人口数量影响到底大不大? 为什么江苏省人口迁移对人口数量影响较小? 我只好进一步解释……实际上,我的分析还不够到位,其实解答本题关键要指出,区域范围越小,往往人口越少,人口迁移对人口总量影响越大;区域范围越大,人口总量一般也越多,区际的人口迁移占人口总量比重越小,影响也越小。这样分析,问题就清楚了。

"量体裁衣" | 2016-06-23,星期四

教师要学会"量体裁衣",必须优化三类教学行为细节。一是关注。要关注每一个学生,尽量记住每一个学生的姓名、容貌、性格等,关注他们的知识基础和兴趣爱好等。二是倾听。倾听有两个层面,首先要听其言,判其是非,着眼于问题答案的优劣对错;其次是会其意,理其思维,着眼于学生学习的内在体验过程,包括思维、情感、价值、理解等,尤其要着力优化后的倾听行为,学会耐心地倾听,并捕捉、厘清、评价学生的发言。三是触发。触发是教师在课堂上有效引导学生个体发现、表现自己学习状态的隐性行为;触发只有建立在关注、倾听行为的细节之上才有效果;触发需要智慧引领,而不能生硬造作,以求顺其自然的教学境界。

怎么不关心灾害信息 | 2016-06-24,星期五

上午第一节课我在高一(6)班上课,主要任务是复习,因为过几天就要

期末考试了。但有学生总是东张西望,注意力难以集中,好像在想其他事情。昨天阜宁县和我县部分地区发生了龙卷风和冰雹灾害,造成严重的人员伤亡和财产损失,学生课前都在打听灾害消息,但今天在课堂上我竟然对此事只字未提,把学生的关切搁置一边,只关心复习,这就是失误!一方面,班级有来自灾区的学生,他们能不关心家乡的灾情吗?另一方面,龙卷风、冰雹灾害本身就是地理现象,地理课为什么不向学生介绍灾害情况?花一点时间向学生介绍灾害最新情况,稳定学生情绪,给学生必要的心理安慰,这才是生命的课堂、人文的课堂!

注意提问的价值 | 2016-06-28,星期二

我听了一位青年老师的课,他在讲课过程中不断提问,如"是不是""对不对""好不好"等,讲台下则是一片附和声,"是……""对……""好……"此起彼伏,煞是热闹。但仔细观察可以发现,热闹气氛中很多学生没有认真思考,而是随声附和、滥竽充数。这位老师还喜欢说半截话,故意拉长语调,留下简单的后半截,等待学生补充。我认为,用这种简单的提问吸引学生的注意力,效果并不好。如果课堂充满了这样的提问,不仅不利于吸引学生注意力,还容易导致学生疲倦、厌倦,削弱他们的学习兴趣。这种做法最大的弊病在于:不利于培养学生的思维能力,易使学生养成浅尝辄止、不求甚解、人云亦云的习惯。长期不假思索,"答案"脱口而出的学生,又怎会深入思考?高中阶段,教师要把培养学生思考习惯,提高学生思维能力作为教学重点。课堂上不能仅追求气氛,还要认真考虑课堂的价值。教师要精心设计课堂提问,不问则已,问就要问得有价值,触发学生的灵感,引发学生的思考。

这个比方好 | 2016-09-01,星期四

以前我在讲"天体系统"时都是平铺直叙,学生印象并不深,而且可能会认为宇宙中就这么几种天体系统。今天在高一(3)班讲这个问题时,我是用人口行政归属作比方来分析的:如果一个人相当于一个天体,那么这么多人并不是随意分布的,他们都有自己的行政归属。以本地人口为例,有的属盘湾镇,有的属兴桥镇,有的属特庸镇,这些镇是低级别的行政单

位,相当于地月系这一级别。镇由县管辖,县是高一级的行政单位,射阳县就相当于太阳系。射阳县和其他几个县区由盐城市管辖,盐城市就相当于银河系。苏北平原像盐城市这样的地级市还有淮安市等,这些地级市就相当于河外星系。盐城市和其他地级市由省管辖,江苏省是区域内最高级别的行政单位,就相当于总星系了。我这么引导分析,学生对天体系统的大小、层次认识就清楚了。

舍弃不必要的板书 | 2016-09-02,星期五

今天在高一(2)班讲授必修一第一单元第一节"地球的宇宙环境",在"宇宙"一目下,我在黑板上写下这样的板书:

一、宇宙

1. 特征:物质性、运动性

2. 天体:(类型)

3. 天体系统:(层次)

我课后想,对宇宙的特征——物质性和运动性,学生早就熟知,又不是重要内容,为何要板书呢? 课堂简要提示一下即可。地理课的板书,强调图文结合,突出重点,一般性的、学生熟知的内容不需要罗列;重点的、学生不易理解的知识要进行板书,如本课的天体、天体系统、八大行星等。板书切忌面面俱到、按部就班,有老师在一个地理问题下习惯性地写下概念、特点、类型、分布、影响,似乎为学生展示了一个完整的知识脉络,但实际上,这种板书方式陈旧、模式化,缺乏灵活性,容易束缚学生的思维。因此,板书时非重点的、可有可无的条目可以去掉。

讲一点做人的道理 | 2016-09-05,星期一

我的同事李老师在讲授"地球的宇宙环境"时,介绍宇宙概况、天体、天体系统之后,对学生说:"宇宙能够包容和承受所有不同大小天体的存在,包括太阳、地球、月球,还有许多大小星系。我们做人也要心胸开阔,要像宇宙一样,能容纳各种事物,学会包容,这样,前进的路会越走越宽。"他的一番话深深吸引了学生。地理课上能对学生讲一点做人的道理和处事的方法,这是很难得的,值得学习。

学会等待 | 2016-09-07,星期三

在教学过程中,要学生提出问题或疑惑,学生常常沉默寡言,面面相觑,提不出来。为何提不出来? 因为不习惯思考,也不会思考。那么老师提出问题,让学生发表看法呢? 仍然沉默。为何? 因为没有看法。教学进展慢,老师急了,忍不住越俎代庖,这样干净利索,省时省力,但学生永远处在等待、依赖中。所以老师不能急,要给学生充裕的思考和准备时间,耐心等待,善于激励。其实有的学生就缺那么一点勇气,需要老师为他们打打气;有的学生有种种顾虑,需要老师积极疏导。学生思维卡壳的地方,老师要牵线搭桥,结合已有的知识储备和生活经验,结合可能开发的教学资源,如国内外重要时事、生活环境等,引导学生思考,由温故到知新,由形象到抽象。

"趁热打铁" | 2016-09-08,星期四

上午第二节课在高一(2)班讲授"地球自转的地理意义"第一目"地球的自转",我结合画图、PPT展示等,依次介绍了地球自转的方向、周期、速度等,重点对自转的线速度、角速度问题进行了分析。学生因为没有初中地理的基础,所以理解起来还是很费力的。我在黑板上画了三个图,让学生在图上标出地球自转的方向:

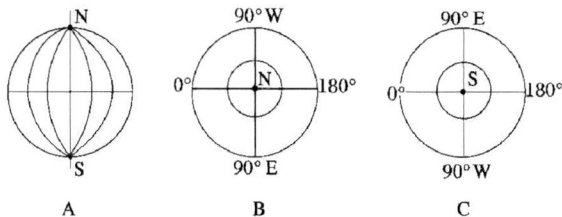

A   B   C

这三个图考查学生对地球自转方向的理解,而此时学生正在思索自转速度,图呈现出来后,学生的思维要从自转速度回到自转方向上来,有的学生就不太适应。既然是自转方向的题目,就应该讲完自转方向知识点后及时呈现,便于学生巩固。自转速度是重点,在讲解之后呈现的应该是速度方面的题目。知识的巩固强调"趁热打铁",及时训练,这比滞后的、集中式的巩固复习,教学效果要好。

教学过程反思

创新课堂检测形式 | 2016-09-12, 星期一

许多教师经常采用的检测形式是:学生做题—教师巡视—教师评讲。表面看大家都在参与活动,但实际上检测效果不一定好,反馈的信息也未必真实有效。我今天尝试利用平板电脑解决这一问题。我把事先准备好的选择题输入检测系统(教师端),课堂检测时利用学校提供的平板电脑,让学生做题。答题结果会同步反馈到教师端,教师可随时监测学生的答题情况。例如,选项A是正确答案,那么多少人选A一目了然。如果在设置选项时设计了干扰项,那么就可筛选出知识掌握不牢固的学生,根据情况决定是否重新讲解。如果某题只有个别学生做错,教师可以看到是谁错了,那么单独讲解即可。这样教师与学生之间快速互动,检测效率非常高。

如何讲清时差 | 2016-09-23, 星期五

今天在高一(5)班讲授"地球自转的地理意义",分析地方时和时差,这是高中地理的难点之一。我先讲解地方时产生的原因,因为地球自西向东自转,同一纬线上偏东的地点先看到日出,时刻较早。我问:"我们教室里各点地方时是否相同?""不相同。"学生异口同声回答。"老师站立的位置偏东,假如我这里地方时是10时,你们那里有没有到10时?""没有。"学生回答得很响亮。"那这就麻烦了,学校7:00上课,到底是指哪个点的时刻? 解决这个问题,只有实行分区计时。"之后我讲解了24个时区的划分方法和它们的相对位置。"时区划分的目的,就是为了便于人们之间的交流。假设我们教室跨越15个经度(1个时区),有若干个地方时,现在采用教室中央经线的地方时作为统一使用的'区时',因为中央经线位置居中,两侧均可兼顾,最公平。"如此引导分析,循序渐进,学生对时区划分的必要性和区时的作用有了清晰的认识。

教学目标的具体化 | 2016-09-29, 星期四

教学目标是教学的出发点,也是学习的归宿点,教学成败很大程度上取决于教学目标是否准确、具体、全面,要求是否适当。"全球的气压带与风带"是第二单元,也是地理必修一的重点内容之一。我研读了教材和课标,

把本节课的教学目标设定为:理解三圈环流与气压带、风带的形成机制,记住全球气压带、风带的名称,绘制全球气压带、风带分布示意图。这样的教学目标表述具体、可操作性强。

语言的魅力 | 2016-10-14,星期五

今天我在高二(4)班评讲练习题,针对学生不肯动脑筋、做题马虎的现象,我一改以往"就题论题"的习惯,换了一种讲法来"鼓动""刺激"学生。"如果这一道题你选D,那么你以后千万不要和别人说你学过地理!""这道题选B的同学,有明显的自卑倾向!""我罚你们抄写,不是我不原谅你们,而是科学不原谅你们!"我这样一讲,很多学生先是目瞪口呆,然后是一阵爆笑,他们对我这种"独特"的点评感到惊奇,但又觉得我的话朴实合理。教室里的目光齐刷刷地集中到我的身上,我继续评讲练习题……

地震案例导入 | 2016-10-20,星期四

今天凌晨4:51,射阳县发生4.4级地震,震中位置北纬33.7°、东经120.3°,震感明显,引起了人们极大的恐慌。早晨大家聚集在一起谈论着地震。上午第一节课在高一(2)班上课,我首先问学生:"今天我们这里发生了什么?""地震!"大家异口同声地回答。"几级地震?你们当时感觉到了吗?""4.4级!"学生脱口而出,但很多学生表示当时没有感觉到(学生正在睡觉)。有学生问:"老师,如果发生大地震,我们不就完了吗?"我回应:"射阳地处沿海平原,小震常见,但大地震特别是6级以上的地震十分罕见,射阳最大的一次地震发生在1992年,也只有5级。大家不要慌,我们的教学楼很坚固,7级以下地震倒不了,宿舍楼抗震性能也不错。"学生用惊奇的目光看着我。"地震发生在地球内部,地球内部到底是什么样的呢?这节课我们就来学习第二单元第一节'岩石圈与地表形态'。"如此导入,既聚焦了本地热点事件,也回应了学生的关切,把学生的注意力引到了新课。

抓时机提问题 | 2016-10-25,星期二

有的老师课堂提问比较随意,重要的知识才提问,不重要的知识就不提问;讲到兴奋处提问,无精打采时就不提问;要么连续提问,要么很长时

间不提问。这一现象值得注意,课堂提问是教学中了解学生掌握情况的常用手段,它是一种教学方法,也是一门艺术。要把握好提问的时机,可以从两方面入手。首先,从学生心理状态把握:①当学生的思维处于一个小天地,无法"突围"时;②当学生受旧有知识的影响无法顺利实现知识迁移时;③当学生疑惑不解、厌倦困顿时;④当学生心情兴奋、跃跃欲试时。其次,从教师教学视角把握:①教学到达教材的关键处时;②教学到达教材的疑难处时;③教学到达教材的联结处时;④教学到达内容的含蓄处时。

多做"景区导游" ｜ 2016-10-27,星期四

在地理课堂中,盛行一种就文解文的做法,一节完整的教学内容,如内力作用、季风环流、洋流等,首先把它分解,如概念、成因、类型、特点、分布规律、地理意义等,然后按部就班讲完就万事大吉了。在这样的课堂中教师完全成了一个"产品解说员",而不是一个边走边讲故事,不断给游客创造"幻境"并将其领入"顺境"的"景区导游"。导游的责任是"导",通过各种方法和技巧把学生引进来,使学生产生强烈的好奇心和求知欲,学生可以自由地欣赏"景观",和老师探讨感兴趣的话题,而且越看越想看,越学越带劲。在这样的课堂上,时间过得飞快,地理知识变成了值得回味、咀嚼的营养品,学生在不知不觉中掌握了地理知识,提高了能力素养。每个地理教师都要争当"景区导游",只要有决心,就能当好。

契合课标的教学设计 ｜ 2016-10-28,星期五

一堂好课必定有其精彩独到的教学设计,这里以张老师的高三地理复习课"河流对地貌的影响"为例。他首先利用几幅河流景观图、三角洲和冲积扇示意图,让学生说出其异同,通过有关冲积扇、三角洲的试题达到了了解学情、创设学习情境的目的。接着,他以"大家来找茬"的游戏方式,让学生观察两幅冲积扇形成示意图中不同颗粒物的堆积情况,找出第二幅图中的问题,引导学生探究"流水堆积作用的分选性"。然后,通过《中国国家地理》中关于三角洲的材料,用四组考题把学生引入河流与海浪"PK"的探究活动中,击破难点:不同形态三角洲的成因。整个教学流程按照学生的认知特点进行重组,由表及里、由浅入深。学生学习的推动力来自任务的巧

妙设计,张老师采用"先行组织"策略,将学生已有的知识经验和即将探究的知识联系起来,有效促进了学生知识的建构和迁移。

巧用类比法 | 2016-11-01,星期二

地理教学中的类比法,能够将抽象的事物形象化,将深奥的道理浅显化,让一些"板着脸孔"的高深原理变得有血有肉、有滋有味起来。例如,为了让学生更好地理解中心地理论,教师可以引导学生先看生态系统中不同等级动物的势力范围。老虎在食物链中的营养级别最高,所以数目少,势力范围大,相互距离远,所谓"一山不能容二虎"。反之,兔子在食物链中的营养级别较低,所以数目多,势力范围小,相互距离近。同理,城市等级越高,提供的商品与服务的种类就越多,服务范围越广,相互距离就越远,数目就越少。又如,在分析影响人口迁移的因素时,教师常常将"人往高处走"与"水往低处流"相提并论,旨在说明人口迁移与水往低处流是一样的,自然而然地发生。

力求"少而精" | 2016-11-02,星期三

今天下午第二节课在高一(6)班上公开课,课题是"岩石圈与地表形态(第三课时)"。我授课的内容包括"内力作用的足迹"和"外力作用的表现"。本课难点知识比较多,内容抽象,讲的时间较长,学生练习和活动的时间少,一直到下课铃响,我才把最后一个问题讲结束。这倒不是我刻意"多讲",而是授课内容多,以致很多教学设计就无法实施,师生互动环节被大量舍弃,结果就给人以"满堂灌"的印象。这是我备课的疏忽!实际上,要想上好公开课,首先要划定好教学内容和范围(这有时会被我们忽视)。内容过少,互动过多,会使人感到课堂低效、空洞;内容过多,讲不清、讲不透,学生参与活动少。因此,教学内容的选择要适量,在个人备课的基础上,多征求其他老师的意见,这一困惑会得到化解。

挖掘导入素材 | 2016-11-07,星期一

在讲解"热力环流"时,很多老师会用"海陆风"这一典型案例导入,但是不少学生并没有条件和机会体验这一现象,尽管射阳地处沿海地区,但

真正看过海的学生不多,导致其认同感不足,难以达到预期的效果。我挖掘新素材,在课堂上这样导入:

在上课之前我想问同学们一个问题,在炎热的夏天,我们进入开了空调的教室或超市时,为什么一进门总有一股冷空气迎面扑来?为什么是冷空气向外吹,而不是暖空气向里吹?(学生讨论交流)带着这个疑问让我们一起来学习热力环流,一起来领略自然的神奇!

这样的导入素材贴近学生生活实际,学生认同感大为提升,更有利于新课的教学。

枯燥数据生动化 | 2016-11-09,星期三

地理教学中有很多数据,学生虽然看了,但如过眼烟云,印象并不深刻。如何将枯燥的数据变得生动起来,我做了一些尝试。例如,中国香港是亚洲金融、贸易中心之一,陆地面积约1104平方千米,但这个面积到底多大,学生并不清楚,对他们来说,这就是一个抽象的数据。我先让学生比较射阳县和香港的大小,有学生说香港大,也有学生说射阳大。情况到底如何?我告诉学生,射阳县陆地面积约2605平方千米,为江苏省第四大县。学生惊讶起来:香港还没有射阳的一半大呢!香港虽小,但经济发展水平却是射阳不能比的。这样比较,枯燥数据就"活"起来了,学生印象就深刻了。

师生交替"讲解" | 2016-11-11,星期五

下午第一节课在高一(2)班讲授"大气的组成和结构",我先让学生看5分钟书,并思考两个问题:一是大气的主要成分及作用,二是大气垂直分层及各层特点。之后请两个学生上讲台依次讲解这两个问题。学生讲得不错,我对他们的表现予以肯定,之后我再进行点拨、分析。

第二节课我在高一(5)班上课,仍然是这个课题,讲的内容一样。我先让王同学上讲台讲解第一个问题"大气的主要成分及作用",然后我进行点评、分析。之后再请李同学上讲台讲解第二个问题"大气垂直分层及各层特点",我进行分析、总结。从课堂结构来看,还是第二节课安排得好,第一节课是"生讲—师评",学生的活动集中在前15分钟,剩下的时间全是教者

的"表演",未免有些单调,不易吸引学生注意力。而第二节课是"生讲—师评—生讲—师评"模式,学生的讲解安排在前后两个时段,学生的讲和教师的评交替进行,这样容易吸引学生的注意力,学生参与度更高。

带着疑问讲新课 | 2016-11-14,星期一

今天在高一(2)班讲授"大气的受热过程",我是这样设计的:先让学生花5分钟做"同步训练"1~5题(独立完成),然后公布答案,问学生错得最多的是哪道题目,学生回答是第3题。我和学生一起看题:为什么多云的夜晚比较暖和? 地面辐射强还是大气逆辐射强? 带着这两个疑问,我导入新课:什么是地面辐射? 什么是大气逆辐射强? 多云的夜晚为何比较暖和? 这就是本节课要探究的问题。我先从大气的能量来源说起,分析太阳辐射光谱的特点……在新课内容讲授完之后,我让学生重新回到课前做的题目上,再分析各选项的对与错。这样的教学安排我觉得是比较好的,带着疑问探究新知,层层化解疑惑,学生印象深刻。

问题的设计 | 2016-11-22,星期二

"外力作用的表现"是"岩石圈与地表形态"一节的重要内容,我在讲解这部分内容时作如下设计:

各种外力都是一把刻刀,不断雕塑着地表,其中最锋利的是流水作用和风力作用。学生阅读教材,认识几种主要的外力作用,并填写下表:

外力作用	分布地区	作用形式	地貌类型	典型地貌
流水作用				
风力作用				

学生讨论并回答:

(1)冲积扇、冲积平原、三角洲的位置有何不同?

(2)黄土高原的形成和黄土高原千沟万壑景观的形成有何不同?

(3)沙丘的迎风坡和背风坡的坡度有何不同?

(4)如果在堆积地貌处做一个纵剖面,纵剖面上会出现什么现象? 试

教学过程反思

解释其原因。

(5)除流水作用与风力作用外,还有哪些外力作用对地貌产生影响?它们作用下的地貌是怎样的呢?(学生阅读教材,了解冰川、海浪侵蚀形成的地貌及分布位置。)

(6)外力的来源很多,作用形式也很多。人类生活在地球表面,人类活动与地表形态有何关系?试举例说明。

创设地理实验情境 | 2016-11-24,星期四

今天在高一(6)班讲授"内力作用的足迹",关于褶皱的形成,我出示了三个思考题,然后让学生以小组为单位演示模拟实验。

(1)实验材料:报纸、卡纸、颜料、胶水、人工草皮。

(2)实验步骤:①将实验材料纸、草皮等逐层平铺,每层涂一种颜色,用胶水粘贴,做成类似的岩层结构;②将做成的岩层水平放置;③两手水平用力从两侧挤压岩层,岩层发生塑性变形,产生一系列波状弯曲;④观察褶皱形成的地貌。

一组学生在讲台上完成整个实验,其他小组学生边看书边观察,感知实验,思考问题。如此以问题导学,将实验引入课堂,通过小组合作实验突破难点,让学生亲身体验,培养了学生动手能力、思考能力和合作意识。

放假前的课上什么 | 2016-11-25,星期五

下午学校要放假,我上最后一节课。我先让学生做教案上的选择题,时间到,我检查了一下,发现还有五六个学生没写好。之后我开始评讲题目,我讲得很认真,但有相当一部分学生心不在焉。我反复提醒,但收效甚微,而且越临近下课,学生就越躁动。放假前最后一节课上什么?我觉得课的前半段可以讲一点新内容或评讲题目,但新内容要少讲,因为学生已经"归心似箭",此时过多讲新课,不管内容是难是易,都很难吸引学生。临近下课的十几分钟,就应该布置一点任务给学生(做作业或预习),并督促他们完成。学生讲话或心不在焉,不要强行"压制",批评或训斥都是无济于事的,而且可能会打击学生积极性,造成不良影响。

注意知识的衔接 | 2016-11-28,星期一

以前在讲地质构造最常见的两种类型"褶皱"和"断层"时,是分开讲的:"褶皱"是岩层受强大挤压力发生弯曲变形形成的;"断层"是地壳运动产生强大的压力或张力,岩层沿断裂面发生错动、位移形成的。学生对两者之间的联系并不清楚。今天上课,我把两者结合起来分析,学生就容易掌握了。我是这样承转的:"大家知道在地壳水平挤压力作用下,岩层发生塑性变形,产生一系列波状弯曲,就形成褶皱。如果岩层进一步挤压会发生什么情况呢?"学生回答"破裂"。"破裂后会发生什么呢? 这就是我们要探究的断层。"如此,学生就了解到"褶皱"和"断层"两者是密切联系的,是岩层受不同作用力变形的结果。

联系学生生活 | 2016-11-29,星期二

学科知识来源于生活,生活中有语文,生活中有数学,生活中也有地理。教师将生活内容融入讲授中的时候,可能也正是学生生成一系列新信息、新问题,积极参与课堂活动的时候。比如,"热力环流"一目,教材中文字表述不多,也不复杂,但很多学生就是不理解,这是什么原因? 我认为可能是因为学生缺少对"热力环流"的直观认识。我曾组织学生到我办公室观察电饭锅烧开水。电饭锅放满水,接上电源开始加热,几分钟后水开始向上冒泡(这相当于大气受热上升),时间越长冒泡越多。等水烧开,电饭锅中心的水体不断向上翻,而四周受热较慢,水相对"冷却",水体下沉(这相当于大气冷却下沉)。我让学生观察开水在锅中是怎么流动的,学生说开水在锅的中心上翻,在锅的四周下沉,越是加热,这种"环流"就越明显。经过这样的观察,学生对"热力环流"的形成就好理解了。

说出准确的纬度值 | 2016-12-01,星期四

今天在高一(5)班讲授"季风环流",我告诉学生盘湾地处北纬35°,处在亚热带季风气候区,属于典型的季风气候区。学生对经纬度不熟悉,因此也没有什么疑问。但课后我回想,盘湾的纬度位置说得不准确,于是立即去查资料,盘湾准确的纬度值是北纬33.7°。备课时,我没有仔细去核对,

教学过程反思

课堂上就凭印象说了一个值，哪知说错了。实际上，很多常用的数据，如本地的纬度、面积、海拔之类的信息，课堂也用过，不过时间一长，有的数值就模糊了或忘记了，这就需要备课时认真谨慎，要把"记忆中的材料"重新取出来"考量"，而且有的数据本身就在不断更新中，应通过网络搜索、图书查阅等形式，了解准确的数据，这是地理教师的责任。

由现象到本质 | 2016-12-02，星期五

今天在高一（6）班讲授"海陆分布对气压带的影响"，我是这样导入的：

"上次课我们学习了'全球的气压带与风带'，大家回忆一下，全球气压带呈什么形态分布？（学生回答'带状'）那么我们来看看实际的北半球气压带分布呈什么状态？（多媒体展示，有学生说带状，也有学生说块状）为何实际气压分布与模式图中气压分布有差异呢？大家先小组讨论一下，然后发表意见……"

这样导入，由现象到本质，由结论推原因，让学生带着疑问进入新课学习。在探究一系列原理之后，自然就能解决课前的疑问，这比按部就班用"原理—过程—结论"的授课步骤效果要好。

听不懂何必要讲 | 2016-12-05，星期一

今天评讲"洋流及其地理意义"同步练习，其中有这样一道题目：

图中M洋流流经的沿岸地区的气候类型可能有（　　）

①亚热带季风气候　　　　②温带海洋性气候
③热带沙漠气候　　　　　④温带季风气候

A.①②　　　　B.①③　　　　C.②③　　　　D.②④

我先分析洋流图，符合逆时针洋流的有两种：一是南半球中低纬洋流圈，M是寒流，降温减湿，沿岸形成热带沙漠气候；二是在北半球中高纬洋流圈，则M是暖流，增温增湿，沿岸形成温带海洋性气候。我讲得"头头是道"，但学生没什么反应，他们只知道寒暖流的作用，而对沿岸究竟形成什么气候一时还弄不清，加上气候分布及其成因本身也是难点，学生就更难

以理解了。我课后反思,既然学生听不懂,这个题目就没必要讲,或者换一种形式呈现。

教学中的前后呼应 ｜ 2016-12-06,星期二

我在讲授"洋流对地理环境的影响"时,首先播放电影《后天》片断。这是一部关于全球变暖的影片,其宏大的灾难场景及悲壮的背景音乐吸引了学生的注意力。我适时抛出了"全球变暖背景下气候为何会变冷"的问题,学生就此进行了探讨,但结论并不能使每个学生信服。带着疑问,我们进入新课学习,通过对案例纽芬兰渔场的形成、"泰坦尼克号"沉船之谜、日本核泄漏事件等的分析,归纳出洋流对气候、渔场分布、航运、海洋环境等的影响,让学生把握本课中心知识。最后回顾课堂导入时提出的问题:"全球变暖背景下气候为何会变冷?"学生对此疑问再次进行分析讨论。这样课堂前后呼应,探讨问题有始有终,学生对洋流在全球热量传输系统中的重要作用的认识也更深刻。

上有意义的课 ｜ 2016-12-12,星期一

有意义的课是学生学有所成的课:学到了新知识,锻炼了能力,有良好的、积极的情感体验,产生进一步学习的强烈愿望,并越来越主动地投入学习中。换句话说,有意义的课,它首先应该是一节扎实的课。

教学需要"等待" ｜ 2016-12-16,星期五

今天上午在高一(2)班上课,我首先请两位同学在黑板上画出世界洋流分布模式图,其他同学在自己的本子上完成。张同学画得迅速,看来掌握较好,而王同学画得不太顺畅,他先画南北半球副热带洋流圈,在画到副极地洋流圈时"卡"住了。此时,班级很多同学已经完成了,都盯着他。虽然时间已经很紧,但我没有让王同学停下来,而是耐心等待,同时要求其他同学查看课本,看看自己画得是否正确。5分钟过去,王同学终于画出了洋流分布模式图,虽然不太美观,但基本正确,我予以表扬,之后才开始下面的教学环节。其实教学就需要耐心和等待,"慢一点"换来的可能是学生的信任和感动。

先复习"考点" | 2016-12-20,星期二

上午在高二(4)班上第二节课,我先评讲上节课留下的"地球运动"训练题,由于该内容比较抽象,学生不易理解,所以评讲并不顺畅,不知不觉20分钟过去了。我开始复习"热力环流",考纲要求"结合实例,说明大气热力环流的形成过程",可见该知识点很重要。我结合多媒体展示和画图来回顾该知识点。一部分学生懂了,但还有一部分学生处于"迷惑"状态,到下课铃响时,复习还没完全结束。反思本节课,效果不太好,课堂的前半段应该先复习"考点",把相关知识理清、讲透,之后再评讲训练题。因为本课主要任务是复习考点,课堂的"黄金时间"就应该用来完成这个任务,练习评讲应放在课堂后半段,题量可多可少,时间容易掌控。

新授课少讲难题 | 2016-12-21,星期三

提到这个话题,我想起了前面在讲授"热力环流"时的情形。那次在高一(6)班上课,我结合多媒体、画图,联系学生生活实际进行讲解,学生听得懂,课上得顺畅,但课堂训练时选用的两个题目难度较大。这两个题目,一个是辨析地面冷热对应的近地面、高空等压线弯曲形态,另一个是比较近地面、高空各点气压值的大小。大部分学生不会解答,尽管我作了分析和引导,但学生反应"冷淡",学生的思维仍然跟不上我的讲解,最后虽然得出了答案,但学生依然"迷茫"。看来,新授课上的课堂检测题宜浅不宜深,要把调动学生兴趣、巩固课堂新知作为首要任务。

讲与学的关系 | 2016-12-28,星期三

讲授中讲与学的关系其实就是教师"授"与学生"受"的关系。教师的讲授是作为"中介语言"增进学生认知水平的重要技术手段,它在解析知识内容、引导学生构建经验知识与新知识之间的联系等方面不可或缺,是学生学习的依据和范例。学生在学习(阅读、思考、领悟教材)的过程中,必然会不断发现和提出疑难问题,要求教师指导分析。这对教师的讲授提出了更高的要求,促使教师对教材、教法进行更深层次的研究。一方面,教师的"讲"是为了学生更好地"学",没有教师的"讲",绝大多数学生只能在迷雾中摸

索,难以前进;另一方面,学生的"学"又会反过来促进教师的"讲",没有学生的"学",教师的"讲"就失去了价值,只能自说自话,所以讲与学是对立统一的。

德育目标不能太笼统 | 2016-12-30,星期五

当前地理教学中,不少教师设计的德育目标虽然大而全,但显得空泛、笼统,缺乏具体、明确和可操作的德育指向。例如,讲授"自然资源与人类"时,有教师设计的德育目标为"树立正确的世界观、人生观和可持续发展观";讲授"全球的气压带与风带"时,有教师把德育目标设计为"激发学习热情,培养科学的世界观,陶冶爱国情操,树立可持续发展观"。树立正确的世界观、人生观,激发学习热情等德育目标,是地理课程的总目标,不是仅仅通过一节课的几个教学活动就能达成或实现的,教师把课程总目标当作课时德育目标,显得大而空,笼统而不着边际,导致情感、态度与价值观目标可望而不可即,最终难以落实。

何为"暖课" | 2017-01-06,星期五

乍提"暖课",很多老师感到陌生。"暖课"是在课堂尚未正式开始时,为拉近师生距离、活跃课堂气氛或引起学生注意而设计的教学片断。它具体是指以实物展示、播放音乐或视频、课前演讲、表演活动、分发导学案以及安排分组等为载体,以服务课堂为目标,激发学生求知欲,最终实现高效、轻松的课堂教学的活动形式或教学片断。与课堂导入不同,"暖课"为课堂的正式进行做铺垫和热身,并非要成为课堂的主要环节之一,只是让课间嬉戏打闹的学生逐渐安静下来,为接下来的课堂教学营造和谐的氛围。

多引导少指导 | 2017-02-21,星期二

今天在高二(4)班讲到一道判断题:

我国提出大力加强生态文明建设突出体现了可持续发展的公平性原则。( )

有学生认为是正确的,也有学生认为是错误的。我没有直接下结论,而是让学生分别说明理由,大家再来评判。大部分学生认为,生态文明建

设突出体现了可持续发展的持续性原则。

当学生在学习过程中遇到障碍或出现差错时,教师要尽可能采用引导的方法,让学生自己去发现错在哪里,再思考该如何纠正。学习重在过程,贵在思考和探究,如果我们总是采取指导的方法,让学生直接了解答案,学生可能也会听懂,但往往印象不深。更重要的是,习惯于教师指导下的学生,会逐渐失去自觉的、主动的探索意识。因此,一般情况下,教师不要轻易指导,当引导无法达到目的时,才施以必要的指导。

了解教情(一) | 2017-03-06,星期一

周末年级部组织高二学业水平测试模拟考试,高二(4)班只有22人地理及格,这出乎我的意料,是不是最近教学出了问题? 下午第二节课后,我把地理课代表请进了办公室(他本次地理考了61分)。我问他:"课堂上老师讲的是否听得懂?"他说:"听得懂。""老师上课有什么需要改进的地方吗?"我问。他想了想说:"好像讲的有点多了。"我又问:"最近作业为什么迟迟收不上来?"他说时间都分给其他学科了,时间不够。最后我又问:"在学业水平测试的几门科目中,哪位老师复习效果最好?"他说是历史课。"好在哪里呢?"我追问。他说:"历史老师上课,给我们每人一个'任务单',要求我们在规定时间完成,然后评讲,效果好……"学生离开了,留给我的却是无限的思考。

这个板书好 | 2017-03-07,星期二

今天在高一(6)班讲解"人口迁移",在讲到人口迁移的原因和影响时,我设计了如下的板书:

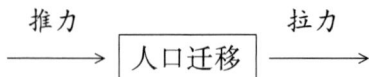

推力　　　　　　　　　　拉力
──────→ 人口迁移 ──────→

我从物理的视角进行分析:物体移动,必然要受到力的作用,促使人口外迁的力就是推力,推力往往是不好的因素,如恶劣的气候、过多的人口、收入低、就业机会少、食品短缺等;而拉力引领人口的流向,是人口迁移的诱因所在,拉力往往是良性的因素,如较多的就业机会、较高的收入、良好的教育条件等。在这两个作用力的作用下,人口发生迁移。我这样板书、

分析,一目了然,学生容易懂。

让实验走进地理教学　｜　2017-04-07,星期五

达·芬奇有句名言:"实验是科学知识的来源,智慧是实验的女儿。"今天听了地理组两位老师的公开课,一个课题是"热力环流",另一个课题是"锋面系统",他们都采用了实验教学的手段。教师在课堂上把双手还给学生,让他们去操作;把眼睛还给学生,让他们去观察;把大脑还给学生,让他们去思考;把嘴巴还给学生,让他们去讨论,着实令人耳目一新。地理实验可以培养学生的观察能力、思维能力、实际操作能力以及浓厚的科学兴趣。长期以来,中学实验教学主要局限于物理、化学、生物学科,高中地理实验教学起步较晚,尚未形成完善的体系。中学开展地理实验教学的条件有限,而教师的实验观念和能力也很欠缺,而这两位青年地理教师能直面问题,探讨对策,开展有价值的地理实验,构建高效课堂,这一做法令人赞许。

考后分析不能少　｜　2017-04-13,星期四

高二学业水平测试成绩已经揭晓,我从年级部找来了成绩单,对自己任教的高二(4)班的成绩进行统计分析:班级43人参加考试,达"B"等(75分~90分)的17人,其中男生10人,女生7人;达"C"等(60分~75分)的21人,其中男生12人,女生9人;而"D"等(60分以下,不及格)的5人当中,男生2人,女生3人。可以看出,在地理优等生当中("B"等),男生占比较大(58.8%),女生占比较小(41.8%),而在地理学困生中("D"等),男生占比较小(40%),女生占比较大(60%),这和以往的数据统计基本相符。可以看出,男生在地理学习中更有优势,这与男生有较强的空间思维能力和分析能力有关,而女生在地理学习中困难较多,这可能与女生空间想象能力和逻辑思维能力不强有关。女生在地理学习中要取得好成绩,除了要花更多的时间和精力外,关键要着力提高地理空间思维能力、逻辑思维能力等学科核心素养。

课堂聚焦学生　｜　2017-04-27,星期四

今天在阜宁中学参加市基础年级地理学科教研活动,听了三节课。这

三节课教学设计精巧,目标达成率高,受到听课老师的一致好评。但再好的课也有不足,虽然三节课都展示了学生合作学习、探究学习,但学生探究的时间过短,学生参与的程度不高,教者只指引学生沿着"预设目标"思考、分析,却忽视了学生不同观点的交流。如王老师在引导学生分析进藏铁路的几种方案时,大部分学生选择青藏铁路线,也有少部分学生选择川藏线、新藏线。王老师让选择青藏铁路线的同学上台交流想法,并对其进行点评,教学沿着预设目标"顺势推进",却忽略了选择其他方案的同学的意见表达。实际上有必要让不同观点的学生充分表达自己的看法,这样可形成思维的碰撞,使学生更深刻地理解地理原理。相互交流可能会占用课堂更多时间,教学任务的完成会受到一定影响,但以学生为中心的教学才是真正有效和有意义的教学。

这样分析效果好 | 2017-05-02,星期二

今天我在高一(5)班讲解"城市发展与城市化",在分析逆城市化的原因时,我引入人口迁移中的"推力"和"拉力"概念。大城市城区不良的环境即推力,如城区人口过于密集、环境恶化、交通拥挤、生活质量下降等。而郊区和乡村吸引城市人口迁入的因素,如环境优美、空气清新、基础设施完善、新商业区的发展等即拉力。城区与郊外之间的便捷交通可归结为中间力,如私家车的普及,高速公路、高铁等现代化交通网络的建立,等等。发展中国家的城市化,表现为大批乡村人口流向城市,分析产生的原因时,仍然可以从推力、拉力两个方面入手。这样的分析联系了前后知识,思路清晰,学生更容易掌握。

注重区域分析与比较 | 2017-05-03,星期三

区域可持续发展包括两个概念,区域是背景,可持续发展是核心,两者缺一不可。教学中要结合区域案例,多进行区域分析和比较。例如,温带海洋性气候在欧洲西部和北美洲西部分布的异同点及原因分析,我国南水北调中线工程与美国北部北水南调工程的对比,英国与日本农业生产的比较,等等。再如,复习工业区位理论时,教材中呈现的案例是德国的鲁尔区,在分析完鲁尔区后,可以再增加美国东北部工业发展的案例,让学生学会归纳原理、举一反三。区域案例分析应有一定的思维深度,不仅要使学

生学会通过区域差异的比较,探寻区域之间自然环境、人类活动的差异,而且要使学生学会比较区域差异的基本方法,通过区域分析探寻区域可持续发展的核心所在。

了解教情(二) | 2017-06-01,星期四

"晒课"中的课堂实录完成了,我上的是"人口分布与人口合理容量"(第二课时)。课上得怎么样?学生如何评价?还有什么不足?这是我一直牵挂的事,我很想听听学生的意见。今天晚上,我来到高一(4)班,特意找几位学生谈谈对我课堂教学的感受。那天该班学生连续参加了物理、英语、政治、地理四门学科的课堂实录。我问他们:"在那天上的几节课中,哪一节最好?"大家开始只是笑,后来说都差不多。王同学说:"物理课课堂气氛比较沉闷,英语课大家不肯发言。"我点点头,又问:"地理课有什么缺陷呢?"李同学说:"讲的有点多了……其他课也是这样。"张同学说我字写得有点小了,他当时看得不太清楚。我点头表示赞同,围坐的其他学生没有吱声,只是笑。确实,对学生来说,评价老师的课比较困难,似乎无从下手,只有老师不断"鼓励",他们才能说上几句,但就是这几句,对我也有很大启发。多去和学生交流吧,这会使我们对自己的教学行为有更清晰的认识。

班级教学的缺失 | 2017-06-05,星期一

在班级教学中,虽然学生坐在同一间教室,教师面向学生集体授课,但是班级教学缺乏真正的集体性。教室里每个学生独立完成学习任务,教师虽然向学生同步施教,但每个学生都以自己独特的方式去思考和理解。每个学生分别对教师负责,学生与学生之间并无分工合作,彼此不承担关联责任,无必然的依存关系。所以,要体现班级教学的集体性,只有依靠教师去组织和调动,如开展小组合作学习、探究学习等,这样才能把集体学习的优势发挥出来。

古今穿越巧承转 | 2017-06-23,星期五

今天在高一(2)班讲授"人类活动地域联系的主要方式",以下是课堂实录片断:

我首先展示诗句:"故人西辞黄鹤楼,烟花三月下扬州。孤帆远影碧空尽,唯见长江天际流。"

师:孟浩然从黄鹤楼所在的武汉出发去扬州,采用的交通运输方式是什么?

生:坐船。

师:如果孟浩然生活在今天,你会建议他采用什么交通运输方式?说说你的理由。

生1:坐火车,速度快,票价也不贵。

生2:开车自驾游,灵活方便。

生3:坐飞机,速度最快,路上耽误时间最少。

师:同学们说得都有道理,那身在唐朝的孟浩然有这样的选择吗?

生:没有,唐朝交通运输方式很落后。

师:随着生产力的提高和科技的进步,交通运输方式呈现多样化。从武汉到扬州,600多千米的路程,到底采用哪种交通运输方式呢?除了要考虑距离、价格、时效外,还要考虑行程目的、个人习惯等,因此客运方式的选择相对主观,即使在相同的条件下,不同的人做出的选择也可能不同。

采用这种方式引入新课,古今穿越,巧妙过渡到对现代交通运输方式的选择上,不失为一个好的范例。

疑问是怎么产生的 | 2017-06-29,星期四

高一地理期末考试(市级联考)刚结束,"盐城地理教师QQ群"中讨论起了一道题目。原题目是:

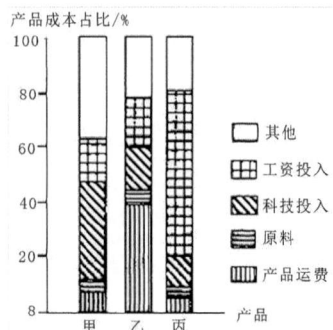

读不同工业部门产品成本构成示意图,回答:

与甲、乙产品成本构成相符的一组是( )

A. 棉纺厂、火电厂

B. 高分子合成企业、啤酒厂

C. 软件开发企业、海鲜加工厂

D. 电子装配厂、甘蔗制糖厂

示意图本身并不复杂,甲科技投入最大,属技术指向型工业,可排除棉

纺厂和电子装配厂。乙产品运费投入最大,乙属什么指向型工业呢?大家讨论了起来:

王老师:乙产品运费高,就应该靠近市场,啤酒厂就属市场指向型工业,"B"项正确。

范老师:乙产品运费投入最大,也就是说这个工厂生产成本中,产品运费比例高,所以推断该厂距离市场远,应选"C"项。

姚老师:海鲜加工厂靠近原料地,所以产品运费高,能这么理解吗?

金老师:应该不选啤酒厂,除了大品牌的啤酒,一般啤酒不是在当地销售吗?运费怎么会高呢?

各位老师提出了自己的看法,可谓"仁者见仁,智者见智"。实际上,分析此题关键是要弄清楚两个"特点",原料指向型工业的特点是原料不便于长途运输或运输原料成本较高;而市场指向型工业的特点是产品不便于长途运输或运输产品成本较高。前者侧重的是"原料"分析,后者侧重的是"产品"分析。把这个搞清楚,此题就好解决了(有的老师可能没有注意)。该题的重点是"甲、乙产品成本构成","乙"工业产品运费投入成本最大,企业越靠近市场,越靠近城市,产品销售范围就越广,运费就必然上升,所以该工业应属市场指向型工业,本题选"B"项合理。

无须"拓展" | 2017-09-05,星期二

早上第一节课在高一(1)班讲授"地球的宇宙环境",在讲解太阳系八大行星时,我让学生说出太阳系八大行星的名称、位置,介绍八大行星的运动特征。接着,我向学生介绍太阳系原第九大行星——冥王星的情况:冥王星的质量、体积在太阳系行星中是最小的,平均密度小,离太阳远,其表面温度是最低的(-230 ℃)……我课后反思,本课讲太阳系八大行星,重点就应放在八大行星上,何必要引申去讲冥王星呢?这可能会给学生带来信息干扰。实际上,如果要激发学生的兴趣,可以讲一些人类探索水星、金星、火星等的故事。第三节课我在高一(2)班就没有再提冥王星,节省了时间,效果也好。

教学过程反思

哪一种导入形式好　|　2017-09-07,星期四

上午第四节课在高二(5)班上课,我首先请两个学生回答问题,问题分别是:①日本、英国的地形、气候有何差别? ②日本、英国的农业发展和工业布局有何不同? 第一位学生没能直接答出来,翻书后才回答。而第二位学生勉强说了一些,还不全面。下午第一节课在高二(6)班上课,我改变了导入形式,没有直接提问,而是结合教学案上的题目(第1~3题)让学生分析回答,对其中的错误选项,我要求大家动笔改正,对图示的一些重要信息,如"河谷农业""从赤道到两极的地域分异规律"等要求大家动笔标注。试题评讲结束,开始讲授新课。

比较两节课的导入形式,上午的课开头直接提问,提出的问题来自教材,两个学生分别回答,很难激发学生的兴趣。下午的课,结合题目提问,涉及的知识点更宽泛,虽然回答的学生也只有几人,但所有学生都关注到了题目中的易错点和重要信息,这样就保证了覆盖面,比个别提问效果要好。

作业评讲的顺序　|　2017-09-18,星期一

昨天学生做了"课时分层"作业,早上我进行了批改,今天上课的主要任务就是评讲作业。第三节课我到高一(2)班教室,发现与教材配套的"非常学案"上还有一些题目没讲,于是给10分钟让学生做题,之后开始评讲。这部分题目都是能力提升题,学生做得并不理想,虽然我作了深入解析,但仍有学生皱着眉头。这部分内容讲完离下课还有20分钟,我开始评讲已经改好的"课时分层"作业,题目比较容易,但学生注意力不太集中。回顾本课,虽然评讲任务完成了,但仍然存在不足:当天上交的、批改好的作业,学生印象最深,应该先评讲,而我却把它放到了后面;而较难的、学生未写好的题目应该放到后面讲,或下次课评讲,而我却放到前面,这样效果不好。作业评讲要有合理的顺序,先易后难,先做先改的先评讲。

树立中心问题意识　|　2017-09-27,星期三

所谓中心问题,可以从两个层面来理解:其一,将问题置于课堂教学的

中心,通过提问激活学生认知基础,通过设疑激发学生的求知欲望,通过比较激励学生质疑探究;其二,以问题串联课堂教学,通过提问创设背景和情境,促使学生建构知识,形成情感、态度与价值观。在课堂教学中,中心问题既是教师教的中心,也是学生学的中心。基于中心问题组织内容、建构知识、展开教学,线索更清晰,课堂更简洁,真正做到"形散而神不散"。

"少教多学"的典范 | 2017-10-11,星期三

这是两千多年前的一堂课,苏格拉底与几名学生经过一块麦地,苏格拉底布置学习任务:"你们去麦地里摘一根最大的麦穗,只许进不许退,我在麦地的尽头等你们。"学生开始在麦地里自由行走,寻找最大的麦穗,看看这一株,摇摇头;看看那一株,又摇摇头……他们总以为机会还有很多,没必要过早定夺。当学生两手空空到达麦地尽头时,苏格拉底说:"这块麦地里肯定有一根麦穗是最大的,但你们未必能碰见它;即使看见了,也未必能做出准确的判断。因此,最大的一根麦穗就是你们刚刚遇到的。"学生恍然大悟。尽管这是两千多年前的一堂课,但今天看来,仍然闪烁着智慧的火花。这堂课的环节是如此简单,主要的时间是学生在麦地里自由行走,寻找最大的麦穗,学生占用了课堂的大部分时间,成了绝对的主角,而苏格拉底则成了客串,寥寥数语,却让学生领悟到——"人的一生仿佛也在麦地中行走,也在寻找那最大的一根麦穗,追求最大的,但把眼前的一根拿在手中,才是实实在在的。"用现在的眼光看,这可谓教学中"少教多学""让学引思"的典型和成功范例。

创新导入方式 | 2017-10-17,星期二

我今天在讲授鲁教版高中地理必修一第二单元第二节"全球的气压带与风带"时,是这样导入的:

"同学们喜欢看电影吗?在看电影的时候有没有想到用所学的地理知识解释一些现象,或者用地理知识帮助我们摆脱困境呢?我向大家推荐一部电影——《金蝉脱壳》。"

介绍影片(学生观看视频并思考问题):雷·布雷斯林退休前的最后一次任务是要挑战传说中滴水不漏的超级监狱。他利用自制的六分仪测出

监狱所在纬度为30度22分,根据冲马桶时水流逆时针流动,判断监狱在北半球;再根据11月20日海上有温暖的雨水与空气,海面风平浪静,最终测得监狱位置在摩洛哥并成功逃脱。他是如何测得监狱位置的呢?(学生讨论)

本课以电影导入,可以激发学生的求知欲和学习兴趣,活跃课堂气氛,同时在探讨主人公如何确定监狱位置的过程中,适时插入涉及的气压带和风带知识,有利于学生对相关知识的理解和地理思维能力的培养。

巧妙的教学设计 | 2017-10-23,星期一

今天听了王老师的"水资源与农业"复习课,感触颇深。王老师以古诗词串联整节课,巧妙借助热播的综艺节目《中国诗词大会》中的"飞花令"导课激趣,用三句描写水的著名古诗词引出教学内容:以"上善若水,水善利万物而不争"引出水资源与人类社会的话题,以"问渠那得清如许? 为有源头活水来"引出水资源分布,以"山重水复疑无路,柳暗花明又一村"引出水资源的合理利用。这样的设计让学生感受了我国优秀的传统文化,并从诗词中领略到人与自然的和谐共处。学生在活动中通过品读古诗词,归纳出全球和我国的水资源分布特征。教师在这个过程中扮演了"顾问"的角色,引导、帮助学生发现问题并验证猜测,活动的目的与结果高度契合。

何必要抢这两分钟 | 2017-11-06,星期一

今早第一节课在高一(1)班上课,我先让学生画"岩石圈物质循环示意图",之后讲"内力作用的足迹"。这个内容既是重点又是难点,我结合多媒体画图,讲得精彩,但学生听得乏力。到8时12分,我把"背斜成谷"的原因分析结束。此时,离下课还有3分钟,还有一点"小尾巴"没讲完,我就迅速把"向斜成山"的形成过程分析了一下,在黑板上写出相应的结论,并要求学生记录。可我发现,绝大多数学生没有记,坐在那一动不动,好像没有什么反应,而此时已经下课2分钟了。我知道,这最后几分钟已属"强弩之末",抢着时间讲,"吃力不讨好",学生压根就没有听进去。

复习课如何上 | 2017-11-13,星期一

下周就要期中考试了,本周的复习课怎么上?高一(2)班只剩一节课了(星期三要开运动会),今天的上课思路是这样的:先选学生在黑板上解决三个问题,分别是时差换算、太阳直射点回归运动、地质构造的判断,其他学生在自己的本子上完成。5分钟后,我开始评析他们的解答。评讲完后,我就时差换算等5个重点知识进行了回顾和扩展,对容易出错的地方进行了提示,学生听得很认真。之后我又让学生拿出"非常学案",选择其中三个典型题进行了评讲,剩余的几分钟让他们回顾复习。整个课堂学生参与度高,气氛活跃。

课堂的预设与生成 | 2017-11-15,星期三

课堂教学中要处理好预设与生成的辩证统一关系,把预设与生成有机结合起来。课堂是动态的课堂,课堂教学中需要预设,但绝不能仅仅依靠预设,要审时度势,根据课堂的变化而调整。在教学中有精心的预设,在预设中有所生成,就说明师生之间有较好的互动;教学以学生的发展为本,把学生看成鲜活的生命体,就说明教学的出发点和归宿点不是"本本",而是学生的实际。苏联教育家苏霍姆林斯基说过:"教育的技巧并不在于能预见到课堂的所有细节,而是在于根据当时的具体情况,捕捉一些有价值的细节,巧妙地在学生不知不觉中做出相应的变动。"预设与生成,犹如一次美丽的邂逅,使课堂焕发出光彩。

为什么会"教不完" | 2017-11-27,星期一

在新课程教学中,很多教师感到新教材内容多,既要倡导自主、合作、探究学习,又要有机整合三维目标,一节课的教学任务总是"教不完"。那么,为何会出现"教不完"现象呢?分析教师的课堂教学行为,原因主要有两点:一是教师对教材内容处理不当,东一榔头西一棒。有些教师把握不住教材的结构体系和深浅度,不能站在学生角度来审视教材、处理教材,导致教学过程混乱,完不成教学任务乃在意料之中。二是教师课堂调控能力不强,放得开收不回。在实际教学中,有的教师不善于观察课堂环境和学

教学过程反思

083

生行为反应,没能选择正确的调控策略,或情绪控制能力弱,不能保持良好的情绪状态而影响教学活动的有序开展,或应变能力不强,不能在处理突发事件中表现出高度的灵活性,等等,导致教学效果差,完不成教学任务。

如何解决"教不完"问题 | 2017-11-28,星期二

面对课堂"教不完"问题,可采取以下几个策略:一是直奔主题,引导学生有目的地参与活动,让学生在活动中掌握学习方法。二是加强指导,让学生学会学习。教师要有针对性地培养学生的学习能力,让学生对学习的程序、方式方法、策略等有所了解,以免耗费太多的时间。三是合理控制学生课堂发言时间。控制学生发言的时间,不是扼杀学生的自主性和创造性,而是培养学生在有限的时间内以简要的语言表达所掌握的内容,避免学生东拉西扯不着边际。教师可在课前告知学生发言的时间,让学生根据时间组织好内容,并打好腹稿。当然,教师不应对学生发言的内容和思路过多干预,否则学生就变成了教师控制教学的"工具",也就谈不上凸显学生的主体地位了。

分析的形象性 | 2017-11-29,星期三

今天在高一(2)班讲解"大气的受热过程"时,学生对"太阳暖大地→大地暖大气→大气还(暖)大地"大体能理解,但有的对大气的保温作用不够清楚。于是,我打了个比方:地球表面厚厚的大气,就好像我们冬天穿的棉衣一样,为什么穿着棉衣就暖和?原因就是身体散发的热量(类似于地面辐射)大部分被棉衣截留、吸收了,散发到大气中的就少了。棉衣暖和了,又把热量返还给身体(类似于大气逆辐射),对身体起到保温作用,所以穿着棉衣就不感到冷。但是棉衣穿得太多,人会感到热,什么原因?(学生讨论)棉衣穿多了,身体散发的热量会更多地截留在棉衣中,散发出去的更少,这样就加剧了棉衣的保温作用(增强了大气逆辐射)。我这样用棉衣比喻大气,虽然不够科学,但学生对大气的保温作用就容易理解了。

基于学生主体的互动 | 2017-12-04,星期一

地理教学内容是教学过程互动的载体、平台,它直接影响教学互动的

方式。地理教学内容按照其性质和形成来源,一般分为自然地理、人文地理和区域地理;按照学习目标,分为一般内容、重点内容和难点内容。重点内容即达成教学目标的内容,难点内容即教与学都有困难的内容,每节课都有重点,但不一定都有难点,有时重点与难点是重合的,有时是分离的。在教学过程中,基于学生主体的互动,要求教师能依据教学内容,设计学生参与教学互动的方式,注意联系学生已有的知识经验,包括已有的知识基础和生活经验,引导学生参与活动过程,这样能提高互动的质量,提升课程实施的品质。

开展体验式教学 | 2017-12-05,星期二

今天在高一(1)班上课,我首先带学生到操场上感知大气的受热过程,学生高兴极了,纷纷跟着我来到操场上。今天天气特别好,阳光明媚,风轻云淡,我先向学生介绍太阳光谱的特点,告诉学生太阳光谱分为红外线、紫外线、可见光、x射线、y射线等,我们肉眼能看见的就是可见光;然后介绍"太阳暖大地""地面暖大气"和"大气还(暖)大地"的过程,学生听得很入神;最后解答学生的疑问。有学生问:太阳辐射强,气温是否就高?有学生问:土地和水面,哪个"地面辐射"更强?还有学生问:如何测量太阳辐射的强弱?针对这些问题,我与他们一一探讨,并作了解答。半个小时很快过去,活动结束了,但大家意犹未尽。

多感官教学 | 2017-12-08,星期五

"锋面系统"是"常见的天气系统"一目的重点,学生对这一内容的学习存在一定的困难。我今天在讲解这一内容时,先让学生观看视频《台风"飞鸽"来袭》,并请他们说出视频中的天气现象及其危害。在讲解"锋"的时候,我利用Flash动画技术,使抽象的锋面和锋线概念以形象灵动的方式呈现;在活动"画一画"中,我让学生画出冷暖锋的符号、图像和锋图,并播放实验视频"冷暖锋的交互过程",让学生动手演示两者相遇时交界处的特点。本节课从生本思想出发,运用多感官教学法完成教学任务,尽可能多地调动学生的视、听、触等多种感官来参与学习。调动越多的感官,就可以利用越多的大脑神经通路,增加学生的记忆线索,从而提高其学习效率。

问题探讨的层次性 | 2017-12-12,星期二

我今天在讲授"自然灾害与人类"一节时,以案例材料导入,设计不同层次的问题,引导学生思考洪灾的形成:

材料:故善为国者,必先除其五害。水,一害也。旱,一害也。风雾雹霜,一害也。厉(瘟疫),一害也。虫,一害也。此谓五害。五害之属,水最为大。——《管子·度地篇》

探讨:(1)文中的"水"指什么灾害?这种灾害的形成受哪些因素影响?

(2)洪水形成时是否一定有强降水发生?

(3)与流域的汇水速度呈正相关的因素有哪些?呈负相关的因素有哪些?

(4)如何评价自然因素和人为因素对洪水的影响?

点评:这四个问题从材料中引出,由浅入深,涵盖了第一目的主要内容。"探讨(1)"属基础层,洪灾的形成与气候、水文等自然条件和人类活动都有关系。"探讨(2)"也属基础层,有学生依据本地环境,认为洪水形成时一定有强降水发生,但随后有学生提出不同意见:造成洪水的原因除了强降水外,大量冰雪快速融化,冰凌堵塞河道,滑坡、泥石流堵塞河道等都可能形成洪水。"探讨(3)"属过渡层,学生先尝试对相关因素进行分析,然后教师点拨。"探讨(4)"属提高层,教材没有介绍,需要组内合作探讨提出意见,最后得出答案:自然因素是洪水形成的主导因素,而人为因素起到了诱发和加剧的作用。

学情学法反思

我们可以由读书而搜集知识，但必须利用思考把糠和谷子分开。

——福雷斯特

期待"恍然大悟" | 2014-01-07，星期二

高一(4)班的王同学今天告诉我，她终于弄清楚"区时换算"了。以前她对时差、区时的问题一点都不懂，即便老师讲解了，她也听不明白，可经过这阵子的反复琢磨，不知不觉中就搞清楚了，一般的题目她都能做对。我真为她高兴！我多么希望她有更多的"恍然大悟"的时刻。人的力量和可能性是无穷的，学生可能在几天、几个星期甚至几个月都没能把某个知识弄懂、掌握，可是终于有一天，在某个特定条件下或情境中，他突然就弄懂了、理解了。这种"恍然大悟"的内在的精神力量，是在青少年意识里逐渐积累起来的。教师要创造条件，帮助学生积累力量，要让学生为体验智力上激动人心的时刻而去发奋学习。

勿忘学生"读"和"练" | 2014-02-17，星期一

眼下高二学业水平测试复习进入了关键阶段，梳理回顾教材和考点知识是复习课必不可少的一个环节。我们通常的做法是结合考试说明列出考点，分析易错点，解析难点，以教师"讲"为主。其实在这一过程中，重点知识让学生去看、去理解，教师及时答疑是必要的，有时让学生背背知识点、画画图也好。我们不必担心学生读的内容是否偏离了考点，哪怕学生读的是非重点知识也无妨，适当让学生自主学习比教师单一地"讲"效果要好。另外，课堂上还要腾出时间让学生"练"，复习资料上的题目很多，可以选择几个典型试题让学生做。试题要有浅有深，评析时简单的一带而过，出错率高的重点讲解。梳理回顾知识点的时间可长可短，但一定要让学生动口、动手，这是关键。

启发诱导的时机 | 2014-03-26，星期三

今天在高一(2)班讲解一道题目，我先让学生分析。题目是这样的：
在山区优先发展的交通运输方式是_____。
然后点名提回。王同学站起来，支支吾吾说不上来。我点拨了一下：山区地形崎岖，对外联系不便。这么一提示，他想起来了：公路运输。其他同学表示赞同。总结后我发现，学生回答问题时，若出现下列情况，则需要

教师及时进行启发、诱导：

（1）当学生的思维局限于一个小范围内无法"突围"时；

（2）当学生疑惑不解、感到厌倦困顿时；

（3）当学生各抒己见、莫衷一是时；

（4）当学生无法顺利实现知识迁移时。

心理学研究表明，只有牢固和清晰的知识才能迁移。教师应在讲授新课前复习与新课有关的旧知识，并在此基础上自然过渡到新课，实现由已知向未知过渡。

应有自主学习的时间 ｜ 2014-04-02，星期三

上午在高二（1）班上第三节课，先是评讲昨天的作业（15道题目），之后结合多媒体复习"地理环境的差异性"，最后评讲"冲A行动"上的同步练习。一堂课我讲得多，感到很累，学生听得也疲劳。第四节课我在另外一个班上采用的也是这个模式，效果差强人意。临近学业水平测试，地理课增加到4节，教师在课堂上辛苦地讲，身心疲惫，教学效果却一般，以讲代学，欲速则不达，甚至适得其反。我想，学生应有自主学习的时间，教师要舍得把时间留给学生，而且是大块的时间，让学生去看书、做题、思考，教师多引导、督促，这样的课堂才有活力和效率。

说"知识体系" ｜ 2014-04-10，星期四

说"知识体系"就是让学生根据自己的理解，表达出教材的知识内容。它与写"知识体系"是构建认知结构的两种方式，两者各有优缺点。写"知识体系"，学生可以借助文字、简图表达信息，记忆效果更好，但用时较多；而说"知识体系"的优点在于节省时间，学生参与程度高，但记忆效果要差一些。我曾让学生用写的方式构建鲁教版高一地理"水圈和水循环"一节的内容，平均用时近10分钟，而让学生说本节知识体系，仅用了5分钟。在课下，我一般会找几个学生说"知识体系"，其他学生听，并做点评，学生之间可以相互补充。对出现普遍性错误或都没有涉及的内容，我补充说明。我认为这种方式不仅仅节省时间，效率较高，更为关键的是能当面纠正学生认知结构中存在的偏差，并能较好地增进师生感情，激发学生的学习热情。

分析的角度 ┃ 2014-04-11,星期五

今天讲解鲁教版地理必修一综合测试题卷,其中有这样一道判断题:
实现自然资源可持续利用的关键是适度开发。(　　　)

很多同学认为此句是正确的,可是仔细分析,此句表述是有问题的。人类要实现自然资源可持续利用,需要采取多种措施、多方面结合才能实现。首先,强调适度开发,即对资源的开发利用不能超过资源的再生能力;其次,人类要将眼前利益与长远利益、局部利益与整体利益结合起来;最后,要高度重视对生态环境的保护,实现科学利用与保护的统一。当然,没有公众在开源节能、环境保护等方面的广泛参与,自然资源的可持续利用就不能实现,所以公众参与才是实现自然资源可持续利用的关键。

注意辨析试题 ┃ 2014-04-18,星期五

今天在高一(1)班讲到一道选择题,其中有一个选项"苏州和无锡两个相邻城市的服务范围不可能发生重叠"。

对这个表述,有学生认为是正确的,但仔细分析,是有一定问题的。苏州、无锡都是人口超百万的特大城市,等级相同。理论上,同级别城市的服务范围是并列关系,且相互排斥,但两个城市的服务范围并不完全相切,服务圈之间会存在一定的交叉区域。按照市场原则,这里的消费者会选择最近的城市寻求服务。因此,准确地说,苏州和无锡两个相邻城市其一部分服务范围有可能发生重叠。

用好"等价转化法" ┃ 2014-04-23,星期三

等价转化就是将一事物转化为对等的另一事物,或者换种方式和角度认识同一事物。它能够在问题等价的前提下,把陌生转化为熟悉,把抽象转化为形象,用简单的思维化解复杂的关系,使问题得到简化而便于求解。例如,全球变暖对我国西北地区山脉雪线高低的影响,不好直接判断,但是如果我们抓住"雪线升高、积雪变少"这一实质,思路就明朗了:全球变暖→蒸发加剧→山顶积雪面积减少→雪线升高。这就是等价转化法的应用。而在区域地理学习中,等价转化法的应用更为广泛。例如,研究法国的人

口问题,可以日本为参照,因为两国同属人口众多、老龄化严重的发达国家;评价中亚发展农业的区位条件,可以地理环境类似的新疆为参照。这样的思考方法,求大同存小异,通过等价转化,达到由此及彼的目的。

让学生编写试卷 | 2014-04-30,星期三

在地理复习课中,我常常让学生根据所学的知识编写一份模拟试卷。题型可以有选择题、判断题、综合题等,可以参考教材或者其他资料,但是不允许抄袭,鼓励学生出一些原创题或改编题,题量要适中,格式要规范。我给学生留有充足的时间去完成(一般是一个星期)。试卷收上来后,我逐个审阅,对编写认真的进行表扬和鼓励,对编写马虎的进行批评,并把学生编写的试卷交叉发给他们做,完成后交给出卷人批阅。通过编写、批阅试卷,学生回顾了知识点,也能了解其他同学的知识掌握情况,这比死记硬背效果要好,也更能激起学生地理学习的兴趣。

分析问题的角度 | 2014-05-12,星期一

今天在高一(2)班讲解"非常学案"时,遇到这样一道判断题:

迁入地不存在人口迁移的"推力"。(　　)

很多同学认为这句话是正确的,理由是"推力"一般是原定居地的不良环境,如气候恶劣、人口过多、收入少、居住条件差等,这些促使原定居地人口迁出,而迁入地因为吸引人们迁往居住,就只有"拉力"因素,不存在"推力"作用。其实,根据人口迁移的推拉理论,迁出地和迁入地都存在"推力"和"拉力",而且两者共同作用。能否发生人口迁移,主要看"推力"和"拉力"的大小对比,所以迁入地同样存在人口迁移的"推力"。

锋面气旋的判读 | 2014-05-15,星期四

锋面与气旋活动联系在一起,就形成了锋面气旋,它主要分布在中高纬地区。在近地面天气系统中,锋面气旋的判读有以下方法:

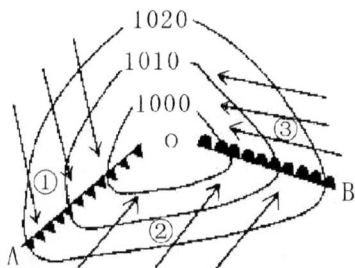

1.锋面位置的判断:锋面出现在低压槽中,锋线往往与低压槽线重合。这是因为水平气流在低压槽中辐合,冷暖气团在此相遇。

2.锋面类型的判断:判断锋面是冷锋还是暖锋,要看冷暖气团的移动方向,具体步骤如下。

(1)确定气旋气流流动方向:北半球逆时针,南半球顺时针。锋面的移动方向与气流运动方向相同。如上图中OA、OB两锋面均作逆时针移动。

(2)确定冷、暖气团:一般来说,从高纬吹来的气团是冷气团,从低纬吹来的气团为暖气团。如上图中①和③气团为冷气团,②气团为暖气团。

(3)确定锋面类型:锋后为冷气团则为冷锋,锋后为暖气团则为暖锋。如上图中OA锋后为冷气团①,其为冷锋;OB锋后为暖气团②,其为暖锋。

(4)锋面气旋中雨区的确定:冷锋降雨主要发生在锋后,雨区较窄;暖锋降雨主要发生在锋前,雨区较宽。

问题启发思维 | 2014-05-16,星期五

今天我在讲解等高线地形图时,在介绍了丘陵、盆地、山脊、山谷等几种常见的地形后,用多媒体展示了如下示意图并设计了3个问题,让学生思考分析:

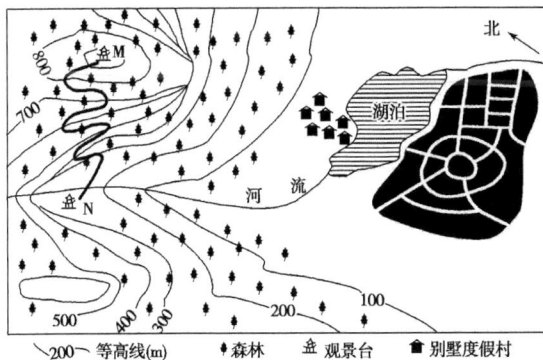

问题1：图中地区的地形分布特点是什么？

问题2：说出图中河流的大致流向。

问题3：在观景台M、N之间修建一条"森林氧吧路"，说明其呈蛇形的理由。

"问题1"比较简单，学生能说出地势西北高、东南低，但没有进一步说明是什么地形，即西北为山地，东南为平原。"问题2"有学生回答河流是自西向东流，这就忽视了图中的指向标，要把图中方向坐标建立起来，这样就容易确定河流是自西北流向东南。"问题3"中"森林氧吧路"呈蛇形，有学生说是为了让游客多欣赏景观，这显然是不对的。其实，稍加思考，学生就不难说出沿等高线延伸方向修建，道路平坦的理由了。

事件呈现议题化 | 2014-05-28，星期三

事件呈现议题化是指把事件用议题的方式呈现出来，议题是开放的、有争议的，让学生在争议中获取知识，形成决策方案。如我在讲授"混合农业"时，必然要讲我国珠江三角洲地区的基塘生产。我设计如下议题让学生讨论：

(1)"桑基鱼塘"生产有什么特点？

(2)"桑基鱼塘"是否是生态农业？

(3)"桑基鱼塘"区位条件有什么变化？为什么？

(4)你认为"桑基鱼塘"在射阳县能否推广？

学生积极讨论，结合教材，他们纷纷说出了自己的想法。有的想法很有新意，如有同学认为，"桑基鱼塘"蚕蛹进入水中，会污染水体，造成水体富营养化；有同学对"桑基鱼塘"的经济效益提出质疑；也有同学认为，只有南方地区才能发展"桑基鱼塘"，北方地区缺水，难以推广。

学生为何答不到点子上 | 2014-09-29，星期一

每次考试后拿到学生的试卷，我都发现客观题得分还好，但主观题失分多。这一现象是如何产生的？究其原因，我认为有以下几个方面：一是对地理基本概念、基本原理、基础规律理解不够，对基础知识只是机械记忆，忽视了理解、消化和吸收；二是未形成知识网络，在调取和应用信息时

定位不准确,考虑不全面,顾此失彼;三是忽视对文字材料和图表信息的挖掘,或者直接根据题目回忆关联知识,未能具体问题具体分析;四是缺乏一定的地理素养和知识储备,视野不开阔,在理解和迁移应用的层面上,难以从地理视角用科学方法去分析问题;五是文字表达能力欠缺,不能很好地运用学科语言规范答题。

学生为何出错 | 2014-10-17,星期五

今天,学生做的一道题目出错率很高。题目如下:

下图中X地为滨海城市,濒临世界第一大洋。在我国科考队赴南极考察时,X地的气候特征为(　　)

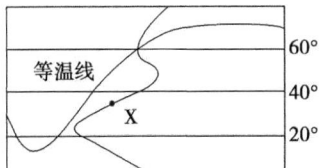

A.高温多雨　　B.温和湿润　　C.低温少雨　　D.炎热干燥

学情解析:从材料中,学生容易获取的信息是此图位于北半球(纬度值由南向北递增),X地位于太平洋沿岸,我国科考队赴南极考察是在北半球冬季。但学生不容易辨析的是:X地东侧是海洋还是西侧是海洋? X地的气候类型是什么? 有学生凭感觉去猜测,所以就容易出错,这反映出学生信息读取能力的不足。实际上,解题的突破口在等温线的判读上,北半球冬季海洋等温线向高纬突出,陆地等温线向低纬突出,故该图的东半部表示海洋,即X地位于亚欧大陆东岸的亚热带地区,此时受冬季风的影响,气候特征为低温少雨。

复习课不必面面俱到 | 2014-12-15,星期一

高二学业水平测试复习进入关键阶段,大家都在思考如何提高复习课的效率。复习课一般要回顾教材知识,不同于新授,只是提纲挈领地梳理教材,抓基础知识,抓考试要点,这个时间要舍得花。如复习"热力环流",如果对海陆风、城市热岛效应、山谷风一一进行分析,课堂时间不够,因此教者可以海陆风为例介绍热力环流原理,其余的内容可用案例让学生自己

学情学法反思

去领会,或者结合具体题目再加以分析。课堂抓住了主干知识,打牢了基础,复习的任务就完成了大半,而面面俱到,不仅教者讲得费力,学生听得也疲惫,得不偿失。

认真辨析试题 | 2015-01-15,星期四

今天批改学生作业,有两道题目出错率较高,这引起了我的注意。

一道是判断题:

城市高级住宅区与低级住宅区的分化主要受经济因素的影响。（ ）

很多同学判断为"正确",他们认为收入水平的差异导致高级住宅区和低级住宅区的出现,而"收入水平"就是经济因素。其实不然,职业、收入水平、民族和宗教信仰等方面的差异,都会影响人们对住宅区的选择,即社会因素影响住宅区的分化。

另一道是选择题:

根据土地利用方式分析,该城市属于（ ）

A. 工业城市   B. 港口城市   C. 仓储城市   D. 商业城市

很多同学不理解,图中(图略)港口占地面积小,而工业用地比重大,为什么选 B 项呢?其实,学生忽略了图中一个重要信息,该城市扇形模式并不完整,东侧有一部分是空白,这就是海洋,所以该城市是一个港口城市。

多层设问 | 2015-01-23,星期五

对于地理综合题中的部分试题,如果只关注问题表面,很难下手。在解题中,不妨多角度、多层次设置疑问,引导学生自问自答,这样就可使其茅塞顿开,解开疑惑。如 2012 年全国高考新课标卷第 36 题,材料介绍了越南红木家具原料进口和销售情况,提出问题:说明越南限制红木原料出口的原因。

分析越南限制红木原料出口的原因,需要结合材料信息,在此基础上学生尝试自问,理清答题思路(如图)。

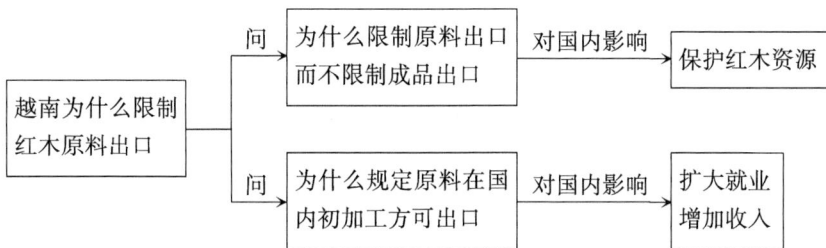

解题中,鼓励学生自主设疑,将大问题转化为若干小问题,多设置"是什么""为什么"等问题,化繁为简,各个击破。

区域的比较分析 ┃ 2015-01-27,星期二

在区域地理教学中,当学过几个区域后,教师应该有意识地将各区域进行对比,使学生加深对区域地理的特征及形成原因的理解。具体包括以下几个方面:①对于不同区域的相同事物和现象,要寻找其内在差异并比较分析原因。例如,中南半岛和印度半岛都属热带季风气候,为什么中南半岛的雨季比印度半岛的雨季长了一个月?②对于不同区域的相似事物,要找出其异同点并比较分析成因。比如,西亚、北非和中亚,都有沙漠景观和荒漠草原景观,教学中应注意分析两种景观的异同点,即两个区域内部都存在荒漠,降水都很稀少,而前者终年炎热,后者冬冷夏热,然后再分析原因。③对于不同区域的不同事物,尽可能地找出其内在联系并比较分析成因。比如,地中海气候和亚热带季风气候,它们有着内在联系,即处于同一纬度的沿海,但它们的景观及气候形成原因却不同。

就题论题 ┃ 2015-03-06,星期五

今天在高二(4)班评讲试题,有道题目引起了我的注意:

与同纬度的长江中下游地区相比,青藏高原太阳能丰富的原因是(　　)

①纬度低,太阳高度角大;

②天气晴朗干燥,大气透明度好,光照时间长;

③地势高,离太阳近,太阳辐射强;

④地势高,空气稀薄,大气对太阳辐射削弱作用小。

正确答案是②④,其中原理学生不难理解。我此时发问:"青藏高原太阳辐射强,气温是否就高?"(学生意见不一,有争论)我作出解释:"青藏高

原虽然太阳辐射强,但地势高,空气稀薄,云量少,大气逆辐射少,大气保温作用弱,不能很好地保存地面辐射的热量。加上高原风速较大,也不利于热量的积累和保存,所以即使在夏季,青藏高原大部分地区的平均气温也很低。"我这么一分析,教室内鸦雀无声,学生有些迷惑了。我课后反思,这样的"引申"会引起学生的认知冲突,因为从已学过的大气受热过程来说,太阳辐射强弱对地面温度有直接的影响,而地面又是大气热量的直接来源。青藏高原太阳辐射强、气温低,本身就是个特例,此题中也没有提及,而我在此穿插介绍只会增加干扰信息。

学生"动手"参与学习 ｜ 2015-03-10,星期二

高中地理教师一般会重视学生分析、推理、判断等学习活动,但对学生"动手"参与学习不够重视,而"动手"可以帮助学生理解所学内容。如在"洋流及其地理意义"教学中,以往只是教师带着学生边看图边总结洋流的分布规律。其实,在发现学生未能真正理解所教内容时,可设计学生画简图、推导模式图等学习环节,再将这一活动逐渐深入:看图—描图—绘洋流分布简图—推导模式图—思考成因—总结分布规律,回答"什么是洋流,它怎么流动,它为什么会这样流动"等问题,学生在边动手、边思考的过程中不断深化了对洋流的认识和理解。

为何选修地理的学生少 ｜ 2015-03-24,星期二

2015年江苏省学业水平测试,全省40多万考生中,地理考生最多,达34万,这也说明高中六门选修科目中,地理选修人数最少,而前几年的情况也基本如此。学生为何不喜欢地理? 我们一直在研究提高课堂教学效率,增强地理学科的趣味性和吸引力,虽然有一定成效,但是并不明显。其实,不但我国,国外地理教育也存在这一困惑。据报载,美国国家科学基金会调查显示,每四个美国人中就有一个不知道地球绕着太阳转,调查问卷中包括自然科学方面的7个问题,其中"地球绕着太阳转,还是太阳绕着地球转"的问题只有74%的人答对,而关于宇宙起源于大爆炸的问题,只有39%的人判断正确。看来,地理教育改革只有进行时,没有完成时,任重而道远。

思透则新 | 2015-03-31,星期二

许多地理原理和规律是在理想状态下总结出来的,在实际操作中很难模拟。现在中学很多地理辅导资料中问题的设计过于理想化,脱离现实,缺乏实践价值。如河流对河岸的侵蚀问题,在地转偏向力的作用下,我们总认为北半球河流的左岸是沉积岸,右岸是侵蚀岸,但实际上,哪一侧河岸被侵蚀主要取决于河岸物质的软硬而不是地转偏向力,这就是为什么北半球自西向东的河流在入海口处不一定向东南方向(右岸)偏移的原因。地转偏向力一般对全球性大洋环流和大气环流影响比较明显。命题者设计地理试题时应该更严谨、更科学,不能生硬套用书本理论。

合作学习的前提条件 | 2015-04-08,星期三

小组合作学习的前提条件至少包括三点:第一,学生对学习讨论的主题内容要有大体把握,这样才能做到心中有数;第二,合作交流前,学生要有自己的想法和思考,带着自己的见解与同学共同分享、探究,如此才能避免用集体的思考和声音替代个体独立自主的思考;第三,学生要有一定的合作需求。之所以存在"为合作而合作"的现象,原因之一在于学生本无合作的欲望,却硬被要求合作。

小组合作如何分工 | 2015-04-09,星期四

常看到一些小组合作是这样的:四五个学生围在一起,你一言我一语,各说各的话,热闹一阵之后,"合作"结束。这种小组合作只是"表面"合作,走过场而已,效果可想而知。小组合作要有明确的分工,谁做主持人、监督员、记录员、小组发言代表等,教师事先要有具体的布置。分工的意义不仅在于提升小组合作学习的实效,让每个人都有事做,还在于分工背后的重要育人价值:有了分工,才会有责任;有了责任,才会有担当;有了担当,才会有更好、更快的成长和发展。这样的小组分工,就把教学与德育、成事与成人联系起来了。

把握空间视角 | 2015-04-15,星期三

地理月考卷中有这样一道题目,学生出错率很高,这引起了我的注意。原题如下:

读地球公转示意图,回答问题。

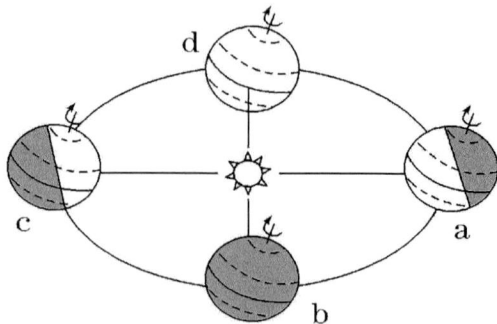

图中标明的四点中,公转速度最慢的是(　　)

A. a　　　　B. b　　　　C. c　　　　D. d

此图与教材中的二分二至日地球公转位置图很相似,唯一的不同之处是此图中地球自转的方向与教材中的图不一致。教材中的图是逆时针自西向东,而此图是顺时针自西向东,这就说明此图是从南极上空来看地球公转的,图中所标出的地轴是南极点位置。另外,要辨别地球公转的方向,从北极上空看,公转方向是逆时针自西向东,而从南极上空看,地球公转方向则是顺时针自西向东,所以此图中公转的方向为顺时针。在a处,南极圈及其以南出现了极夜现象,说明此日太阳直射北回归线,为北半球的夏至日,依此类推,b为北半球秋分日,c为北半球冬至日,d为北半球春分日。四点中,夏至日离远日点(7月初)最近,公转速度最慢,所以本题A项正确。

开展深度学习 | 2015-04-22,星期三

教师运用综合思维设计教学可以引导学生主动地、理解性地学习,即进入所谓的深度学习。我在讲解地球自转产生地方时和时差时作了一些探索:

首先,在一幅晨昏圈与经线圈不重合的图上,自北而南在晨昏线上等距离标注3颗星,引导学生思考:图中3颗星所在地点地方时是否一样?

对于回答"不知道"的学生,请他们在另一幅晨昏圈与经线圈重合的图上判断同样的问题;

对于回答"一样"的学生,请他们对比两幅图中3颗星所在位置和经线的位置关系是否一样;

对于回答"不一样"的学生,则请他们继续思考:如果不一样,早晚顺序是什么? 你知道3个地点的地方时吗? 想想看,你能确定哪颗星所在的地方时?

这样,根据学生可能出现的3种不同回答,分别建立从形象判断到抽象归纳的思维链,在构建正确空间想象的基础上,将晨线与昏线、昼弧与夜弧、晨昏线与太阳光线、晨昏圈与经线圈的位置关系加以比较,从而引导学生形成正确的认知。

学生疑问哪里去了 | 2015-05-22,星期五

课堂上,我会问学生学习过程中有何疑问,可是很多时候,在我热切等待学生问题时,教室里往往鸦雀无声,特别是在基础薄弱的班级更是如此。这一现象值得关注,是学生没有学习,还是不会思考? 有的学生书看了,作业也写了,但只是浅层次的学习,走马观花,对知识的把握还停留在表面,缺少"深度学习",所以就不会产生问题。真正的学习都是从发问开始的,问题是前进的号角,有问题的学生一定是有收获的学生。当然,这和教师的"教"也有关系,在很多课堂上,教师教学就是"教答题",学生上课就是"学答题",教学过程缺少质疑、探究和讨论,结果学生答题能力提升了,问题意识却没有了,学科核心素养就难以培育,这一现象值得我们反思。

教学生真正的聆听 | 2015-05-25,星期一

有一位名师说:"自己不是一名好的示范者,却还在怪学生不会听。学生是我们教出来的,最没有资格批评学生没能力的就是教师。他们的不足正是我们专业成长的空间。"这话说得有道理,学生会不会听、会不会学与教师有很大关系。我们要求学生安静听、专心听、好好听时,要先教他们听什么、怎么听。学生必须知道听的时候要做什么:

第一步:面对讲话的人。

学情学法反思

第二步:眼睛看着讲话的人。

第三步:微笑聆听。

第四步:听懂了,点点头。

第五步:有问题的话,在对方说完后提出来,请他解释,或与他探讨。

我们不仅要教给学生这些注意事项,还要经常示范给学生看。学生会聆听了,好的教学关系才能建立。

设疑严谨有梯度 | 2015-06-12,星期五

设疑的实质是将学生已知的与未知的从矛盾冲突中揭示出来,并作为一种信息传递给学生,促使学生去研究和思考。学生思维的触角在一个又一个问题的解决中,由浅入深地触及事物的本质及其联系。例如,关于海陆分布对大气环流的影响和季风环流等内容,我设计了下列问题供学生探究和论证:

(1)假设地球表面物理性质均一,全球的等压线怎样分布?

(2)考虑海洋和陆地的存在,你认为全球的等压线会发生怎样的变化?

(3)观察"1月和7月全球海平面等压线分布图",比较南北半球等压线分布的差异并分析其原因。

(4)观察"1月和7月全球海平面等压线分布图",思考为什么亚洲东部的季风环流最为典型?

(5)比较东亚季风和南亚季风在风向、性质和形成原因上的差异,并阐述其原因。

这一系列问题内在逻辑性强、环环相扣,要求学生除了了解和掌握海陆热力性质和海陆气温的关系、气温和气压的关系、气压差异和气压梯度的关系以及风的形成等原理性知识外,还要能够融会贯通、灵活运用,这样才能正确解答问题。

合情不合理 | 2015-06-15,星期一

地理命题的基本要求是试题的内容与结论必须合情合理,否则会影响考试的信度和效度,对教学产生误导。下面以2012年高考安徽文综卷第32题为例来说明:

青藏高原四周多高山。青海省位于青藏高原东北部,平均海拔3500米以上;柴达木盆地位于青海西北部,面积约占全省的三分之一。下图为青海省年降水量分布和年平均气温分区图。完成32~33题。

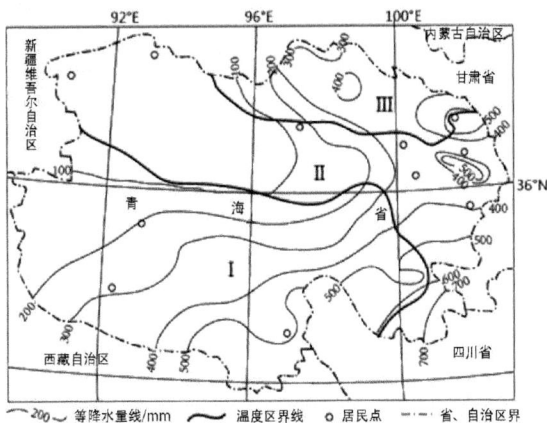

32. 青海省东南边缘降水较多,其水汽主要来自(   )

A. 大西洋   B. 北冰洋   C. 太平洋   D. 印度洋

33. (略)

此题曾引起不小的争议。给出的参考答案是D,依据是有学者通过实地调查和研究得出的,是"合情"的。但是该结论很难从本题材料中推断得出,首先,由图中可以看出,青海省东部的等降水量线大致呈东北—西南走向,降水量自东北向西南递减,说明水汽来自东南方向,即太平洋的东南季风。其次,青海省位于青藏高原的东北部,南有高大的巴颜喀拉山、唐古拉山、横断山脉的重重阻挡,印度洋的西南季风很难到达;而东部却有缺口,有利于东南季风的深入。因此,从地形上分析,青海省东部的降水更有可能来自太平洋。这种类型的试题就属典型的"合情不合理"试题,学者通过实地调查出来的数据、结论可以用来考查学生,但是要依据地理原理和规律,在试题情境中能够推导出,否则就不能用来命题。

解题的思路 | 2015-06-16,星期二

许多学生对冷暖锋的判定不太清楚,在解题过程中出错较多。如下题:

锋线指锋面与地面的交线,下图反映某地区某年2月10日~12日的锋

线移动情况。

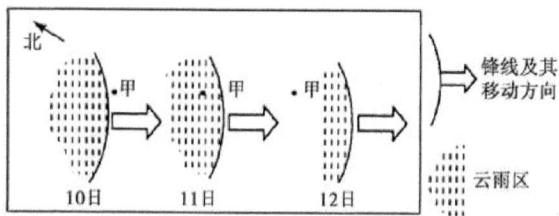

1. 该锋面属于(　　)

A. 北半球冷锋　　　　　　　B. 南半球暖锋

C. 北半球暖锋　　　　　　　D. 南半球冷锋

2. 10 日~12 日期间,甲地气温最低值出现在(　　)

A. 11 日的深夜　　　　　　B. 12 日的深夜

C. 11 日的日出前后　　　　D. 12 日的日出前后

解析:首先要判断锋面类型。此题没有画出冷暖气团,只标出锋线移动方向,但可以从雨区位置来判断。从图中可以看出,云雨区位于锋线移动方向的后侧,即雨区在锋后,即可判断是冷锋。而冷锋都是从高纬向低纬移动,该冷锋从偏北方向而来,可确定该锋面位于北半球,所以第 1 题 A 项正确。冷锋过境前后,气温最低值出现在当地完全被冷空气控制时,即冷锋过境后的位置,即 12 日,而一天当中气温最低值出现在日出前后,故第 2 题 D 项正确。

及时反馈学习结果　| 2015-06-23,星期二

学习结果的及时反馈,会激发学生学习的热情和积极性。这方面研究很多,美国学者罗西和亨利做过如下实验:以一个班的学生为实验对象,将他们分为三个组,分别进行不同的反馈。第一组学生,每天告诉他们学习的结果;第二组学生,每周告诉他们学习的结果;第三组学生,不告诉他们学习的结果。实验进行八周后改换条件,除第二组仍每周告诉他们学习结果外,第一组与第三组措施对调,即第一组学生,不告诉他们学习的结果;第三组学生,每天告诉他们学习的结果。这样再持续八周,结果如下图所示:

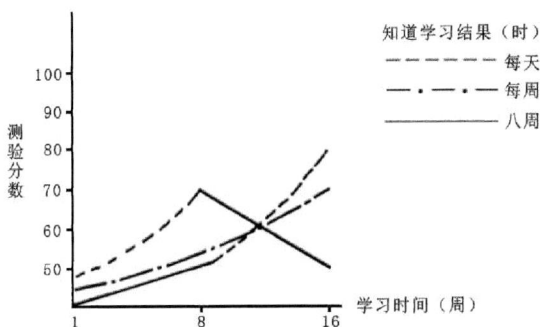

反馈对学习效果的影响

从图中可以看出,除第二组测验分数平稳上升外,第一组与第三组情况有较大变化,第一组测验分数逐渐下降,第三组测验分数则快速上升。可见,及时反馈能够有效提升学习效果,每天及时反馈,比每周反馈的效果更好。如果没有反馈,学生因不清楚自己的学习结果而缺乏动力,就很难进步。

构建"学习与生活共同体" ｜ 2015-09-02,星期三

班级内部以小组为单位建立"学习与生活共同体",不是简单的"能力分组"或"作业分组",也不是以学生的学习成绩和课程作业为标准来划分,而是根据学生的性格气质和兴趣爱好,将具有相似特征的学生组成一个个学习小组。在这样的学习小组中,学生之间的凝聚力和影响力都将得到增强。同时,小组成员在相互信任和相互激励的良好环境下进行合作,可以提高学习效率。可以说,分组为合作提供了现实基础,而合作为小组真正成为"学习与生活共同体"提供了保障。

小组讨论≠合作学习 ｜ 2015-09-07,星期一

有老师认为,三五个学生聚集在一起,围绕某一问题你争我辩讨论一番,就是合作学习,就是生生互动,这其实是不全面的。美国合作学习倡导者约翰逊兄弟曾分析了课堂教学中几种"小组"形态。其中,最常见的一种是"假冒小组",这种小组中虽然有讨论或共同学习,但大家并不热心,因为此时评价标准仍然是"分数排列"或"按表现分档次",讨论中表面上热闹,但实际上大家相互排斥,整体力量并未大于个人。另一种是"传统课堂小

学情学法反思

105

组",这种小组中虽然大家都在学习或活动,但很少有学习的分享、互助等行为,此时的评价标准还是看个人的表现而不是小组的成果。只有具备"积极依赖、同时互动、人人尽职、善用技能和小组自治"等特征的小组才是"合作学习小组",所以小组讨论只是合作学习的外在形式之一,小组讨论并不等于合作学习,而且合作学习也并非只有异质小组讨论这一种形式。合作学习本身是一种有着深刻精神实质、丰富内涵和广泛操作技术的教学策略。

偏东地点一定先看到日出吗 | 2015-09-15,星期二

由于地球自西向东自转,在同一纬度地区,相对位置偏东的地点要比位置偏西的地点先看到日出,偏东地点的时刻要早一些。例如,当60°E的地方时是9时,61°E的地方时为9时04分,75°E的地方时为10时,产生时差的根本原因就是地球自转。有学生误认为,只要是偏东地点就一定先看到日出,然而实际情况并非如此。如图,B点较A点位置偏东,但A点早已日出,而B点仍处于黑夜,这是晨昏线倾斜(即昼夜长短变化)造成的。所以只有在同一纬度地区,偏东地点才一定先看到日出。

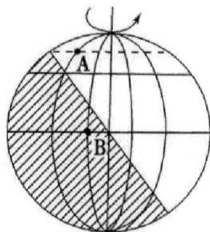

注意辨析位置 | 2015-09-21,星期一

在"地球公转的地理意义"一节,学生会对近日点、远日点和冬至日、夏至日位置产生混淆。教学中要结合画图对它们之间的差异进行解释:①时间上的区别。近日点为1月初,冬至日为12月22日左右;远日点为7月初,夏至日为6月21日或22日。②在公转轨道上的区别:近日点的位置较冬至日偏东,远日点的位置较夏至日偏东。③在公转速度上的区别:近日点时公转速度较快,远日点时公转速度较慢。

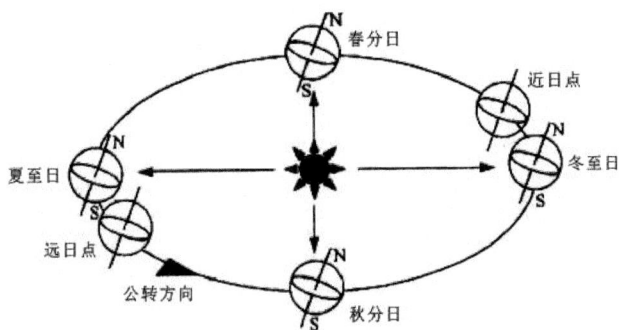

在持续发展上花时间 | 2015-09-23,星期三

基础教育是为学生终身发展奠定基础的教育。学科核心素养的着眼点,正是要激发和培养学生终身学习的愿望和能力。这就要求教师在确定教学策略时要抛弃那种短视的、只盯住考试与分数的短期行为,在以下方面多花时间:一要为学生终身学习打下扎实的知识基础,关注知识与技能的发展和综合运用;二要重视培养学生的能力,特别是搜集与处理信息的能力、获取新知识的能力、分析与解决问题的能力;三要让学生在获得知识技能的同时掌握相应的"结构",习得其中蕴涵的方法和策略;四要激发学生学习的积极性和主动性,使他们产生浓厚的学习兴趣,养成积极进取的学习态度和克服困难、顽强拼搏的意志品格。

树立"城乡共同体"生态观 | 2015-10-12,星期一

无论是传统工业区还是经济发达地区的可持续发展,都涉及环境污染和综合治理问题,而很多学生都认为环境保护只针对城市。我在课堂上及时补充相关信息:环境治理不可"厚城市薄农村",城市和农村本来就共存于一个生态系统之中,哪一方都不可能"独善其身"。我们必须将城市与农村的环境治理作为一个有机的整体,统筹规划与布局,树立"城乡共同体"的生态理念,尤其需要尽快将农村环保的"欠账"补上,从根本上扭转污染从城市向农村蔓延的趋势。虽然教材上没有涉及这方面内容,但我这么一补充,学生就有印象了。

昼夜长短的"玄机" | 2015-10-21,星期三

今天听了刘老师的一节课"昼夜长短的变化",他结合多媒体、画图来讲授,条理很清晰。教材内容看似简单,可学生在分析问题或现象时往往无从下手,根本原因是没有真正理解。教师应把昼夜长短的"玄机"讲清楚:①同一纬度可以通过昼长变化推知季节变化。如北半球昼最长的一天是夏至日,昼最短的一天是冬至日,昼长变短意味着向冬至日接近。②同一日期根据昼长可以推知纬度高低。昼长越接近12小时,纬度越接近0°,相反则纬度越高。昼长达到24小时,其纬度一定大于或等于66°34′。③根据昼长或夜长推知日出、日落的地方时和方位。如某地昼长为14小时,则日出为5时,日落为19时。若昼长夜短,在北半球日出方位为东北,日落方位为西北,在南半球则日出方位为东南,日落方位为西南。教师在课堂上要适时穿插这些知识,并把相关问题解释清楚。

自编试题 | 2015-10-28,星期三

在本周的练习中,针对"水圈和水循环",我编制了如下试题:

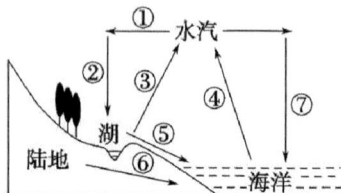

上面左图为水循环示意图(序号表示水循环环节),右图为射阳县商业区一角,读图完成1~2题。

1. 左图中①③⑤⑦分别表示(   )

A. 地表径流、水汽输送、蒸发、降水

B. 水汽输送、蒸发、地表径流、降水

C. 降水、地表径流、蒸发、水汽输送

D. 蒸发、降水、地表径流、水汽输送

2. 右图中的水泥路面可能导致左图中水量减少的环节是(   )

A. ①   B. ②   C. ④   D. ⑥

材料中的照片是我上个月在射阳县城拍摄的,这个位置是城市中心,

超市前面是一条河流,两侧都是水泥路面,虽然人员进出很方便,但是下雨时雨水会迅速汇入河道,水位上涨,这里夏季经常出现内涝现象。这道试题可以说明人类活动对水循环环节的干预带来的后果,有利于考查学生理论联系实际的能力。当然,此图只拍摄出河流和沿岸建筑,并没有把水泥路面展示出来,这是不足。

学生的回答对吗 ｜ 2015-11-02,星期一

今天在高一(5)班评讲练习题,我讲到一道题目:

从赤道到两极地域分异规律形成的基础是＿＿＿＿＿＿＿＿,产生这种分异的根本原因是＿＿＿＿＿＿＿＿＿＿。

我让王同学回答,第1小问很简单,他回答是"热量"。对于第2小问,他说:"产生分异的根本原因是纬度位置的差异。"他的回答令我感到意外,因为这道题目我在其他班讲过好几遍,但是第一次听到学生这样回答。从赤道到两极地域分异,其根本原因是太阳辐射从赤道向两极递减,但仔细一想,一个区域获得太阳辐射的多少与其所处的纬度位置密切相关,纬度位置不同,获得的太阳辐射就有差异。学生的回答是有道理的,但是没有提到太阳辐射,因此我先对他的回答予以肯定,然后加以补充。教师对学生的回答要加以思考和甄别,不能仅仅依据参考答案对其进行简单评判。

从学科视角加强记忆 ｜ 2015-11-06,星期五

水土流失是高中地理常用的学科术语,我这样解释水土流失:"水",水土流失过程中需要有水的参与,且起到侵蚀、搬运的作用;"土",被侵蚀、被搬运,特点是土质疏松、植被覆盖率低;"流",水往低处流,水土流失严重地区的地表破碎,地形坡度大,水流速度快,表土被侵蚀,搬运增强;"失",肥沃的表土被搬运到他处,水也白白流失,导致水土流失地区土壤肥力下降,水资源短缺,进而引起整个生态系统的恶化。如此分析学科术语中的单个字词,从地理学科视角进行解释,让地理概念变得通俗易懂,可有效帮助学生理解和记忆。

破除思维定式 ｜ 2015-11-25，星期三

关于洋流对地理环境的影响，教材从气候、海洋生物、航运、海洋污染物等四个方面加以说明，很多教师结合具体的实例来分析这方面知识，但学生误认为洋流对地理环境的影响只有这几个方面，易形成思维定式。今天的课上我追加了两个问题，一是企鹅除了生活在南极洲外，还在其他地方生活吗？在学生的印象中，企鹅就是南极洲的主人，一时回答不出这个问题。当我播放赤道附近科隆群岛企鹅生活的视频时，学生惊讶了！我让学生翻看世界洋流分布图，科隆群岛虽然地处热带，但由于受秘鲁寒流的影响，水温低，具备企鹅生存的条件，其神秘面纱自然揭开了。二是分析非洲塞内加尔河口三角洲前缘沙洲不断向南延伸的原因。大多数学生考虑的是泥沙的堆积作用，而忽视了洋流对地形产生的影响。由于非洲海岸线比较平直，此处由北向南流的洋流（加那利寒流）对海岸地形的塑造比较明显，造成此处沙洲前缘不断向南延伸。如此利用新材料、新情境，以问题为引领，有助于破除学生的思维定式。

"难点"交给学生 ｜ 2015-11-26，星期四

"内、外力作用与地表形态变化"是"岩石圈与地表形态"一节中的难点，教师在课堂中要花时间引导学生分析探讨。但有的教师试图人为地把这些难点"棱角"磨平，减轻学生学习的难度，并竭力把这些难点转化为简单的知识。这就给学生造成一种印象，似乎教材里并没有特别难的地方，不需要花费太多精力就能掌握，其结果就是把教材"降了格"，导致学生马马虎虎地学。实际上，教师在教学中有必要向学生指出教材中难懂的部分，把学生的注意力集中到"难点"上，引导学生去分析探讨，注重厘清思路和归纳方法，而不是千方百计代替学生去寻找消除难点的"捷径"。

让学生当一回"老师" ｜ 2015-12-15，星期二

今天在高二(2)班上课，我让谭同学上讲台评讲"地理检测卷一"前5道选择题。这是他第一次上讲台，虽然有点紧张但很自信，读题目、分析选项、画图，特别是第3题区时换算，每一步都向大家作了解释，讲得很到位。

评讲结束,教室里响起了掌声,大家向他投去了佩服的目光。最后我作了点评,对他的讲解予以高度评价,要求大家向他学习。这是我本学期第二次安排学生上讲台评讲作业,效果很好。其实,要想让学生在课堂上讲得好,除了学生本身要有一定的基础外,教师的课前辅导也很重要。昨晚我就找过谭同学,鼓励他上讲台,并和他一起对试题进行了探析,对讲解中需要注意的事项作了提示。课堂要敢于"放",让更多的学生有上讲台的机会。

征求学生意见 | 2015-12-22,星期二

今天在高一(1)班讲解"季风环流",课堂导入后我让学生带着问题看教材。看完后,我问学生:"季风环流看得懂吗?"很多学生摇头,我知道这节内容比较难,学生不易理解,所以课堂教学过程中就讲得慢一些。下午在高二(2)班复习"气旋与反气旋",回顾了知识要点后,我问学生:"还有哪些不懂的问题?"学生没有说,我知道大部分学生已经掌握了这个内容,于是就开始评讲同步练习题。其实在很多情况下,教学节奏的快慢、内容的取舍不是取决于教师的感觉或教材本身,而是取决于学生对知识的掌握情况。但学情状况不通过观察、询问,是很难了解清楚的,只有俯下身子多与学生交流,才能准确把握学情,教学切入才能精准。

问题聚焦完整任务 | 2015-12-23,星期三

我在讲授地球运动的内容时,通过问题聚焦将教学目标与教学内容整合起来,让学生在发现和解决生活问题的活动中展开学习。

案例:2015年暑假,盐城(120°E,33°N)人小李去新疆旅游,其间经历了不少有意思的事情:①飞机抵达乌鲁木齐机场(88°E,44°N),小李被当时的黄昏美景迷住了,并通过手机向母亲分享,可母亲却说:"时间不早了,要注意休息。"这是为什么? ②考虑到第二天的行程,小李想知道日出时刻,你能帮小李计算一下吗? ③盐城现在大约是18:50日落,那么盐城的昼长比乌鲁木齐长还是短呢? ④在乌鲁木齐,小李发现当地太阳能热水器的安装角度比盐城的要大,你能计算一下夏至日前后乌鲁木齐太阳能热水器安装的最佳角度吗?

上述案例中的问题聚焦完整任务而非片段技能,巧妙地将地球自转和公转的知识点融入生活的问题情境,有助于激发学生对地理现象的好奇心和探索兴趣。

辨别相似的地理概念 | 2016-01-07,星期四

在讲解"水圈和水循环"时,经常提到降水和降雨这两个概念,有的教师忽视了对相似概念的解释和分析,造成很多学生对其内涵和外延认识模糊。降水和降雨都表示大气中水汽凝结降落到地面这一现象。不同的是,"降水"指从云雾中降落到地面的液态和固态水,而"降雨"指从云雾中降落到地面的液态水,可见降雨只是降水的一部分。在描述气候特征时,如亚热带季风气候年降水量 1000 mm 左右,用的是"降水量";河流的五种补给形式之一是"雨水"即降雨,两者不可调换。

当堂巩固效果好 | 2016-03-07,星期一

离高二学业水平测试只有 10 天时间了,复习任务重,练习多,此时上课更应该不急不躁,不要满盘抓。上午在高二(2)班上课时,我在梳理了"地理环境的差异性"之后,特意留几分钟让学生"回头看",看看书,背背概念。这样,学生有"消化"的时间,教师也不必那么疲劳。之后评讲全真模拟卷(二),我评讲的速度不快,音量大,每个学生都能听清楚。当评讲到"全球的气压带与风带"时,我要求全班同学在本子上画出全球气压带、风带的模式图,我在教室来回走动,适时点拨指导。我觉得,满堂讲,教师讲得辛苦,效果却不尽如人意,而大胆地让学生动手、动口,必要时把大块时间留给学生训练,会起到事半功倍的效果。

不要死记硬背 | 2016-03-09,星期三

课堂上有的教师留时间给学生背知识点,学生背累了或有的学生不愿背,教师就在一旁不停督促。课堂看起来书声琅琅,实际上学生记忆的效果却不好,这是什么原因?原因就在于死记硬背的东西不是经过探究、理解得来的,而是囫囵吞枣、机械性记忆得来的。学生记忆的闸门被迫打开,暂时进去的东西很多,但进去快,出来更快。正如爱因斯坦所说:"无论多

么好的食物强迫吃下去,总有一天会把胃口和肚子搞坏的。纯真的好奇心的火花会渐渐地熄灭。"所以课堂上学生背书,一定要在教师"教"和学生理解的基础上进行。课堂教学如果真的扑灭了学生的好奇心,那就是教师的责任了。

让学生感受自然 | 2016-03-15,星期二

教育家道尔顿在《论教育》中说过,当春光明媚、天气晴朗的时候,如果不走出校门,观看大自然的丰富多彩,与天地同乐,那将是对大自然的伤害和冷漠。今天上午第二节课后,我带领高一(1)班的学生到操场西侧的花圃旁感受春天的气息。这块花圃面积约200平方米,栽种了20多种花草树木。阳光灿烂,晴空万里,大家来到这里,有说有笑。我和大家讨论起今天的气温、风向,要求他们观察花木生长情况,之后又和他们谈论起植物光合作用及其对大气成分的影响。学生听得认真,玩得开心,沐浴着阳光,呼吸着新鲜空气,不知不觉半小时过去了,我们回到了教室,但欢笑声依然留在校园里。

忽略次要概念 | 2016-03-21,星期一

提到概念教学,有的教师课堂上必讲地理名词和概念,并突出对地理概念的词素和语义分析。比如,在讲"农业地域类型"时,有的教师首先分析农业地域类型的含义,强调其"稳定""成型""区域性"的特点。其实,农业地域类型这个概念本身并不重要,可以一带而过,这一课的重点应放在水稻种植业、商品谷物农业等农业类型的分析上。在讲"锋面系统"时,有的教师专门对"锋面"进行分析,对其两侧的气温、湿度、气压等方面作了详细比较。其实,"锋面"就是冷暖气团的交界面,它本身并不值得去深入探究,讲授应侧重锋面的类型、过境前后的天气状况变化。概念教学要抓核心概念、关键概念,对一些常规的、次要的地理名词、术语,不必花太多时间进行剖析和解读。

113

等高线地形图的计算 | 2016-03-23,星期三

关于等高线地形图,学生容易误判,教学中要突出以下两点:一是两地

或陡崖相对高度的计算方法为(n-1)d≤ΔH<(n+1)d,其中,n为两地或陡崖处汇集的等高线条数,d为等高距。注意:两地之间相对高度不能等于(n+1)d。二是局部小范围闭合等高线:处在数值不同的相邻两条等高线之间的闭合区域,其中心高度判断规律是"大于大值,小于小值",如图甲中A点的海拔低于10 m,图乙中B点的海拔高于20 m,低于30 m。

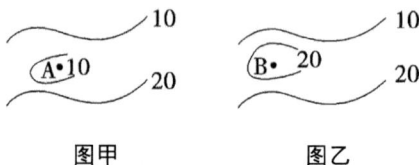

图甲　　　　　　　图乙

关心家乡农业发展　|　2016-03-28,星期一

农业是人类活动和自然环境联系最密切的产业,也是高中地理的重点内容之一,掌握了农业问题,会有效促进地理学习。课堂讨论一般从简单的农业话题入手,如农田里生长的是什么农作物?什么时候收获?农民收入如何?最近天气是否有利于农作物生长?学生参与讨论,发表各自的看法,教师结合图片或资料,再适当予以点拨。因为我校学生大多来自农村,他们对农村自然环境和农民生活比较熟悉,对农村发展热点有所了解,课堂上的交流讨论往往比较热烈,印象也深刻。学生放假回家还会想起去看看田野、河流、农作物,留意农民生活的状况,这样理论和实践相联系,教学效果就比较好。

案例分析中的环境教育　|　2016-04-08,星期五

在讲解"大气的受热过程"时,为了说明大气对地面的保温作用,教师常常引入这样的案例:

北方深秋的夜晚,农民经常燃烧秸秆,形成人造烟雾。

学生结合所学的知识分析:秸秆燃烧会产生大量CO_2,能更多地吸收地面辐射,增强大气的逆辐射,对地面起到保温作用。在分析案例的同时,学生会产生一个印象,秋冬季节燃烧秸秆是正常的现象。殊不知,农村"禁烧"政策已实行多年,各级政府把禁烧秸秆作为重点工作来抓,因为焚烧秸秆会污染大气,引发雾霾,影响交通,破坏生态环境。所以在引入这一案例

时,教师务必向学生强调焚烧秸秆的危害性,在日常生活中要自觉抵制。

培养学生的"思考力" | 2016-04-13,星期三

今年学业水平测试成绩揭晓,我任教的高二(2)班整体合格率较高。分析成绩时,张同学引起了我的注意,她学习很认真,但这次没过关,出人意料。我在想,张同学学习上到底缺少什么呢?对待学习,她很投入,全力以赴,上课认真听,笔记记得完整,作业订正也很到位,但实际上她在充当知识"接收器"的角色,缺少对知识的理解、消化和质疑,对重难点和易错点"知其然",却不能"知其所以然"。书看了、背了,作业也写了,可是她只做了"表面工作",对很多知识并没有真正理解和掌握,学习上缺少核心的"思考力",这是她在学业水平测试中失利的根本原因。

一道好题目 | 2016-04-14,星期四

今天在高一(1)班讲解的一道题目,我印象很深。原题如下:

读某地区人口数量分布图,回答问题:

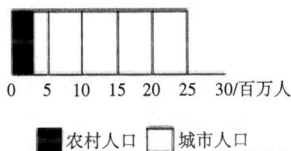

此图说明该地区(　　)

A. 城市化程度很高   B. 城市人口是2500万

C. 大约10%的人口在郊外居住   D. 人口密度较大

此题图示简单,文字表述简洁,涉及的知识点宽泛,但"宽"而不难、不繁。从图中可以直接看出,该地区总人口2500万,其中农村人口约250万,城市人口约2250万,大约10%的人口居住在农村(不是郊外),这是一个城市化水平很高的地区。人口密度与区域面积有关,该地区人口数量很大,有同学误认为人口密度也很大,但材料中并没有给出该地区面积的信息,因此,仅从材料中我们无法判断其人口密度的大小。这种题目紧扣地理基础知识,难度适中,较好地考查了学生读图分析能力和逻辑推理能力。

满天柳絮如何破 ┃ 2016-05-05,星期四

又到花开的季节,校园内的柳絮开始飘飞,这阵子晴天多,气温高,风一吹柳絮就像小雪花一样飘荡,一团团聚集在墙脚。有学生对花粉和柳絮过敏,他们问我:"柳絮满天飞,能不能把柳树换成其他树种?"我和学生一起讨论这个话题。有的学生认为,柳絮满天飞是因为当时选择的树种不好;有学生认为,城市扩张导致硬化路面增加,水面减少,使柳絮"无地着落";也有学生认为,城市绿地的养护管理存在问题,每年翻腾植被,造成地表裸露,吸附花粉、柳絮等"植源性污染"的能力下降。我说,不让柳絮成为城市的烦恼,根本上还得从规划入手,没有不好的树种,只有不好的规划。城市生态系统建设应向更高水平发展,改善树种结构,补种一些,淘汰一些,增加其多样性,使生态系统得到平衡发展,而不能仅停留在绿化阶段。

给学生留点时间 ┃ 2016-05-10,星期二

下午在高一(5)班讲授"城市功能分区的成因",我是这样安排的:复习导入(5分钟)—师生互动、探究新知(30分钟)—同步训练(10分钟)。教学内容丰富,结构严谨,从表面上看,教师"讲"到位,学生也"学"到位,教学任务完成了,但实际上学生当堂理解、消化的知识并不多,学生主动参与和探索的时间少。如在新知讲授结束后,随即进行"同步训练",学生仓促应答,随声附和。其实,这一环节可以优化。讲完新知,教师应留几分钟时间让学生提出质疑,再让他们尝试完成题目,最后再进行评讲,这样效果会好得多。如果当堂来不及评讲,也可留作课后作业,下次课再评讲。

学生上讲台评讲题目 ┃ 2016-05-16,星期一

下午第一节课在高一(1)班上课,我先圈定第三单元"综合练习"上的5道选择题,让学生独立完成。8分钟过去,学生差不多做好了,我请李同学上讲台评讲前3道题。他兴奋地走到讲台前,读了题干,对题目进行分析,对错误选项进行纠正,讲得挺好!其他同学为他鼓掌。之后,王同学上讲台评讲后2道题,她讲得也不错,只是声音有点小。我对题目略加评析,对她的讲解予以肯定。请学生到讲台上讲,这种形式既培养了学生的思考力

和语言表达能力,也对其他学生有激励作用。当一个学生在讲台上聚精会神评讲的时候,其他学生会关注讲台上同学的表现和老师的评价,甚至内心也期望自己能有上讲台的机会。

学生为何读书少 | 2016-05-18,星期三

上午在高一(1)班上课,我在讲解"影响人口分布的地理因素"时,展示了大庆、鸡西、克拉玛依等矿业城市的图片,我问:"大庆有什么矿产资源?"我让宋同学回答,他看着图片,摇摇头。我又问:"大庆是哪个省的?"他依然没有答出,其他同学也没有反应。过了许久,才有学生说:"大庆是黑龙江的!"终于有人说出来了,我点点头。对其他几个城市的矿产,我不再提问。这种情况在以前教学中是少见的,中学地理学了几年,怎么连大庆也不知道?学生知识面为何这么狭窄?书读得太少了!很多学生身边除了教科书和辅导练习,再没有其他图书了。周末和节假日,除了写作业、吃饭、睡觉,就是上网打游戏。碎片化阅读和网络刺激对学生智力提高几乎没有帮助,甚至削弱了学生的学习兴趣和热情,导致一些学生学习陷入极度困难的局面。作为教师,我们对此要有清醒的认识,要采取措施帮助学生从"手机和网络依赖症"中解脱出来。

作业会了,可以不写 | 2016-05-19,星期四

在高一(4)班上完第一节课,我开始布置作业。我在黑板上写本次作业的要求,可还没等我写完,就传来了学生的嚷嚷声,不用说,肯定又是潘同学。他成绩不错,可有点任性。

"潘××,你嚷什么?"我一脸严肃。

"老师,你留的作业我不写行吗?"

"为什么不写?"

"老师,你讲的我都会了,非要写的话,不是加重我的负担嘛。"

我听了一愣:"他这话对啊,怎么办?是强压着他做作业,还是……"稍加思考,我说:"他说得有道理,大家说说看,应该怎样对待老师布置的作业?"

班级里热闹起来,大多数学生认为老师留的作业会的题目可以不写,不会的题目必须要写,但每天要完成一定的作业量。

学情学法反思

我尊重同学们的意见。"作业会了,可以不写。"这是我对大家的承诺。

做好学法指导 | 2016-06-07,星期二

教师与学生同为教学关系的主体,教学活动的效益取决于主体双方的积极性与参与度,所以教师不仅要鼓励和保护学生学习的积极性,还要帮助学生提高学习能力,尤其要重视帮助学生改进学习方法。我经常向学生强调,地理学习要在读图、析图、理解和实践上下功夫,要能描述和阐释地理事象、地理基本原理与规律,探究地理问题,要边学边思考,坚持"日日清",等等。我还向学生介绍管理时间的方法和自我调节情绪的方法,帮助学生掌握一些应对挫折的技能。这些都应该成为教学内容的组成部分,从而减少学生低效付出,提高教学活动效益。

"不检查我不写" | 2016-06-14,星期二

我今天找高一(5)班李同学谈话,他在课堂上开小差,作业没写。当我问他为何没写作业时,他支支吾吾说:"老师没说检查,晚上就没有做,书也没看。"由此我想到,昨天课上我虽然布置了作业,但没有明确什么时间完成,什么时间上交,课代表今早就没有收。今天上课,我抽查了部分学生的作业,结果完成情况很不好。这些学生学习自觉性本来就不高,有"得过且过"想法的学生不在少数,作业布置下去了,检查督促是不可少的,有时候你只有"盯"着学生,他们才能完成得好。

让学生"说"出来 | 2016-06-30,星期四

早上第一节课在高一(4)班上课,我首先提问:"人口迁移对农村地区有何影响?"我让范同学回答。他站起来一言不发,我提示了几句,他仍然没有回答。见此情形,我转而问了一句:"你父母在外地打工吗?""是的。"他开始回答了。"在哪里打工?"我问。他说:"在苏州打工。"我说:"农村很多青壮年外出务工、经商,甚至在城市买房,对农村有什么影响呢?"他回答:"农村人口减少,生态环境改善。""好,范同学说得不错!"我对他予以表扬。要知道,像范同学这样的学生,班级为数不少,他们本来就缺少思考的习惯,要让他们回答问题是很困难的。但是换一个角度,从他身边的事、身

边的人谈起,他总能说上几句。不管说的是否符合要求,只要他们能说出来就是进步,我就高兴。

关于一道高考题的商榷 | 2016-09-22,星期四

2016年4月,浙江省普通高校招生选考地理试卷中有这样一道题目:

全球气候变暖可能导致(　　)

A. 厄尔尼诺频率减小　　　　B. 高山雪线下降

C. 水稻分布北界南移　　　　D. 大陆海岸线变短

该题难度不大,A、B、C选项均错误,但参考答案D值得商榷。全球气候变暖会导致极地冰川消融,海平面上升,淹没沿海低地和岛屿,但D选项"大陆海岸线变短"是否正确呢? 我们借助ArcGIS软件对网格化地形数据进行定量分析,以澳大利亚大陆为例,理论上,海平面上升20米后,海岸线的长度应该是上升前海拔高度为20米处的等高线长度。但通过对不同级别等高线高程进行统计后发现,当升降幅度(以0米为基准)在-60米到140米范围内,无论海平面升降,澳大利亚大陆海岸线长度都将变长,这说明海平面上升,其大陆海岸线不一定缩短。因此,该题存在缺陷,缺乏科学验证,容易误导师生形成"海平面上升,大陆海岸线变短"的错误认识和思维定式,这值得教师的注意。

搭建学习支架 | 2016-09-26,星期一

在讲解"昼夜长短变化"时,我先分析春分日昼夜长短。我采用边提问边绘图的方式展开教学,搭建如下问题"支架",引导学生思考:①目前太阳直射哪条纬线? ②晨昏线处于什么位置? ③赤道、南北回归线上的昼弧、夜弧长短如何? ④全球昼夜长短有什么分布规律? 分析夏至日时,我依然提供图示和问题"支架",但引导在减少,遇到教学难点(如极昼极夜现象)再进行点拨。此外,可以增加建议"支架",提醒学生对比春分日和夏至日昼夜长短分布规律的差异。在学习秋分日和冬至日时,我不提供任何"支架",完全由学生独立探索。比如,请一位同学在黑板上画出日照图,标出昼夜长短的分布,其他同学在纸上独立作图,我在教室巡视、点评。

区域位置的确定 | 2016-09-30,星期五

今天的练习中有这样一道题目,学生出错较多。题目如下:

下图为某海域(局部)洋流图,读图回答问题。

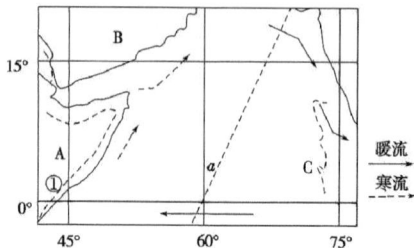

若图中弯曲虚线为气候分界线,则图中A、B、C代表的气候类型分别是( )

A. 热带沙漠气候、热带沙漠气候、热带季风气候

B. 热带沙漠气候、热带草原气候、热带雨林气候

C. 热带草原气候、热带雨林气候、热带季风气候

D. 热带草原气候、热带沙漠气候、热带雨林气候

此题难度较大,解答此题首先要明确该海域的具体方位。根据经度(45°E ~ 75°E)和纬度(0° ~ 15°N)范围以及海陆轮廓可以判断该地属北印度洋,这是解答本题的关键。A位于非洲索马里半岛,该半岛海拔较高,主要是热带草原气候,B位于西亚阿拉伯半岛,为热带沙漠气候,C位于南亚马尔代夫群岛,根据纬度位置(赤道与10°N之间)判断,属于热带雨林气候,因此该题应选D项。

朗读也无妨 | 2016-10-08,星期六

我在高一(5)班讲授"昼夜长短的变化"时,在讲了昼弧夜弧的形成、昼夜长短变化之后,让学生齐声朗读教材中昼夜长短变化规律的两段文字。学生感到很新奇,因为我很长时间没让他们读书了。大家读得认真,声音也很洪亮。有人可能会说,地理知识需要识图理解,上课还需要学生朗读吗?这是不是过时了?其实,朗读也是一种学习方式,一种思维体验过程,地理课同样离不开学生的读说听写,离不开学生的活动实践。当然,朗读不同于死记硬背,朗读是在分析、理解基础上进行的,一般是先看后读、先

学后读,而且朗读的内容是需要精心选择的。

巩固基础知识 | 2016-11-18,星期五

"地球运动"是高中地理的难点内容之一,教学中我们要由浅入深、循序渐进,抓基础知识和基本规律的理解和应用,促进难点的化解。如下题:

图中圆心O为极点,大圆为赤道,弧AB为晨线,箭头表示地球自转方向。读图回答问题。

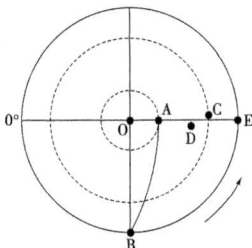

(1)图示时刻,地球上正午太阳高度达到最大值和最小值的地区范围分别是_____;南、北极圈的昼长差为_____。

(2)此时,北京时间是_____,太阳直射点的地理坐标为_____。

此题属基础题,考查学生对地球自转地理意义的掌握,教学中要面向全体学生,先让他们尝试解答,之后点拨。第(1)题,从极点上空逆时针自转可知,图示半球为北半球。弧AB为晨线,则北极圈及其以北地区为极夜,图示时刻为北半球冬至日,太阳直射点位于南回归线,此时南回归线及其以南地区的正午太阳高度达到一年中的最大值,北半球各地正午太阳高度达到一年中的最小值。南极圈及其以南地区为极昼,南、北极圈昼长差为24小时。第(2)题,由图示信息可知,此时0°经线正是夜半球中央经线,地方时为0时,则北京时间(东八区区时)为8时,太阳直射点的地理坐标是23°26′S,180°。

帮科学家解决问题 | 2016-11-21,星期一

今天在高一(4)班讲授"板块构造学说",我以问题导入(先展示南极洲轮廓图和南极洲煤铁资源分布图):

师:南极大陆是一个冰雪覆盖、四面环海的大陆,科学考察发现这里有

大量的煤铁资源,世界为之震惊。煤炭是由森林等古生物遗体堆积形成的,冰天雪地的南极大陆怎么会有煤层呢?

生:(迷惑)南极以前有植物分布。

师:南极大陆是世界上纬度最高的大陆,终年冰雪覆盖。

生:可能南极大陆以前不在这个地方……

师:有没有这种可能呢?又是什么力量将南极大陆带到这个地方的呢?通过今天新课的学习,我们来帮助科学家解决这个问题。

两张图片,一个问题,简单却又十分巧妙。利用大家固有思维与实际情况的矛盾提出问题,短短的几分钟就将学生带入课堂氛围。"帮助科学家解决这个问题",激发了学生的兴趣和求知欲,培养了学生的科学探索精神。

还课堂以生活 | 2016-12-09,星期五

中学地理知识并不是"全新知识",在一定程度上是一种"旧知识"。学生在生活中已经有一定的地理经验,如昼夜长短变化、四季更替、河流水文特征、农业种植等等。教师要从生活经验和客观事实出发,为学生提供充分的从事地理活动和交流的机会,让他们在自主探索的过程中真正理解和掌握地理知识、技能,形成地理思维。教学来源于现实生活,也必须扎根于现实生活。教学的最终目的是看学生能否运用所学知识去解决问题,尤其是一些简单的实际问题。所以教师应及时提供乡土地理情境或把知识应用到实践中去的机会,让学生在现实情境中更深刻地理解和掌握知识。不要将生活与课堂对立起来,课堂本身就是生活,要力争做到还课堂以生活,让生活进课堂。

知识表达的简洁性 | 2017-01-12,星期四

地理学习应该追求"大道至简",内在的思路要清晰严谨,外在的表达要简洁明了,用明白流畅的文字、图示来阐释精深的原理。例如,学习"时差的换算"时,可引入数学中的"数轴",把原点记为中时区,把+5记为东五区,把-6记为西六区,按照数轴"东加西减"的原理,就能方便地进行区时的换算,如下图:

晚 （左） 早 （右）

7.5° 15° 15° 15° 15° 15° 15° 15° 15° 15° 15° 7.5° 7.5° 15° 15° 15° 15° 15° 15° 15° 15° 15° 15° 7.5°

| 西十二区 | 西十一区 | 西十区 | 西九区 | 西八区 | 西七区 | 西六区 | 西五区 | 西四区 | 西三区 | 西二区 | 西一区 | 零时区⋯本初子午线 | 东一区 | 东二区 | 东三区 | 东四区 | 东五区 | 东六区 | 东七区 | 东八区（北京时间） | 东九区 | 东十区 | 东十一区 | 东十二区 |

180° 165° 150° 135° 120° 105° 90° 75° 60° 45° 30° 15° 0° 15° 30° 45° 60° 75° 90° 105° 120° 135° 150° 165° 180°

180° （西经） 0° （东经） 180°

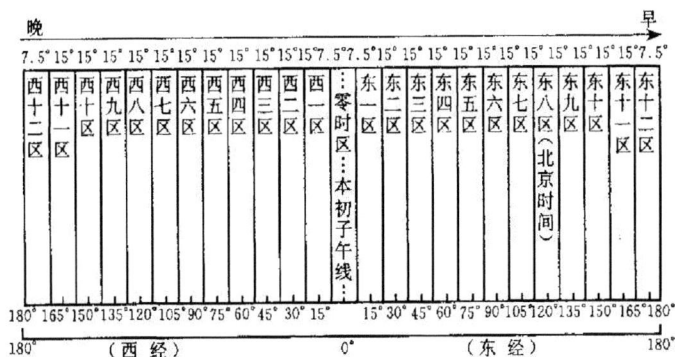

若两地同在东时区或西时区,则时差等于时区序号相减,如东三区与东八区的时差,即8-3=5(小时);而西一区与西五区的时差,即-1-(-5)=4(小时)。若两地分别在东时区、西时区,则时差等于时区序号相加,如东二区与西三区的时差,即2+3=5(小时)。

归纳推理能力的培养 | 2017-02-14,星期二

归纳推理是从观察、实验和调查所得的个别事实中概括出一般原理的思维方式和推理形式。在地理教学中,教师需要指导学生从不同区域、不同阶段的地理现象入手,归纳各种地理现象所体现出的一般性规律,即地理现象背后的本质属性。如下表,利用归纳推理得出畜牧业区分布的共同特征:

畜牧业区	发展畜牧业条件	畜牧业区分布的共同特征
内蒙古草原畜牧业	在温带干旱半干旱大陆性气候条件下,依靠天然草场和人工草场发展畜牧业	主要分布在草原植被区或适宜发展牧草种植的地区
青藏高原畜牧业	太阳辐射强、平均气温低,高原草场多以喜凉牧草为主,养殖牦牛、藏绵羊等适应寒冷环境的特色牲畜,发展独特的高原畜牧业	
西欧地区畜牧业	气候温和湿润,光照少,广阔的平原适宜多汁牧草的生长。畜牧业尤其是乳畜业发达	

体验是学会学习的根本途径 | 2017-02-22,星期三

每位教师都希望自己的学生能够学会学习,但怎样才能学会学习呢?教师往往会说出很多方法,如激发兴趣、创设情境、小组合作等等,但最为

重要的是引导学生在过程中学习,在体验中学会学习。实践、体验的过程可能没有显性的收获,探究的结果(结论、规律、方法等)可能也微不足道,但在此过程中,学生的体验和经历弥足珍贵,是其他教学手段无法达到的。同时,他们对现象的感知能力、对形势的判断分析能力、与同伴的默契度等,仅靠课堂知识传播是难以培养的。可以说,离开过程的体验,学会学习就成了一句空话。

领会材料信息 | 2017-03-01,星期三

某学业水平测试模拟试卷中有这样一道试题:

2016年2月8日是猴年正月初一,南京的安安给远在他乡的表妹发拜年微信,内容如下:"拜年啦!羊年的表妹快跑啊,我们在猴年等着你呢!"

安安发送微信的时间以及她表妹所处的城市可能是(　　)

A. 北京时间23时,东京(东九区)　　　　B. 北京时间2时,汉堡(东一区)

C. 北京时间20时,纽约(西五区)　　　　D. 北京时间1时,悉尼(东十区)

学生看了这道题目,不知从何入手,很多学生选择C项,理由是北京时间20时是除夕夜,而纽约时间比北京要晚,所以安安此时发微信祝福。实际上,学生没有认真领会材料信息,材料中"我们在猴年等着你呢"说明安安已经跨过新年0时,所以不可能是北京时间24时之前,可排除A、C两项,而她表妹所在地的时间要晚,还未过0时,所以不可能是东十区的悉尼,只有东一区的汉堡最有可能。

归纳法在区域地理学习中的运用 | 2017-03-24,星期五

归纳法在区域地理学习中经常用到,但是在哪些内容或教学环节上运用效果会更好呢? 例如,学习黄土高原的地形特征,可读图找出延安,其海拔在1000米左右,但根据这一点并不能概况出黄土高原的地形特征。若观察足够多的点,就可以得出黄土高原的特点:平均海拔在1000~2000米,高原上覆盖数米至上百米厚的黄土,高原面支离破碎,沟壑纵横。其实,除了地形外,黄土高原地区的气候、植被、水资源以及人文地理要素都有独特之处。区域内某一特征是相关地理要素组合的体现,因此,用归纳法去认识较为合适。

商业区老板最有钱吗 ｜ 2017-03-31,星期五

在讲经济因素对城市功能分区的影响时,必然要分析地租水平与各功能活动付租能力差异(如图)。

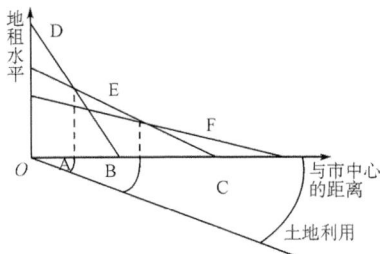

A地位于市中心,交通通达度高,地租水平最高,商业活动付租能力最强,所以A为商业区。有学生对此并不理解,提出疑问:"老师,是不是商业区老板最有钱?"以前也有学生这样问过,我向他们解释:商业活动付租能力最强,并不代表商业区老板最有钱,而是市中心的土地利用集约化程度高,有大量消费人群,市场条件最优,最适合进行商业活动,所以商业区老板最愿意在此投资。同样的道理,B处为住宅区,是因为地处商业区和工业区之间,既有利于工人上下班,又方便生活,所以这里住宅活动付租能力最强。我这样解释,就可解除学生的困惑。

他们为何没及格 ｜ 2017-04-11,星期二

高二学业水平测试成绩公布了,高二(4)班王同学、彭同学都是"D",引起了我的极大关注。这两个同学平时表现都不错,王同学坐在教室第一排,平时学习认真,本学期前两次周练成绩都及格,但这次没能及格。而彭同学寒假前的几次考试成绩也不错,平时作业完成还好,但这次也没能及格。应该说,这两个同学地理基础是不错的,但为什么他们没能过关? 究其原因,是他们考前一段时间(约一个月左右)放松了复习。在考试前的一次试卷评讲课上,大家都在认真听,而王同学显得自由轻松,无所事事,手中的笔转来转去,让他回答问题,他根本不知道老师问的是什么,而彭同学也有类似情况。对于这些学生,相应的教育措施没有及时跟上,使他们错失了提高的机会,课任教师是有责任的。

一组讨论一个问题 | 2017-04-28,星期五

昨天听李老师的公开课"影响工业区位的因素",课上得很好,但有个细节值得注意。李老师在讲主要工业分类时,介绍了五种工业类型及其典型的工业部门,然后要求学生分组讨论各工业类型的特点。学生讨论后,李老师分别让三个学生上讲台分析原料指向型、市场指向型、动力指向型等五种工业类型的特点,最后进行点评。其实,这一环节可以进一步优化,教师在提出问题让学生讨论时,可将全班学生分为五组,分别讨论五种工业类型,每个组讨论一种,之后再让各组选出一位同学阐述该工业类型的特点。这样分组讨论,任务更明确、具体,讨论也会更深入。

抓关键信息 | 2017-05-16,星期二

今天在高一(5)班讲"课后检测题",有道题目学生出错率比较高。题目如下:

下表为某地气候资料,据表分析该地植物的个体形态是( )

1月均温	7月均温	夏季降水量	冬季降水量	年降水总量
−16 ℃	25 ℃	70 mm	10 mm	110 mm

A. 根系发达,常绿阔叶   B. 草高树稀,雨季叶茂,旱季落叶

C. 普遍生长着苔藓和地衣   D. 根系发达,叶小多刺

解答本题要抓关键信息,首先根据均温判断其所处的热量带,1月均温 −16℃,十分寒冷,此地不可能为热带和亚热带,而7月均温达25℃,所以不可能是寒带,此地应属温带。该地降水集中在夏季,年降水总量很少,所以可以判断该地属于温带干旱、半干旱大陆性气候,适应该地气候的植物应是根系发达,叶小多刺,D项正确。

解答环境问题的基本思路 | 2017-05-18,星期四

在解答环境问题时,有学生不知从哪入手,思路模糊,回答条理不清。因此我针对这类问题进行了归纳和梳理:

(1)从题目所给的图表、文字等资料判断出是什么环境问题,属于哪种

类型(资源短缺、生态破坏或环境污染),它的表现、特征、分布如何等。

(2)分析成因。环境问题的产生包括自然原因和人为原因,一般来说,要着重分析人为原因,因为环境问题多数是人类不合理利用资源和能源造成的,但也不能忽视自然原因。明确成因有助于环境问题的解决。

(3)分析环境问题带来的危害,一般从对自然环境和人类社会(生产生活)的影响两个方面分析。

(4)解决问题的措施和建议。要针对环境问题的具体原因、危害,提出相应的解决措施。根据原因找对策是寻求措施的重要方法和原则。不同环境问题的成因不同,采取的措施也应不同。

命题的视角 | 2017-05-31,星期三

现在的地理试题越来越注重与时事热点和生活情境的融合,要求学生从地理的视角去分析自然问题或社会现象。如下题:

桑基、蔗基、果基鱼塘是珠江三角洲地区传统的农业景观,也是被联合国推介的典型生态循环农业模式。改革开放以来,随着工业化和城镇化的快速发展,传统的基塘农业用地大部分变为建设用地,保留下来的基塘也变为以花基、菜基为主。据此完成下题。

该地基塘转变为建设用地,对局地气候的影响是(　　)

A. 大气湿度增高　　　　　　B. 大气降水增多

C. 近地面风速增大　　　　　D. 气温变率增大

珠江三角洲基塘农业用地的变化,这个材料很多教师在课堂上都介绍过,对学生来说并不陌生。但是这种变化的影响学生却极少考虑,所以对选项需要认真分析:珠江三角洲基塘农业用地大部分转变为建设用地,使水面大大减少,水循环减弱,因而大气湿度会降低,大气降水不会增多,故A、B两项错误。珠江三角洲地区城市化水平提高,城市规模扩大,众多建筑物阻挡会降低近地面风速,故C项错误。由于水面减少,水域对气温的调节作用减弱,城市化发展使地表硬化,植被减少,气温变率增大,故D项正确。

难在哪里 | 2017-06-21,星期三

今天学生做的一道题目出错率很高。题目如下:

读某区域经纬网和昼夜分布示意图,其中虚线为日界线,阴影表示黑夜。

读图,完成1~2题。

1. 苏瓦、阿洛菲两地比较( )

A. 日期相同,区时阿洛菲早

B. 日期苏瓦早,区时两地相同

C. 日期苏瓦早,区时阿洛菲早

D. 日期苏瓦晚,区时阿洛菲早

2. 图示时刻,地球分属两个日期的范围之比约为( )

A. 1:11   B. 1:5   C. 1:7   D. 7:17

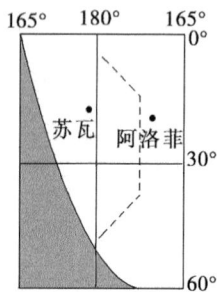

此题考查学生对时区和日界线知识的掌握。课堂上对时区知识分析较多,但对日界线知识、日期的范围等分析较少,所以学生感到无从下手也属正常。第1题,虚线为日界线,苏瓦在日界线以西,阿洛菲在日界线以东,日期不同,苏瓦日期早一天。苏瓦、阿洛菲都位于十二区,区时相同,所以B项正确。第2题,顺着地球自转方向可以看出,图示昼夜分界线是晨线,晨线与赤道的交点的经度是165°E,时间是6时,据此计算0时经线的经度是75°E,新一天的范围是75°E向东到180°,跨105°,而旧一天占255°,两个日期的范围之比约为7:17,所以D项正确。

重视植物相关概念教学 | 2017-06-27,星期二

2017年高考全国文综I卷地理试题有多个题组以植物为素材命题,其中涉及植物的概念有:景观植物、灌木、植株、耐旱植物、优势植物数、山地苔原、怪柳等。植物本来就是地理景观的重要表征,所以在平时教学尤其是在高考复习中,有必要介绍植物的分类、生长习性及地质演化史等知识。对有关植物概念进行对比分析,了解概念的内涵和外延,掌握不同区域植被类型的特点,如怪柳,要指出它是一种耐旱灌木,而山地苔原是由一些低矮的灌木和耐寒草本植物构成的植被类型。当然,也不能受制于高考试

题,补充课标及考纲要求以外的植物学知识要适度适量,否则会脱离学科本位,也会加重学生负担。

对一道高考试题的刍议 | 2017-09-13,星期三

2017年地理高考全国文综 I 卷第 1～3 题考查了自然带分布、植被分布的影响因素,以及人类对城市景观的改造等知识,该题与"生活中的地理"紧密联系。对其中第 2 题我有一点疑问,原题如下:

下图为我国东部地区某城市街道机动车道与两侧非机动车道绿化隔离带的景观对比照片,拍摄于 2017 年 3 月 25 日。数年前,两侧的绿化隔离带按同一标准栽种了常绿灌木;而如今,一侧灌木修剪齐整(左图),另一侧则杂树丛生,灌木零乱(右图)。拍摄当日,这些杂树隐有绿色,新叶呼之欲出。据此完成 1～3 题。

2.造成图示绿化隔离带景观差异的原因可能是该街道两侧(   )

A. 用地类型差异　　　　B. 居民爱好差异

C. 景观规划不同　　　　D. 行政管辖不同

同一条道路的两侧是否存在行政管理范围的不同? 我认为,这在生活当中是极少见的。在相同时间尺度下,同一道路的景观一般不会存在明显差异,而当跨越不同行政界线时,前一段道路与跨越后的道路绿化景观存在差异的情况较为常见。而该题的两幅景观图,很难确定是否为同一段道路的两侧,同时也很难判断出该景观为机动车道与两侧非机动车道的绿化隔离带。这些给考生解读题目带来困难。从对情境的熟悉程度看,该题可能对偏远农村地区的考生不太有利。从考后学生的反馈看,学生对解答此题普遍感到困难。

识迷局巧破局 | 2017-09-19,星期二

2017年高考全国文综卷Ⅲ第4~6题中,第6题出错率高,原题如下:

某条城市地铁线穿越大河,途经主要客流集散地。如图示意该地铁线各站点综合服务等级。据此完成4~6题。

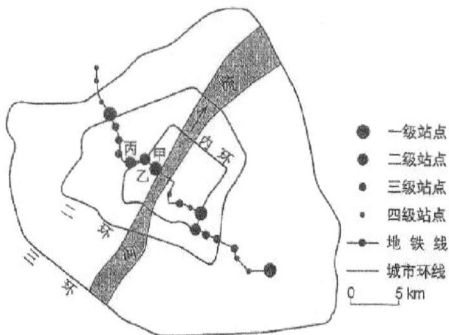

6. 该城市空间形态的形成最有可能( )

A. 围绕一个核心向四周扩展　　　　B. 沿河流呈条带状延展

C. 围绕多个核心向四周扩展　　　　D. 沿交通线呈条带状延展

本题很多学生选错,其中选A的最多。此题最大的"迷局"在于城市环线和河流的作用到底是什么? 受城市环线的干扰,很多学生误认为该城市各组成部分集中连片,围绕一个核心发展。其出错的根本原因在于考生中断了逻辑思维链条,没有利用地铁站点的综合服务等级这一重要信息。人流量的大小决定地铁站点综合服务等级,图中综合服务等级分为4级,综合服务能力最高的一级站点就有4个,说明该城市不止一个核心。另外,题干明确告知地铁穿越了大河,而大河对城市的分割作用会导致城市空间结构相对独立。同时,由于地铁综合服务站点的等级并没有从大河这一"中心"向四周降低,说明其东西两侧都有人流量大的商业区,从而可准确判断出该城市的空间形态为围绕多个核心向四周扩展。

昼夜长短变化的规律 | 2017-10-13,星期五

"昼夜长短变化"是"地球运动"中的重点内容,学生解答此类问题出错率较高。如下题:

2011年7月17日,我国南极中山站(69°22′S,76°22′E)越冬科考队的

队员们迎来了极夜后的第一次日出。据材料回答1～2题。

1. 当中山站第一次日出时,若在盐城观测太阳,太阳位于观测者的(　　)

A. 东北方向　　　B. 东南方向　　　C. 西北方向　　　D. 西南方向

2. 中山站极夜持续的时间是(　　)

A. 30天左右　　　B. 50天左右　　　C. 70天左右　　　D. 90天左右

解答本组试题,学生需要理解地球上昼夜长短变化和正午太阳高度的变化规律,并能结合案例迁移应用。第1题,极夜之后第一次日出的时间应为当地时间12时,南极中山站位于76°22′E(东五区),当东五区为12时时,盐城(120°E附近,东八区)的时间则为15时,此时太阳位于西南方向。第2题,材料中指出,南极中山站7月17日极夜结束,从6月22日(北半球夏至日是南极地区极夜期的中间点)至7月17日,持续的时间约为25天,根据太阳直射点移动规律及极昼极夜现象变化规律,可推知在北半球夏至日(6月22日)之前,南极中山站也有大约25天出现极夜现象,所以南极中山站极夜持续的天数为50天左右。本题难度较大。

加强知识之间的联系 ｜ 2017-10-25,星期三

苏霍姆林斯基说过,多年的经验使他深信,如果一条理论概括能跟另一条理论概括相接触、相联系,"挂起钩来",那么就好像在知识的迁移上发生了飞跃:两条真理都被更深刻地理解了,学生在这些理论概括中看到了他以前没有看到的东西,似乎明白了其中的一条,也使另一条变得更加明白了。教材中的地理知识从来都不是孤立的,而是相互之间或者与其他学科之间发生着千丝万缕的联系,教师要引导学生揭示出这种千丝万缕的、"忽明忽暗"的联系,让学生在有序的知识网络中拨动一个"点位",就能使其他部位产生"共振",继而引发追寻、探究的欲望,弄清来龙去脉。比如,在讲日本和英国农业生产的差异时,学生仅知道日本以种植业为主、英国以畜牧业为主还远远不够,教师还要让学生明白:两国农业生产的差异是因地制宜的结果,与各自的气候类型和土壤相适应,即日本雨热同期的亚热带、温带季风气候适宜发展水稻、小麦等种植业,而英国终年温和湿润的温带海洋性气候适合牧草生长,畜牧业发达,这也验证了区域的整体性特征。

学生说的对吗 | 2017-11-09,星期四

如果有人问你:水路运输有何优势？你肯定会说,水路运输具有运量大、投资少、运费低的优点。但如果有人说水路运输还有安全事故少的优点,你同意吗？今天我在高一(2)班就听到了学生这样回答。李同学的回答没有照本宣科,而是说出了自己的想法,我对他予以表扬和鼓励。水路运输适用性较强,客货两宜,运输成本低,能以最低的单位运输成本提供最大的货运量,尤其在运输大宗货物或散装货物方面有优势,但是速度慢,准时性差,航行风险大,安全性差,这一点需要注意。我这样分析,学生对水路运输的特点就清楚了。

有效的学习迁移 | 2017-12-07,星期四

在教学设计时,我们可以通过提高原有知识的可利用性、巩固性、可辨别性促进学习迁移。例如,在讲解"工业的区位选择"时,教师通过分析学生原有的认知结构,将上一节学习的"农业的区位选择"确定为可利用的基础知识,在讲授新课前先复习该知识,增强其巩固性,并将其作为"工业的区位选择"的立足点;接着让学生根据"农业的区位选择"的学习思路,归纳分析产业区位条件的一般方法,并将该方法迁移到"工业的区位选择"中,引导学生从自然条件和社会经济条件两个方面分析工业区位;最后指出工业和农业区位选择在自然条件依赖方面的显著差异,从而增强新旧知识的联系和可辨别性。

学习过程容许突进 | 2017-12-29,星期五

有的教师讲课总是按部就班、循序渐进,分析地理问题都是由基本原理和规律去推导,表面上看符合学生认知规律,但长期如此会造成思维僵化。学习的过程不见得都是循序渐进的,有时也容许突进,学生没学过岩石圈基础知识,是不是就不能学褶皱和断层？没学过热力环流,是否就不能学天气系统和气候变化？没学过水循环,是否就不能学洋流？这也不一定。学生用自己的思维方式看待事物、考虑问题,有时候并不需要按部就班,可以跳跃着进行。教师在教学中需要有这方面的意识,在不同班级,面

对不同学生,授课方式可以有一些变化,然后再与传统授课方法进行比较,探索更加有效的教学模式。教师要鼓励学有余力的学生在某些知识的学习和问题解决上突破常规思维,"先行一步",并在某些学科上超前发展,要积极为他们的成长搭建平台。

学情学法反思

133

课程教材反思

实践之所以是理论的取之不竭的源泉，正是因为在实践里才能展示出理论的全部的多方面性。

——苏霍姆林斯基

用学生眼光看教材 | 2014-02-18,星期二

今天找出了一本当年我读中学时的地理教材(《高中地理(上册)》,人民教育出版社,1990年10月第1版),书中圈圈点点的地方很多,当时我学得很认真。回想起来,虽然我当时喜欢地理,但地理学得也是"囫囵吞枣""半生不熟"。就以第三章"地球上的水"来说,这部分内容相对简单,但从当时留下的笔记看,我对"水循环和水平衡""海洋水""陆地水"等知识点的掌握还是肤浅的,大多停留在"了解""识记"层面。现在看来简单的知识,为什么当时感到困难? 就因为当时我的认识水平有限,知识储备少,智力的某些潜能还未得到"开发",学习仍局限于"就书论书",对地理原理、规律的理解并不深入。所以我今天教学的时候,千万不能想当然地认为这"简单",那"复杂",而要用学生的眼光去看教材、看问题,以学定教。

树立"精品意识" | 2014-02-28,星期五

我国现行的地理课程标准基本结构包括前言、课程目标、内容标准、实施建议(教学建议、评价建议、教科书编写建议、课程资源开发与利用建议),其中内容标准和实施建议约占总篇幅的4/5。与国外地理课程标准相比,我国现行的地理课程标准总量要多几倍。地理课程标准是否越详尽越好? 事实上,地理课程标准很难也没必要罗列全部应学知识点。即使可以涵盖所有,也只能是"面面俱到,但点到为止",无法突出重点,阐释透彻。内容标准的重点应放在选择与确立核心地理知识、梳理地理知识之间的内在逻辑关系与线索、厘清知识学习后的目标与任务、明确学习要求等方面。因此,我建议地理课程标准的编制要科学"瘦身",树立"精品意识"。

及时更新教学资料 | 2014-03-12,星期三

地理教材的更新速度一般要落后于形势发展。作为地理教师,要注意搜集最新的地理信息和资料,及时更新教学中所用的材料,这样可以保持教学"常教常新",也可以吸引学生注意力。比如,我在讲解亚洲水稻种植业时,向学生展示了下列材料:

日本国土面积仅约37万平方千米,且遍布山地和岛屿,人口却超过

1.2亿，是一个自然资源匮乏、人地矛盾尖锐的国家。在各发达国家中，日本的粮食自给率一直都是最低的，不过，最具战略意义的粮食——大米的自给率却接近100%。

学生对日本稻米能够自给感到很吃惊，因为长期以来对日本的印象都是人多地少、资源匮乏，所以急于知道日本用什么手段实现了大米自给。我顺势引导学生探究分析，最后予以点拨归纳，大家对水稻种植业和日本农业的认识加深了。

换个角度看教材 | 2014-03-17，星期一

平时备课时，教师肯定要标出教材的重点、难点，并设计相关的化解策略。但我在教学过程中发现，有些内容看似简单，不少学生理解起来却很吃力。比如"水循环"，我结合多媒体，在黑板上画了一幅示意图，展示了三种类型的水循环及其各个环节，讲解得很清楚，但还是有学生搞不懂。我常抱怨学生基础差，不认真思考，但实际上，我们教者也有责任。备课、分析教材，我们都是以教者的眼光来定位知识深浅度的，可是学生真实的思维水平和认知能力与我们的预测不一定相符，这就可能造成课堂上出现"简单知识难教、复杂知识无法教"的现象。就农村中学而言，根本方法还是要降低难度，注重基础，做好"学—思—悟"环节的落实，要多从学生的角度去看教材、去分析问题，如此教学才能接地气、有实效。

人口迁移的成因分析 | 2014-03-21，星期五

今天在讲授"人口迁移"一节时，我对人口迁移的原因进行了分析——地区之间经济发展水平的差别是造成人口迁移的主要原因。那么，国际难民也属人口迁移，其形成的原因是什么呢？有同学说是战争，有同学说是宗教迫害、种族冲突，也有同学认为是经济发展水平差别。其实，难民类型多样，有政治难民、战争难民、环境难民等等，具体情况要具体分析。把经济发展水平差别看成人口迁移的唯一原因，显然是不妥的。若非迫不得已，即使有足够强大的经济刺激，也不足以诱使人们离开家乡和祖国。例如，尼日利亚的国民财富是邻国尼日尔的多倍，但尼日尔人并没有选择移民；瑞典的国民财富是罗马尼亚的多倍，并且欧盟允许国民在各成员国之

间自由流动,但是罗马尼亚人口并没有减少。

准确解释素材概念 | 2014-03-28,星期五

今天听了一位老师的地理课,他讲了一道题目,题目材料中提到"中和酸雨效应",但他"一带而过",没有向学生作任何解释,学生自然也"一带而过"。可能这位老师课前并没有注意研究这个概念。我查阅了资料,所谓"中和酸雨效应"是指沙尘中携带的碳酸盐和可溶盐是碱性碳库的重要来源,其氢氧根离子可与大气中工业排放的大量酸性离子发生中和作用,减少酸性污染物溶于雨雪形成的酸沉降。这种概念教师课前一定要弄清楚,明确解其含义,课堂上不能"一带而过"。

高考地理命题立意偏差案例 | 2014-04-01,星期二

2007年高考全国文综卷Ⅱ第40题第(5)小题(试题略),给出吉林省近年来三种谷物种植面积统计数据,要求学生计算玉米种植面积的百分比。这道题仅仅通过读图判断和数据计算即可顺利得出正确答案,显然没有突出考查课程标准所要求的"使用、分析和运用地理图表和数据"的地理技能。2012年高考浙江卷第3题和2012年高考四川卷第2题中都出现利用诗歌考查地理知识的试题,要求学生先准确翻译诗歌,再从中找出地理信息才能顺利解题。此类试题对学生语文水平的要求高于地理。这些都属于地理命题立意偏差现象,降低了地理教学测评的准确性,对学科教学方向有一定干扰。

用好身边的素材 | 2014-04-08,星期二

上午第四节课在高一(2)班讲授"水稻种植业",在分析水稻种植业特点时,我先介绍自家的情况:"我父母家住在合德镇合兴社区,家里种了两亩水稻,从播种、施肥、除草到收割、晾晒,全靠父母手工完成。每年收的稻谷,都作为自家口粮,卖的很少。大忙时,我也回去帮父母干活。"学生听我这样说,很惊讶,原来老师也是"庄稼人",也能下地干活! 我说完自家的农事,再让学生介绍他们家里的农事,学生就不会感到紧张。这样,充分利用身边的鲜活素材,可以激发学生的学习兴趣,从而让学生更加清楚地认识

水稻种植业的特点。

生存教育：地理教育的责任与使命 | 2014-04-14,星期一

在基础学科中,地理是与生存教育关联度最高的一门学科。地理科学研究的对象和内容与自然灾害和人为灾害产生的机理具有某种一致性,地理是进行生存教育的良好载体和依托。但目前地理教育中的生存教育缺失,高中地理必修教材中有关灾害、防灾减灾和生存教育的内容很少,而选修教材《自然灾害与防治》,由于不在江苏高考范围内,不仅学生接触不到,甚至连教师也没有,这就造成了学生防灾意识淡薄、应急防范能力欠缺。当灾害来临时,他们往往比成年人更容易受到伤害,给家庭和社会造成难以弥补的伤痛。失去生命,谈何教育,谈何美好生活?生存能力应该成为地理核心素养的不可或缺的组成部分,因此,在地理教学中适时渗透、融合生存教育,切实提高学生应灾避险的生存能力,十分迫切。

突出"区域意识" | 2014-04-24,星期四

区域性是新课程高考卷的一个引领性改革,也是高考试卷中分量很大的部分。地理复习必须突出"区域意识",摒弃传统的区域复习方式,探索新的区域地理复习模式。

以区域图像为载体,在区域环境中进行地理思维探究论证成为新课程卷的显著特色。我的做法是:①放弃全面复习区域地理的做法,采用以提升区域综合分析能力为核心的区域专题复习形式;②对于世界概况,主要强化海陆分布、经纬度位置等内容,而对于大洲与国家,主要选择具有代表性的区域作为载体,进行地形、气候、自然带、洋流等自然要素的综合训练,以及人口、城市、产业、交通等人文要素的综合训练;③对于中国地理,除进行必要的概况复习外,分区复习重在"获取和解读信息""调动和运用知识""描述和阐释事物""探讨和论证问题"的能力训练;④注意选取以"区域提供信息"的试题,训练学生提取图中信息进行区域分析的能力,提升学生区域地理素养。

增强海洋国土安全意识 ｜ 2014-04-28,星期一

高中地理对学生的海洋国土和海洋安全意识教育相对薄弱,必修教材中海洋知识介绍少,对我国的海洋国情介绍更少。虽然高中地理选修二是《海洋地理》,但是不选修地理的学生无法接触到,而选修地理的学生也不一定选择这一模块。在江苏现行的高考模式下,能学到《海洋地理》的学生是很少的。增强学生版图意识,其中包括海洋国土安全意识,这是教育的重要任务,所以提升海洋教育的地位是中学各学科特别是地理学科的一个重要任务。不断完善教材体系,增加必修教材中海洋教育的内容,增强学生"睁"眼看世界、研究世界的能力,是教育主管部门和中学地理教师亟须关注和落实的要务。

传统教学媒体的"现场效应" ｜ 2014-05-08,星期四

有老师曾经问我,传统教学媒体与现代教学媒体,孰轻孰重?我认为这两种都是教学的手段,不存在轻重之分,只要能达到一定的教学效果,两者都可以使用。但现在各种公开课、优质课比赛中,教师无一例外大量使用现代教学媒体,否则拿名次、获奖就很困难。这种评价标准应予以改变,传统教学媒体是无数教育工作者通过实验、设计、开发出来的一系列行之有效的工具,在教学中依然有着旺盛的生命力。在运用传统教学媒体和现代教学媒体所达到的客观效果相同的情况下,我认为应优先选用传统教学媒体。因为传统教学媒体不仅简便易行、经济实惠,还具有开放性,有利于调动学生参与的积极性,促进师生互动,创造良好的"现场效应",达到较好的教学效果。

地理位置的重要意义 ｜ 2014-05-13,星期二

在地理学理论体系中,"位置"具有重要的意义,它能综合反映事物生成、发展的环境条件,是地球上一切自然现象形成的重要因素。《地理教育国际宪章2016》指出,位置是生活中的一个关键因素,在全球化和互联网时代尤其如此,在地理教学中,认识地理位置是学习地理的起点和基础。区域之间地理特征之所以有差异,在很大程度上是因为其所处的地表位置不

课程教材反思

同。地理位置是地理空间最基本、最核心的概念,它影响着地理事物和现象的产生和发展变化,要用多种方法认识地理位置。与位置相近的另一个概念是"区位",区位不仅包括地理位置,还突出强调人类对某事物占据位置的设计、规划。区位活动是人类活动的最基本行为,如何合理选择区位是人类在进行生产活动时首先要解决的问题。

用好乡土地理素材(一) | 2014-05-19,星期一

在复习"地图的三要素"时,我将射阳县政区图印发给学生,作为学习资料。学生可能是第一次看到大比例尺的家乡地图,顿时兴致高涨,急忙在图上寻找自己家所在的镇和村,并和同桌交流。地图的三要素"比例尺、方向和图例"都可以在这张图中落实和展示。例如,你家所在的镇在盘湾中学的哪个方向?量算一下射阳县最南端到最北端、最东端到最西端的直线距离。在图上为你的家和我们学校分别设计一个图例,并把它画在地图上适当的位置。学生对这些与他们实际生活密切联系的问题十分感兴趣,他们不仅学到了地理知识,也加深了对家乡的了解。

地理教学中的"乡愁"教育 | 2014-05-21,星期三

在教育教学过程中培养学生的"乡愁",虽然不是地理一门学科所特有,但是地理学科在"乡愁"教育中发挥着独特的作用。地理能够为学生提供最直接的资料,在区域认知的情感要素形成中扮演着不可替代的角色。在日常教学中,教师可以通过挖掘乡土地理教学资源,利用地理学科实践性和区域性强的特点,通过开展对生活情境中的"问题研究",帮助学生对家乡地理环境进行综合分析,使学生在真实情境中完善对家乡的认知,增强学生热爱家乡的情感。这是地理学科"乡愁"教育的有效和独特之处。

课程的校本化 | 2014-06-02,星期一

在学校,课程建设的全部工作与全部智慧是国家课程校本化。这种"化"体现在溶化、序化、内化、个性化等多方面。这里我想说两点:第一,溶化。国家对课程的规定,要溶化于学校所有课程门类、课程内容、课程活动之中,成为学校课程的共有属性。反过来,国家课程之魂也只有附着在丰

富多样、有差异、有选择的课程形式、课程内容、课程行为上,才能走向实践、走向生活、走向学生的心灵深处。第二,序化。学校课程相对稳定的纲目门类、内外结构,动态的课程时空安排、组织形式、场景变换,与时俱进的课程整合,是构成学校秩序之本,给学校样态以鲜明标志,其中,课程整合难度最大却又无法避开。教师要积极应对课程变化,参与到课程的发展和建设中。

普及旅游地理教育 | 2014-06-04,星期三

现代社会的旅游活动已不再是单纯的消费活动,而是成为促进人们身心健康、实现劳动力再生产的重要活动。作为"无烟产业",旅游业在促进经济增长模式转变,实现社会生产结构调整的过程中,其重要性与日俱增。虽然在地理必修教材中有一些零星的旅游地理知识(如鲁教版地理必修二第三单元第三节),但作为选学内容,不在考试范围,教学中也常常略而不学,这就造成了高中学生旅游地理教育方面的欠缺。实际上,旅游是关联性极强的空间人文现象,旅游地理能很好地体现地理学科特点,对学生成长有重要意义。普及旅游地理教育非常有必要。

发挥学案的引领作用 | 2014-06-10,星期二

地理学案在培养学生自主学习方面具有明显的优势:第一,学案改变了教学中信息的传递方向,由单一的"教师到学生"转变为"材料到学生",其中的材料既可以是教材,也可以是教师补充的教学材料。第二,学案改变了课堂教学中学生的学习方式,既可以是自学式的自主学习,又可以是讨论式的合作学习,不至于因为"抓重点"而造成系统知识学习的疏漏。第三,学案有利于调动学生的学习积极性,让每一位学生都参与学习过程,避免了课堂上教师只与个别学生对话、交流的现象。第四,学案是让学生"动起来"的法宝,学案强调通过学生的读、写、画、练来完成对学习内容的处理,充分调动了学生的主观能动性。因此,要搞好地理教学,提升教学水平,就必须重视学案的编写和应用。

道德教育的重要性 | 2014-06-11,星期三

道德教育对于塑造人的意义,不仅表现在道德教育是全面发展教育体系的重要组成部分,还表现在道德教育渗透于其他教育之中,有助于实现人的整体素质的提高。在大力推进素质教育、培养学生核心素养的当下,人们不仅没有放弃教育的道德目的,相反,愈加重视道德教育在基础教育中的实体性地位。注重道德教育,确立道德教育的主导地位,应始终是教育的核心追求和不变的宗旨。杜威对此有精要的解释:"道德目的应当普遍存在于一切教学之中,并在一切教学中居于主导地位——不论是什么问题的教学。如果不能做到这一点,一切教育的最终目的在于形成品德这句众人皆知的话就成了伪善的托词。"在人文教育呼声日涨及深入推进素质教育的时代背景下,我们要加强德育的实体性地位及其对人的全面素养的培育作用。

增加区域地理内容 | 2014-06-19,星期四

目前我国初中与高中地理教学存在脱节现象,初中地理没有得到应有的重视,教师教得简单,学生学得肤浅,而高中地理在学生缺乏初中地理基础的情况下,直接向学生传授人地协调和可持续发展的理论,难免会出现死记硬背、囫囵吞枣的现象。比如,高中地理必修二中的澳大利亚混合农业(包括区位因素、发展优势、限制条件等等),很多老师课上得精彩,可是学生对澳大利亚的地理位置、地形、气候、人口、城市等却知之甚少,为了完成老师布置的任务、应付考试,只有靠死记硬背了。

"基础不牢,地动山摇。"任何地理现象和地理问题离开了具体区域就成了无源之水、无本之木。一方面,我们要提升初中地理的学科地位,搞好区域地理教学,开展探究性、趣味性强的课外实践活动,促进学生主动和富有个性地学习;另一方面,在高中地理教材中适当减少"地球运动""大气环流"等难点知识,增加区域地理的内容,突出典型区域的分析,培养学生运用空间—区域的观点认识地理环境的思维能力。

人类究竟能否预测地震 | 2014-06-24,星期二

我们在讲地震时,常有学生问,在科技高度发达的今天,人类为何还不能预测地震?实际上,地震预报是个世界性难题,人类对地震的研究一直没有停止,摆在科学家面前的地震预报有三大难题。第一,地震频率太小。有专家指出,全球平均每年7级以上地震18次。从科研角度看,数据太少无法进行有效的统计分析,不足以帮助科学家建立完整的地震预测科学体系和方法,地震监测的研究结果难以检验。第二,地震研究的方法和手段还受到很多制约。地震发生在地下二三十千米处,而当今世界上最深的钻孔只有12千米,地下究竟发生了什么,人们很难直接观察,科学家只能依靠地面的观测资料,对地球内部状况进行反演和推测。第三,理论的更新相对较慢。地震是地球上规模宏大的地下岩体破裂现象,孕育过程跨越几年、几十年甚至更长时间,很难用经典物理学从本质上加以分析,也难以在实验室或野外进行模拟。基础理论学科相互交叉渗透,地震预测迫切需要多学科联合和科技理论创新。

充分利用地理课程资源 | 2014-09-03,星期三

下午第二节课我把学生带到地理实验室,这里有挂图、地球仪、地形模型、岩石和矿物标本,还有一些天文观测仪器,虽然比较陈旧,有的已经落满了灰尘,但学生对这些器材表现出很大的兴趣。我向大家介绍地图、岩石和矿物方面的知识,同学们兴致很高,他们盯着这些模型、标本,有的还用手去触摸,感知岩石性状,整个活动虽然只有半小时,但给大家的印象却很深刻。我校的地理实验室资源还不丰富,许多材料都是十几年前的,这几年新添的资源少,但就是这样的实验室,也没有得到充分利用。如果每周都能安排学生进一次实验室,那么教学效果会大不一样。

课堂教学的发展性 | 2014-09-12,星期五

课堂教学对于参与者具有个体生命价值,是他们生命的、有意义的构成部分。对于学生来说,课堂教学是其学校生活最基本的构成部分,它的质量直接影响学生当前及今后的多方面发展和成长;对于教师而言,课堂

145

教学是其职业生活最基本的构成部分,它的质量直接影响教师对职业的感受、态度和专业水平的发展。任何学校教育活动都会对人的身心产生影响,每一项学校教育活动都应顾及学生多方面的发展。课堂教学作为教育活动的基本形式,更应关注这一点。课堂教学蕴涵着巨大的生命活力,如何发现、怎样挖掘?这对每一个教师来说永远都是一个新课题,它只有进行时,而没有终止符。只有师生的生命活动在课堂得到有效延续,才能真正有助于学生的培养和教师的成长,课堂才有真正的价值。

生活无处不地理 | 2014-09-15,星期一

我读过一本《地理学与生活》(世界图书出版公司2013年版),内容十分丰富。在这本书中,性别平等、宗教传播、服务外包、绿色革命、电子垃圾、能源再生等重大问题都可以从地理学的视角加以理解和讨论,可谓"生活无处不地理",而地缘政治、公共政策、城市发展、文化传播都可以成为地理学研究的对象。地理学专业的毕业生职业选择应该更加广泛,不仅可在土地、气象、林业、交通、城市规划、环境保护等部门工作,还可从事开发研究和市场分析等工作。

积极参与校本课程建设 | 2014-09-22,星期一

今天校长找我,和我商谈校本课程开设问题,委托我编写一本以防灾为主题的校本教材,我欣然接受了这一任务。近年来各地校本课程建设如火如荼,有的学校校本课程教学取得了令人瞩目的成果。盘湾中学建校已60多年,以前也编写过校本教材,但是都比较零散,不成体系。为了顺应形势发展,学校开始考虑重新编写校本教材。地理学科兼跨文理,地理教师知识视野比较开阔,所以应该在校本课程建设方面发挥积极作用。我案头有一本镇江第一中学校本教材《山水镇江》,编写者李金国就是一位地理教师。实际上近两年我为学生组织过多次防灾减灾方面的讲座和知识竞赛,积累了不少防灾教育素材。虽然承接这一任务要花大量的时间和精力,但也是一次锻炼的机会,我有信心按时完成校本教材编写任务。

精心选择补充材料 | 2014-10-14,星期二

我在讲解"内力作用"的时候,向学生展示了如下一段材料:

意大利重判地震专家惹恼全球科学界

2009年意大利拉奎拉地区曾出现一些小型地震,一度引起当地人的恐慌,政府召集专家商讨应对措施。专家的结论是,情况"正常","没有危险"。但仅过一周之后,该地区就爆发了6.3级地震,造成309人死亡,1500多人受伤,数万人无家可归。意大利一家地方法院在2012年10月以"过失杀人罪",分别判处6名意大利地震专家和一名政府官员6年监禁。这一判决在意大利引发争议,也遭到国际科学界的反对。

学生对这则材料非常感兴趣,地震预测不仅困难,还有很大风险性,他们以"不幸""遭厄运"来表达对意科学家的同情,也认为意大利地方法院的判决有失公正。那么,地震是怎么发生的? 地震分布有没有规律? 地震为何难以预测? 学生自然会产生这样的疑问,这就切入了本课的话题。教学内容的选择是影响学生情感体验的最直接因素,教材中的案例虽然典型,但要么陈旧,要么脱离学生实际,很难吸引学生的眼球。相反,多选择一些本地的或当下的地理时事信息和案例,能极大地吸引学生,也更容易分析阐释地理原理和规律。正如现代教学论专家弗·鲍良克所说:"教师选择的教学内容若是高质量的,那么他们就能引起学生满足的感受,教学活动使他们激动、感兴趣、思想集中、专心、兴奋。"

追求真实的课堂 | 2014-10-15,星期三

今天参加县学科教研活动,朱老师上了"世界的气候类型"复习课。他利用多媒体归纳了世界主要气候的特点、成因、分布,并结合近五年的高考真题,引导学生构建气候类型的知识网络,对易错点进行了深入分析。这节课上得确实不错,教学方法应用恰当,师生互动到位,具有典型性和推广价值! 但有人质疑:教者平时是不是每节课都是这样上的? 如果按这个标准,那么老师的备课量是很大的;如果不是,那么花两个星期准备一节公开课,上得好也属正常。因此,要防止公开课"样板化",多上常态课。不管谁在听课,教师都应该围绕学生,而不是做表面的、临时的、花哨的东西给别人看。

学生建议设立诺贝尔地理学奖 | 2014-11-05,星期三

今天课前的阅读材料是介绍今年获诺贝尔奖的科学家的成果,忽然有学生问:"为什么没有诺贝尔地理学奖?"这是个有意思的问题,我顺势让学生讨论。有学生开玩笑说,诺贝尔当年可能认为地理不重要,或他本人不喜欢地理。有学生认为,地理学分支学科多,像天文、气象、地质、地貌等等,成果价值不好评估。更多的学生认为,地理是一门重要的综合性、应用性学科,应该为地理正名,建议设立诺贝尔地理学奖。学生观点新颖,值得我们探讨。

工业布局理论有缺陷 | 2014-11-12,星期三

今天在高二(2)班讲授有关工业布局的内容,提到有污染的工业应布局在城市最小风频的上风向或与常年盛行风向垂直的郊外。可有学生说,这样做这个城市污染减小了,但其他地区受到的污染不就增多了吗?学生的想法引起我的极大关注。确实,如果孤立地就一个城市来看,这些工业布局理论是正确的,但是从城市群或一个区域角度分析,就看出其不妥了。地理环境本身就是一个整体,人类只有一个地球,如果我们做有利于自己,却危害别人(别的地区)的事情,这与可持续发展不是背道而驰吗?

考试不是唯一目的 | 2014-11-13,星期四

有老师特别是高三老师上课有一个习惯,讲课必提考试,必提高频考点,甚至必提分数,这是没有必要的。课堂是围绕提高学生思维能力、提高学生素质展开的,而考试只是检测学生水平和能力的一个手段,而不是我们追求的终极目标。教师需要研究考试大纲和高考试题,这是备课的一个重要环节,但是考纲不能引领全部的教学,考试和分数也不能检测教者的全部教学状况。地理课堂向学生传授地理知识,培养学生学习能力,促进学生养成科学的情感、态度与价值观,这些一样都不能少,这在高中每个年级要求都是相同的。课堂教学应该追求的是"润物细无声""潜移默化",在不知不觉中促进学生综合素质的提升。只要教师精心备课,认真上好每一节课,让学生听得进、学得好,我们就不会落后,就不愁应付不了各种考试。

用好乡土地理素材(二)　|　2014-12-22,星期一

今天在高二(3)班上课,讲到天气系统,我问学生:盘湾最近几天是什么天气? 学生回答晴朗。吹什么方向的风? 怎么形成的? 学生看看窗外,说吹西北风,形成原因是海陆热力性质差异,风从陆地吹向海洋。上周我在讲流水的堆积地貌时,曾组织学生到校园周边观察本地的地貌特征,解决如下几个问题:本地是什么地形? 这么多土壤颗粒是从哪里来的? 对自然环境有什么影响? 学生看着附近的景观,身临其境,问题探讨就很深入。教学中结合本地、本时段的环境特征,引导学生观察、思考,广泛地和地理知识相联系,印象会更深刻。

用等第代替分数　|　2014-12-30,星期二

现行江苏省普通高中学业水平测试科目考试成绩以 A、B、C、D 等级形式呈现,我认为这是学习评价的一大进步,改变了过去那种用分数排名、1分决胜负的现象,弱化了学生之间不必要的竞争,也减轻了教师之间分数考核的压力。等级制考试模式覆盖面还需扩大,在平时的校内期中、期末考试和高三模拟考试中,学业水平测试科目也应该以这种形式将成绩反馈给师生,模糊学生具体的考试分数,注重学生的知识习得水平。美国的高中和大学对学生成绩就不给出分数,只给出 A、B、C、D 等,这种做法值得我们借鉴。

地理教学的"求全"问题　|　2015-01-05,星期一

我国基础教育阶段地理教学的缺陷之一是"求全",地理教材涉及的内容极为宽泛,这可能是扼杀学生地理学习兴趣的一大因素。地理包括自然地理、人文地理、经济地理、区域地理等等,有成就的地理学家也只是在某些领域取得成功。如李四光先生是毕生研究地质的科学家,胡焕庸先生是毕生研究人文地理的科学家。同样,有地理天赋和地理兴趣的学生在不同地理分支学科会有不一样的才能表现,有的学生喜欢自然地理,有的学生喜欢人文地理。但目前求全性的地理教学,使那些本来对某些地理分支学科感兴趣的学生,因其他地理分支弱项的存在,而没有获得应有的肯定和

评价,从而失去了对整个地理学科的兴趣。

教学内容的选择 | 2015-01-06,星期二

我在讲解"地理环境的差异性"时,对教材提供的素材进行了调整,选取盐城、海南岛和西藏地区的植被、水文图片,让学生分析其差异;选取新闻视频来介绍从沿海向内陆的地域分异;重点分析水平地域分异和垂直地域分异,对非地带性地域分异则一带而过。教学内容不等同于教材内容,教学内容也不等同于课堂教学内容。教学内容涵盖教师"教"的全部,包括课堂教学、活动教学、实践教学等等。优化教学内容设计过程就是教师科学地、艺术地处理教材的过程。选择的教学内容是否能达成教学目标,是否符合学生实际,能否激发学生学习兴趣,能否突出重点、突破难点,如何寻找新知识的"生长点",这些是值得教师反思的地方。

被曲解的地理原理 | 2015-01-14,星期三

随着教材版本的多样化,各种教辅资料也应运而生,但有一些基本的地理知识被误解,原理被曲解,流传甚广,危害甚大。例如,岩石圈的物质循环是课标的重要内容,但关于"三大类岩石的循环转化"图示大都存在明显的过程错误,如下图。

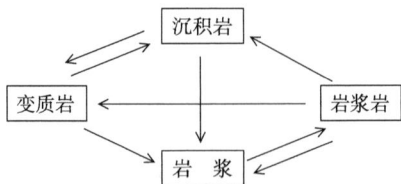

```
              沉积岩
        ↗↙          ↘↖
   变质岩 ←——————→ 岩浆岩
        ↘↖          ↗↙
              岩 浆
```

这幅图的问题在于,沉积岩和岩浆岩虽然最终可以形成岩浆,但不能直接形成岩浆,因为两者在软流层高温高压的条件下熔化成岩浆的过程,无论时间的长短必然存在一个先变质的过程。所以沉积岩和岩浆岩只能先转化成变质岩,最后熔化成岩浆。正确的画法如下图所示:

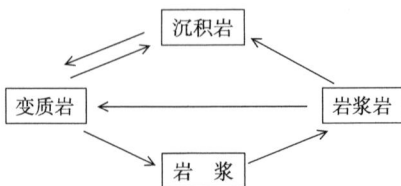

```
              沉积岩
        ↗↙
   变质岩 ←——————— 岩浆岩
                    ↘
              岩 浆
```

灾害意识与风险意识 | 2015-01-22,星期四

　　要对学生进行灾害教育,教师首先得让学生明确什么是灾害与风险意识。所谓灾害意识,是指人们对灾害现象的主观反应,包括防灾意识、减灾意识、备灾意识,也可划分为灾前意识、灾中意识、灾后意识,还可以分为正确的和错误的、个人的与群体的灾害意识。相关研究借鉴环境意识概念,对灾害意识的内涵与结构做了完善,认为风险意识更能准确表达其内涵。人类生活在风险社会中,风险环境本身就是人类生活环境的一部分,每个人一生都会遇到或多或少的风险环境。具有风险意识的公民能把风险降到最低,确保自身、他人与社会的安全,风险意识的内涵结构如图所示,其要素维1包括防灾知识、防灾技能与防灾态度;要素维2包括防灾认识观、价值观、参与观、法治观等。了解风险意识的内涵结构,有助于我们更好地开展灾害教育,提高学生的生存能力素养。

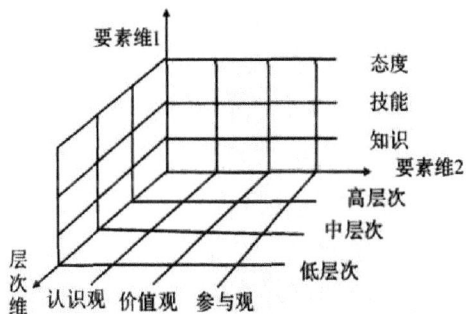

最冷节气为何用"寒" | 2015-01-26,星期一

　　今天是农历腊月初七,正是大寒节气,我和学生聊起了"寒"的话题。二十四节气中最冷的两个节气分别是"大寒""小寒"。"寒""冷""冻""冰"这四个字均表示气温很低,但为何定义节气时,古人不用其他三个字而只用"寒"字?教材中并没有相关分析,我向大家介绍,原因可能在"寒"字本身。"寒"字最早出现在金文中,现收藏于上海博物馆的西周大克鼎铭文上有"易女田于寒山"一语,后在西周青铜器寒姒鼎铭文中也找到了"寒"字。大克鼎铭文中的"寒"字是会意字,有代表屋子的"宀"、表示干草的"茻"、象征水结成冰的"仌",中间则是一个光着脚的"人"。其意思相当明确:气温低

得连屋里都结冰了,一人抱来干草打地铺,并覆盖到身上,以此取暖御寒。"冷"字原始造型远没有"寒"这么丰富的意思,而且"寒"字比"冷"字表达的冷的程度更大,正如《列子·汤问》所说:"凉是冷之始,寒是冷之极。"因此,用"寒"字来定义最冷的节气显然更为恰当。

外贸明星城市的困境 | 2015-03-11,星期三

在学习了鲁教版高中地理必修三"经济发达地区的可持续发展——以珠江三角洲地区为例"后,很多学生认为珠江三角洲地区经济发展快、城市化水平高,是我国经济发达地区的一块"样板"。其实,教材与形势发展有所脱节,改革开放以来,以佛山、东莞、苏州、宁波等为代表的城市在外贸进出口的拉动下,经济高速增长,但近年来,这些城市经济增速明显放缓。以苏州为例,苏州的快速发展一度被称为"苏南模式",各地争相模仿。然而近年来全球经济低迷,城市内部土地日渐紧张,传统发展模式难以为继,外贸整体形势不容乐观,经济高增长难以维持。而其他外贸明星城市,如无锡、佛山、宁波等,目前也面临着类似的困境。所以在学习本节内容后,教师有必要向学生介绍这方面情况,使学生了解城市发展的最新信息,培养学生求真、求实的科学态度。

关于一节教材内容的商榷 | 2015-03-12,星期四

鲁教版高中地理必修一第二单元第二节"大气圈与天气、气候"共包括五个问题:一是大气圈的组成与结构,二是大气的受热过程,三是大气的运动,四是全球的气压带与风带,五是常见的天气系统。可以看出,本节教材内容多、容量大,在本册教材中,本节知识要目最多,而且涉及的大多是高一地理的重点和难点。教学用书建议本节安排4课时,但在实际教学中,很多老师反映4课时根本不够用,仅"全球的气压带与风带"就需要2课时,授完本节一般需要6课时(而本册其他章节一般只需2~3课时)。这么多重要的知识安排在一节内容里,显得过于密集,给教学带来较大难度。建议本节内容安排两节来编排,适当减少知识要目,增加学生探究活动和选学、阅读的内容,以减轻学生学习负担。

地理课程的实践性 | 2015-03-16，星期一

学生地理素养是后天培育而成的，是学生在现实情境下解决实际问题时才能表现出来的，所以地理实践是地理核心素养培育的过程，也是体现地理核心素养水平的过程。地理课程必须有足够的实践活动，不能没有课外、户外、野外的地理实践活动。没有时间、没有机会怎么办？教师是富有聪明才智的，学生每天从家到学校的路上、假日的出行，都可以设计为地理实践的过程。学生头脑里长期积累的实践体验、形成的心理地图，都可用作宝贵的教学资源。近年来的地理高考也经常考查地理实践能力，如窗户遮阳板问题、立竿见影问题、铁路热棒技术问题、观察和拍摄动物问题等，只要平时教学中重视地理实践，学生应考的情况会大不一样。

海绵城市与水循环 | 2015-03-20，星期五

海绵城市是指城市能够像海绵一样，在适应环境变化和应对自然灾害等方面具有良好的弹性，下雨时吸水、蓄水、渗水、净水，需要时将蓄存的水释放并加以利用。"海绵城市"所涉及的地理知识非常广泛，不仅渗透了自然地理，还涵盖了人文地理以及区域地理相关内容，其涉及的地理知识点有：水循环、水资源的合理利用、城市化、人地关系和可持续发展、南水北调工程等。用新颖的概念和素材渗透地理知识，对教材进行补充，可以帮助学生深化对地理知识的理解和应用。

教材是什么 | 2015-03-26，星期四

教材是用来开展教学活动的材料。对于地理来说，教材不仅仅指学生人手一册的地理教科书，一幅景观图、一则灾害案例、一部纪录片等都可以是教材，而野外观察、社会调查、生活体验等也可以看作教材。但是，并不是任何与地理有关的素材都可以当作教材，都可以拿到课堂上用。教学过程中选取的地理教材，要特别强调典型性和代表性。地理教学资源和素材成千上万，怎么去选择，又如何去甄别其利用价值？这就需要地理教师付出辛勤劳动，广泛收集各方面地理信息，去伪存真、拔沙拣金，把真正典型的、有价值的地理素材找出来。当然，教材是用来"教"的材料，而不是用来

"考"的材料,地理素材有没有价值,判断的标准是能否提高学生的地理素养,是否对学生发展有用,而不是为了应付考试。

气候变暖的特例 | 2015-04-07,星期二

近百年来,全球变暖造成世界上许多冰川消融甚至消失,南极大陆、阿拉斯加、格陵兰岛、安第斯山、阿尔卑斯山等地冰川都出现了衰退的迹象。但是冰川消融也有特例,那就是喀喇昆仑山脉的冰川。这片冰川面积约2万平方千米,拥有几座8000米以上的高峰,人迹罕至。20世纪90年代末,加拿大科学家就曾在当地观察到冰川稳定,甚至增长的现象。2012年,科学家依据"奋进"号航天飞机和SPOT-5卫星收集的地表信息,证实了这些冰川的"逆生长"状态,它们以每年11厘米的速度增厚。为何会出现这种状况?研究人员提出了多种假说,但目前最具说服力的假说是:这里存在着人们意想不到的微气候——全球变暖在此地表现为冬季降雪增加,而不像毗邻地区表现为夏季降水增加……

将这个气候变暖的特例介绍给学生,能让学生认识到地球表面还有很多地区由于一些非地域因素的影响,表现出与一般规律不同的现象,这说明了地理环境的复杂性。

师生共建课程资源 | 2015-04-14,星期二

教师是教学资源的主创核心,是学校中最重要的课程资源,是连接课程与学生之间的桥梁。学生是教学资源的再创核心,是最具活力与生命力的课程资源,学生主体作用的发挥与对资源进行的二次生成和创造,可以形成特色鲜明的新资源。地理课程资源开发不是单向的直线性活动,在循环往复中,教师与学生形成多层次、多维度的教学交往和深入合作。教师要充分利用生活中的教育资源,挖掘学科的生活性、社会性、时效性、综合性等特点,促进课内外、校内外、学科间的融合,引导学生关注生活,创造生动、鲜活的课程资源。教学中,教师要给学生自由探索的时间和空间,组织启发式教学,设计开放性问题,让学生参与实践,自主探索,合作交流,培养学生主动探究的思维品质。

重大自然灾害的影响 ｜ 2015-04-17,星期五

学生对自然灾害影响的认识没有深刻的体会。其实,自然灾害不仅严重影响人类生产、生活,而且威胁人类的生存和发展。我在课堂上列举了以下材料对教材进行补充:

对中国近代100余年造成万人以上人口死亡的灾害统计发现,这样的灾害包括水、旱、震、疫、风、寒、饥等,共发生了119次,死亡总人数为3836万人。例如,"丁戊奇荒"之后,就是1888年河南郑州黄河决口,整个河道向南方摆动。铜瓦厢决口后,黄河在南北之间来回摆动,多达四五次,每一次都带来巨大的灾害。1892年到1893年,山西北部地区发生了一场持续两年的旱灾,饿死100万到200万人。山西省曾经是中国历史上人口比较密集的地区之一,但是经过晚清光绪年间的两场大饥荒,其人口规模在很长一段时间内都未能恢复。

教学案的优化 ｜ 2015-04-28,星期二

今天去县里参加地理学科教研活动,县第二中学王老师上了题为"农业地域类型"的公开课。这节课注重学法指导,师生双边互动活跃,让学引思的教学理念得到很好贯彻。但是教学案的设计存在一些不足,主要有:①"自学质疑"内容过多,完全是教材内容的"复制",学生只需"照抄"教材即可,"质疑"无从谈起。②重难点的表述欠妥,例如"从区位条件、生产特点、存在问题及解决措施等方面,对水稻种植业和商品谷物农业及其典型区域进行分析,能各有侧重地介绍具体的农业地域类型"。此"重难点"和"教学目标(2)"的表述完全一样,这就混淆了两者的区别。教学目标是学生通过本课学习所要达到的结果,它传递的是教者的某种期望;而"重难点"则是知识体系中重要的或者难以理解和掌握的知识,它突出的是知识"点"。本课的重难点应该是水稻种植业和商品谷物农业的区位条件及生产特点。另外,教学案"检测反馈"中的试题设计还需进一步优化。

最好的课程 ｜ 2015-05-21,星期四

究竟什么样的课程才是最好的课程?学校课程大致经历了三个阶段:

先是千校一面的国家课程,再是大量开发的因校而异的特色校本课程,然后再到今天正在努力创设的具有创新、开放特点的学校课程体系。但是所有的课程都是以内容为核心架构而成的,即便学生可以充分选择,也是从自身的兴趣爱好出发去选择课程。也许不久的将来,学校每一门课程都会与这一门课程的授课教师"更紧密融合",成为这位教师的"个课程",并被赋予具有这一位教师鲜明个性风格的情感、态度与价值观,真正实现教育与教学的"合体",而学生不仅仅是在选择课程内容,更是在选择一种与己相关的价值认同。

重视乡土地理教学 | 2015-06-03,星期三

乡土地理教学是地理教学生活化的呈现方式,是基于真实情境的教学活动,是源于生活又高于生活的感性认识与理性认识的结合。乡土之中蕴藏着丰富的地理教育素材,在地理教学中若能有效挖掘、整合乡土教育资源,帮助学生认识家乡地理环境,学会探究、学以致用,势必能激发学生的学习兴趣,增强爱国、爱家乡的情感。乡土地理教学也是培养学生地理实践能力的有效途径,是课堂教学必要的延伸和补充,对培养学生地理核心素养有重要作用。在乡土地理教学实践过程中,将观察、观测、调查与质疑、创新有机结合,从要素、演化过程等不同角度全方位认识地理事物和现象,深入分析研判不同区域的差异和共性,不断丰富学生地理学习的体验和感悟,促进学生的深入思考和深度学习。

乡土地理教学的目标 | 2015-06-04,星期四

发展学生地理核心素养应立足于学生现实的学习生活感知和经验,根植于真实的教学情境中。乡土地理环境就是鲜活、具体的生活地理教学情境,乡土地理教学是培育地理核心素养的重要路径和有效载体。地理核心素养的培养是一个持续的过程,乡土地理研学实践不能急功近利,不能搞形式主义,要把"学、做、玩"和促进学生核心素养提升有机结合起来,以立德树人、培养人才为根本目的,促进学生培育和践行社会主义核心价值观。我们要统筹协调教育资源,培养学生正确的人地观念,增强其环境保护意识,提高其社会责任感,引导其感受乡土传统文化,感受改革开放伟大成

就,加深对坚定"四个自信"的理解和认同。

因地制宜——人类改造世界最重要的思想 | 2015-06-08,星期一

因地制宜就是根据某地的具体条件制定或采取适当的措施,安排、处理人类的生产活动和生活。因地制宜的地理基础是地域分异,形成地域分异的原因是不同地域具有不同的自然和人文条件及历史发展基础。例如,因纬度、光照、积温、水分、农耕农艺措施及技术水平不同,各地在制定农业区划或规划时针对地域特点制定不同的方案,这就是因地制宜思想的具体实践。

因地制宜思想的本质是具体问题具体分析的哲学思想在地理学科中的体现。全球化在某种程度上就是世界各国、各地区发挥各自优势选择的结果,各个国家和地区发挥自身优势选择产业活动,生产优势产品,在世界范围内流动交易,使各地区都能享受到更多、更优质的产品。地理教学中重视因地制宜思想是地理课程实现可持续发展教育的体现。

整合教材内容 | 2015-09-03,星期四

教师在设计教学活动时,从简单教教材走向灵活运用教材,对教材内容进行合理整理、归类、删减或补充,可以提高教学目标达成度。比如,工业生产类型多样、部门众多,布局千差万别,区位选择比农业要复杂得多,教材选取了很多案例来说明,信息量大,且比较松散,学生学起来较为困难。我在教学时抓住"内容标准",选取"钢铁企业布局"的案例,在材料选择时注重突出知识冲突和联系:①"从有到有"——有煤有铁布局钢铁厂(如鞍钢、包钢);②"从无到有"——无煤无铁布局钢铁厂(如宝钢);③"从有到无"——钢铁厂搬迁(如首钢)。如此,教学材料主干知识清晰、结构紧凑、逻辑性强。

两个很好的建议 | 2015-09-10,星期四

今晚的地理教研活动围绕"地球的运动"教学设计展开了讨论,大家各抒己见,其中两位老师的发言我印象深刻。刘老师说,有些国家都非常重视地球科学基础教育,初、高中均开设专门课程。我国地质灾害频发,环境

变化、资源短缺等问题严峻,而地球科学教育与我国国情和社会经济发展不相匹配。地理必修教材面向全体学生,承担着地理教育的基本任务,而现有必修一中"地球的运动"部分由于需要较强的空间思维和想象能力,而且与生活关联度小,学生学习起来普遍感到困难,教学效果并不理想。而王老师则建议必修一应该增加植被、土壤、自然灾害等方面内容,以适应形势发展的变化,将"地球的运动"的内容从必修一移到选修模块中。两位老师的建议很有价值!地理必修教材要突出普及性和应用性,内容不能太深,否则教与学都会遇到困难。随着时代发展和形势变化,教材也需要不断调整、充实、改进,一线教师的建议值得参考。

备齐教材的必要性 | 2015-09-08,星期二

今天想找一本鲁教版高中地理选修七《地理信息技术应用》,可是在办公室找了个遍也没找到,宿舍也没有。后来同事告诉我,学校根本就没发这本教材,他们身边也没有。其实,鲁教版高中地理有三本必修教材、七本选修教材,而很多老师身边仅有必修的三本教材和选修中的《环境保护》《海洋地理》两本教材,其他五本教材学校没有征订。但对教师来说,配齐鲁教版高中地理教材是很有必要的,因为教师要了解高中地理知识体系,不接触相关教材就很难全面把握。另外,学生的兴趣点也不全在必考的内容上,教师没有相关教材,谈何指导学生选择性学习?实际上,不仅鲁教版教材,条件允许的话,教师应把人教版、湘教版、中图版教材都备齐,方便对同一"内容"在不同版本中的呈现方式、案例选择进行比较分析,从而在教学中灵活选择,发挥"教"的最好效果。

地理时空邻近度 | 2015-09-22,星期二

有学者认为,任何事物都相关,但是相近的事物关联更密切。"相邻的事物相似,相距远的事物相异",前者强调地理统一性,后者强调地理差异性,但两种表述均与空间距离有关,这就是所谓的"时空邻近度"。"时空邻近度"作为定量地理空间分析的基础概念,在理论上构建了以"邻近"为核心的"维度—尺度—地域"体系。在地理教学中,以地理时空邻近度的概念解释地理空间现象的分布及其联系,引导学生观察不同邻近度区域的自然

和人文要素,分析现实生活中人类活动与环境的关系,有利于学生更深刻地理解环境要素的空间关联和人地关系。

不追求学科知识的系统性 ｜ 2015-09-24,星期四

有老师上高中地理必修一模块时,感到教材知识不够完整,特意在课堂上为学生补充了一些地理知识。如讲解地球时补充"地球的内部物质及硅铝层、硅镁层"的知识;讲解自然地理要素时补充"生物和土壤"的知识,以期为学生构建完整的学科知识体系。其实,"必修一"模块内容的选择,首先考虑的是公民适应现代社会的需要,这样可以突出地理学习的实用价值,减轻了学生的负担。例如,关于大气的知识,只选择了大气受热、气压带、风带和天气系统;关于水圈的知识,只选择了水循环和洋流。另外,对所选择内容的学习要求也是简明扼要的。例如,关于太阳,只要求"阐述太阳对地球的影响",对太阳本身的知识涉及极少。因此,我们要用全新的思路来选择模块内容,不必追求学科知识的系统性,而应根据公民素质和社会发展的需要来选择学科知识进行教学。

关于教材内容的商榷 ｜ 2015-09-30,星期三

鲁教版高中地理必修一第22页有如下的表述:

除赤道外,一年中太阳真正的"东升西落",只有春分日和秋分日。

此说法欠妥。赤道上是否一年四季太阳都是"东升西落"?实际上,赤道上也只有在春分日和秋分日太阳才是"东升西落",其他日期日出方位并不固定,当太阳直射北半球时,太阳是东北升西北落,而当太阳直射南半球时,太阳是东南升西南落,其日出方位角与太阳直射点的纬度相同。比如北半球夏至日,太阳直射北纬23°26′,则赤道日出方位为东北23度26分,所以教材中的说法要予以纠正。

教材表述准确吗 ｜ 2015-10-08,星期四

鲁教版地理教材对"昼夜交替原因"是这样表述的:由于地球自转,昼夜不断地交替,昼夜的交替周期为24小时。教材把昼夜交替归因于地球自转,而人教版地理教材分析也与之相同。严格地讲,这种说法是不准确的,

自转能否形成昼夜交替？昼夜交替周期多长？这还与地球公转及公转周期有关系。如果地球只有公转不自转，也可以形成昼夜交替现象，只是昼夜交替的周期变成一年。如果地球公转的周期是一个太阳日，那么地球与太阳是同步自转的关系，在这种情况下，地球上是不会产生昼夜交替现象的。所以，我认为教材的表述不够准确，缺乏相应的限定条件，不能全面地阐述昼夜交替原因的本质。

教材选材的出发点　|　2015-10-13,星期二

区域是研究人文地理学问题的逻辑起点，区域不同于区位，区位侧重位置，强调微观方面，如城市的区位选择、农业的区位选择等；而区域侧重分布，强调宏观方面，如城市的地域分布、工业的地域分布等。人类活动必须落实到具体区域，人文地理学中的区域是人文地理要素与自然地理要素相互作用的结果。鲁教版高中地理必修二选材的出发点是区域性思想，讲述了人口、城市、农业、工业、旅游等多种人类活动区域。在这些区域中既有可见的区域，如城市，也有一些并不能直接可见的区域，如文化区、经济区，但这类区域可以用地图语言来表示，并对社会发展起着不可忽视的作用。

开展地理"档案袋"评价　|　2015-11-12,星期四

"档案袋"是指教师有意识地将各种有关学生表现的材料收集起来，进行合理的归类与分析，以反映学生在学习与发展过程中的状况和成绩。"档案袋"记录了学生在某一时期一系列的成长"故事"，是评价学生进步程度、努力过程、反省能力及最终发展水平的理想方式，整个过程一般由学生和教师共同完成。"档案袋"中究竟应收集哪些材料呢？就地理学科而言，可以收集学生自己绘制的地图、平时的作业、制作的模型、搜集的资料以及学生考试成绩、在各类活动中的获奖作品等。这些材料可以反映出学生在地理学习过程中的成果、收获和进步，也是学生成长过程中的一份宝贵财富。

高中地理课程的核心论题　|　2015-11-30,星期一

很多老师对高中地理课程的核心论题研究很少，也不清楚教材的统领

线索。20世纪80年代以人地关系理论作为课程内容主线,但其局限性也很明显,"人地关系"主要属于人文地理研究范畴,"地地关系"则属于自然地理研究范畴,而"人人关系"则主要由社会学等学科来研究。这种"板块分离"难以统领全部地理教学内容,而可持续发展理论则全面地涵盖了人口、资源、环境、经济、社会等各个领域,如果能得到全面、切实的实施,对于解决人类所面临的诸多全球性重大问题将十分有益。高中地理课程以可持续发展理论作为教学内容的核心论题,是在人地关系理论基础上的一次提升和飞跃。可持续发展理论的内涵比人地关系理论更全面、更系统、更深刻,更具有现实意义和长远意义。地理教师应准确把握高中地理教材的这条主线索,以此来推动课堂教学改革。

研学旅行的反思 | 2015-12-31,星期四

研学旅行是培养学生地理实践力的重要方式,研学旅行是行走的课堂,旅行的结束不是研学的结束,回望行程,及时反思,才能使研学旅行活动得以沉淀。每次研学旅行后,教师需要反思的是:这一过程培养了学生哪些地理实践力?如何让研学活动开展得更顺利些?行程中有哪些不足之处需要调整?研学点与学生的知识储备和基本能力是否契合?后期实践该如何改进?等等。研学旅行过程中参与者必须要有体验,要有动手、动口、动脑的机会。研学旅行实践中随机生成的问题很多,比如,去年一次考察射阳沿海滩涂的研学旅行,就有学生问:滩涂风景怎么没有想象中那么美?海水怎么那么浑浊?射阳沿海为什么岛屿特别少?这些问题可能是组织者意料之外的,需要通过探索甚至试误来解决。反思可以优化研学过程,让后续的研学活动更顺畅、更高效。

做好教学资料搜集工作 | 2016-01-04,星期一

有的老师习惯于生搬硬套现成的地理资料或试题,不加筛选拿到课堂中使用,结果往往会出现"文不对题"或试题无法使用的情况。今晚地理备课组提出明确要求,各位老师要认真学习课程标准,根据学生的情况,从纸质资料、网络资料中筛选出好的素材,或结合时事热点以原创的方式设计试题。课前搜集资料的量应该是最终采用量的2~3倍,才可以保证资料编

写时的可选择性。我认为这样做对提高教学质量是有帮助的,这要求教师必须有高度的责任心,但同时应该看到,如果各个老师"孤军奋战",工作量也会很大。因此,我提出要发挥地理备课组团队的力量,每周分解任务,分工合作,在组内交流共享教学资料或试题,这样可以大大提高工作效率。

充分解读课程标准 | 2016-01-13,星期三

课程标准是国家对基础教育课程的基本规范和要求,是教材编写、教学评估和考试命题的依据,是国家管理和评价课程的基础。地理课程标准的重要性是不言而喻的,但在平时工作中有不少老师很少去看课程标准,案头也没有课程标准。教学只依靠经验,依赖教材和参考书,教材中有的、重要的就教,没有的、不考的就不教,这一现象值得注意。教学作为一项有目的、有组织的活动,目标的制定是前提,但教材只是用以达到目标的素材,所以教学要做到逆向设计,必须要找到根本的参照标准,那就是课程标准。在充分解读课程标准后再确立教学目标,这样教学过程设计才能精准、高效,所以地理教师要经常翻阅、研读课程标准。

区分"地理意义"和"地理影响" | 2016-01-19,星期二

我发现学生答题时经常不能正确区分"地理意义"和"地理影响",理解模糊,甚至混为一谈。这可能与老师对课标理解不透,对相关概念没有认真理解和辨析有关。如果学生在学习起始阶段就接受了模糊或错误的概念,那么在以后的学习中就很难纠正。教师可以根据"意义"和"影响"的含义建立两者的概念关系图,即"意义"一般只包括对人类的正面影响,并且单指对人类的影响;而"影响"往往是"两面性"的,既包括正面的影响,也包括负面的影响。"影响"是站在比较客观的角度探讨问题,而"意义"是从人类主观的角度探讨问题。教材中的"地理意义"和"地理影响"包含着两个基本方面,一是对地球生态环境的影响,二是对人类活动的影响,"意义"包含在"影响"中。教师在教学中可以用实际案例进行解释说明,加以巩固。

及时更新教学用书 | 2016-02-22,星期一

今天在高一(4)班评讲"同步练习",讲到"水圈和水循环"一节第24

题。我读完题目后让学生分析,可学生迟迟没有反应。后来突然有学生说:"老师,我们书上没有这道题目!"我很吃惊,连忙查看学生的"同步练习",果然题目不同,我这才想到我用的是去年的书。虽然书中大部分内容相同,但还是有个别地方作了调整,课前我没有注意到。每学期都会发放新教材和新的教辅用书,但很多教师依然在用旧的教材,因为旧教材上记录有大量的知识框架、重难点标识或者是教学心得,这些都是宝贵的教学资料。为了省事,很多教师新学期仍然舍不得丢弃旧教材,这样就容易造成"教师讲,学生却不知所云"的尴尬局面。每年学生都在变化,知识也在更新,教学用书要及时更换,与时俱进。

关于一节标题的商榷 | 2016-02-23,星期二

鲁教版高中地理必修一第四单元第三节"全球气候变化及其对人类的影响",这一节主要讲三个问题:一是全球气候变化;二是全球气候变暖的原因与未来变化幅度;三是全球气候变暖的影响。教材在第三个问题下分析了全球气候变暖导致的海平面上升、生态系统调整、自然灾害增加以及对人类健康威胁增加等内容。可以看出,全球气候变暖对自然环境的影响是直接的、主要的,其次是对人类产生影响。所以说,全球气候变暖的影响应该包括自然环境和人类社会两个方面,而本节标题"全球气候变化及其对人类的影响"只突出了对人类的影响,没有涉及自然环境,标题和内容表述有偏差,我认为本节标题可以改为"全球气候变化及其影响",这样表述既简洁又准确。

让课程走向综合 | 2016-03-04,星期五

今天要评讲高二地理上学期期末试卷,有老师认为这份试卷地图少,文字材料过多,"地理味"不浓。但我不这么认为,地理试卷是否需要大量地图? 地图少是否就没有"地理味"? 其实不然,新课程的发展趋势之一是走向综合。综合是理念,是过程,也是形态。课程综合的本质就是跨学科学习,各个学科打开自己的边界,向其他学科开放,向生活开放,向世界开放。地理试卷旨在考查地理知识、地理规律、地理原理,完全可以也有必要引入其他学科的知识和案例,还可以联系学生实际或时事热点。为什么强

调课程综合？目的就是为了把学生从狭窄的学科视野中解放出来,从更大的范围、更广的角度去分析研究地理现象和地理问题,这也可以更好地培养学生的综合思维和应用能力。

开设好校本课程 | 2016-04-12,星期二

今晚6:15,我在大阶梯教室开设了校本课程讲座"防震减灾教育",高一全体学生参加。昨天我已经把讲义印发给学生,由于移动多媒体出了故障,我只得以"讲"的形式授课。在一个小时的时间里,我结合大量的数字和实例,介绍了地震的形成、震级、烈度和地震的分布、危害,就日常生活中如何防震、震后救援和心理辅导等作了分析,内容丰富,学生听得认真,很多内容填补了他们认知上的空白。讲座结束后,有学生问我什么时候举办第二次讲座。确实,防震减灾教育我们要坚持不懈,这对提高学生生存能力很有帮助。期中考试后,我要举办第二次讲座,再组织防震减灾知识竞赛等活动,真正推动校本课程正常开展。

公园建成,鸟儿为何少了 | 2016-04-18,星期一

又到春暖花开的季节,我要求学生利用周末观察家乡生态环境的变化。回到学校,我让同学们谈谈各自的感受。王同学说,周末她去了射阳后羿公园,那里绿树成荫,湖水清澈,环境相比以前有了很大改善,可鸟儿却比几年前少了大半,这是什么原因?后羿公园大家比较熟悉,去年学校曾经组织学生游览过,王同学的一番话大家感同身受,我让大家进行讨论。

张同学:公园附近以前都是稻田,有水有鱼有虾,鸟儿能在这里生存,可现在稻田都变成了居民小区,路面硬化,鸟类栖息地被破坏,鸟儿自然少了。

李同学:建公园确实改善了局部的生态环境,但是人类活动加剧,大环境改变了,生态系统被破坏,鸟儿自然就很少"光临"了……

公园建成,鸟儿却少了,这种尴尬的局面给大家上了生动的一课。不合理的发展和扩张,或许会换来一时的繁荣,但最后人们还要承受生态环境恶化带来的后果。

看一点国外教材 | 2016-05-03,星期二

上个月我买了一本《地理:地质学、环境与宇宙》,这是美国高中阶段的地理教材,2008年由浙江教育出版社引进后出版,受到了一线地理教师的欢迎。翻开新书,我立刻被其丰富的内容、独特的设计和鲜活的素材所吸引,全书分为"地球科学""地球的构成""地表的变化""地质年代""大气圈与海洋圈"等8个单元,从地球内部到地表,由地球大气到宇宙大气,系统地介绍了与地球各个组成部分有关的作用和过程,构建了较为完整和系统的自然地理知识体系。该书最大的特色就是贯穿教材的数量众多、类型多样的实验活动,既有专业性较强的实验,也有引人入胜的简易实验,而且实验步骤清晰、可操作性强,实验方案也充满人文关怀。该书突出了地理在科学、文化、生活等方面的多元价值,对提高学生学习兴趣、拓展学生知识面、培养学生探究能力等有一定帮助,对辅助高中地理教学具有一定的参考价值。

整体性和差异性的关系 | 2016-05-06,星期五

整体性和差异性不是按某个标准划分出来的两种地理环境类型,而是从空间视角上对地理环境的认识。整体性主要立足于区域内部,差异性则基于不同区域之间的比较。整体性是差异性形成的基础,一个区域的地理环境,只有在整体上表现出一定特征,才能在区域比较中体现出差异性。很多地理环境景观图上都有植被、土壤、水域等,学生看到的都是差异性多于整体性,也就是说差异性容易被观察到,整体性不容易被发现,只能综合分析。整体性是在演替过程中形成的,演替的动力是圈层间的物质运动与能量转换,是动态的;差异性是在对比中发现的,是静态的。从这个意义上来说,整体性教学的难度比差异性大。

水库建设的影响 | 2016-05-12,星期四

水库建设既有积极影响,也有消极影响。积极影响主要有:调节气候,改善生态环境;调洪蓄水,防洪、灌溉;有利于发展水产养殖;提高航运能力;具有发电价值;有利于发展旅游业;等等。消极影响主要有:库区周围

课程教材反思

土地盐碱化;影响水生物的生长繁殖;破坏库区环境,增加水土流失;可能诱发地质灾害;淹没耕地、文物古迹,导致人口迁移;河口生物量减少;三角洲萎缩,滩涂资源减少;等等。从整体上看,水库建设以积极影响为主,当然,要结合水库具体的位置及周边环境等对其影响进行综合分析。

作业量多少合适 | 2016-05-30,星期一

从30多年来高中地理教材的发展来看,作业量随着教材的改革而发生了变化。作业量多少才合适?认知心理学研究表明,要真正掌握、牢记、掌握4~20个组块,需要反复20次。苏联玛什比茨的研究也表明,在对一个典型问题的运算形成解法之前,无论在什么学科中,不同的学生需要1~22次练习。心理学家肯定了"过度学习"的必要性,认为一个知识点的掌握一般需要练习20道相关试题,少于这个练习量,学生不易掌握,而大于这个练习量则会加重学生的负担。当然,教材是特殊的学习材料,受页数和版面的限制,教材中不可能设置大量作业,因此,教材作业量的设置应先考虑学生的刚性需求,也要充分发挥作业系统的功能,通过精编、精选那些具有典型性、导向性和创新性的题目,引导学生深入思考。此外,我们还可以开发配套的练习册满足学生的弹性需求,为学生的课后知识巩固和能力提高设计针对性训练。

"三农"问题的重要性 | 2016-05-31,星期二

农业是高中地理的重要内容,教学中我们要适时向学生介绍"三农"问题的重要性:

"小康不小康,关键看老乡。"中国的发展,关键在农村。农业兴则基础牢,农村稳则天下安,农民富则国家盛。只有切实解决好"三农"问题,让农村和城市协调发展,才能决胜全面建成小康社会,全面建成社会主义现代化国家。

"风正好加力,惠农正当时。"近年来,党和政府始终把促进农业农村发展摆在重要位置,出台一系列惠农强农富农政策,农业实现连年丰收,农民生活水平显著提高。没有农业农村现代化,就没有国家现代化。当前,农业农村现代化仍然是"四化同步"的弱项,必须坚持农业农村优先发展,加

快构建现代农业产业体系、生产体系和经营体系,走出一条中国特色社会主义乡村振兴道路。

试题的育人价值 | 2016-06-20,星期一

高考试卷既要有选拔功能,又要有育人价值。2016年高考地理试卷立足于我国的传统文化和经济发展成就,设计了育人价值高的试题。如天津卷第14题以"妈祖文化"为情境,分析台湾产业集中转入福州、厦门的原因,考生从中感受到祖国文化的魅力和两岸亲情的浓郁,体验优秀传统文化对当今社会经济发展的影响。北京卷第36题用古人"山之南山花烂漫,山之北白雪皑皑,此山大别于他山也"的描述,揭示自然地理现象,树立文化自信。在我国产业转型升级和渐入老龄化社会的时代背景下,江苏卷第28题以攀枝花"阳光花城"和"候鸟式"养老为题材设置试题,展示我国经济发展的活力,体现对老年人的关爱,渗透爱国主义教育,增强考生社会责任感。

学术成果在地理试题中的应用 | 2016-06-21,星期二

2016年全国高考地理I卷第7～9题和天津卷第1～2题,都用到贝壳堤分布与变化的图文资料。这是地理学科研究的新成果,渤海湾贝壳堤是世界三大著名古贝壳堤之一,在国际上的海洋、古气候、古环境研究领域占有重要位置。全国高考地理II卷第37题大熊猫栖息地范围变化的图文资料,全国高考地理III卷第10～11题山峰冰期的资料,也是科学家最新研究成果。试题中还出现大量新词汇,如全国I卷中的"磷累积量""冰川泥石流""高位虾池",全国II卷中的"庄园经济""篁岭晒秋",天津卷中的"光缆信息传输",浙江卷中的"阶地""探空气球"等,让人耳目一新。似曾相识又不曾相遇,联系已有知识,分析图文信息,方可明了其含义。在中学教材"一标多本"情况下,高考试题选取教材外的素材和案例,有利于检测考生学习能力和地理思维品质,促进中学地理教学更好地贯彻新课程理念。

如何看待英国"脱欧" | 2016-06-29,星期三

2016年6月,英国举行全民公投,决定退出欧洲联盟。有学生感到疑

课程教材反思

167

惑:全球化是时代发展的潮流,英国"脱欧"不是逆潮流而行吗? 甚至有学生认为,英国人太不明智了。我向学生解释,英国"脱欧"有很多原因,其中重要的因素之一是英国经济增长缓慢和居民生活水平下降。英国很多工薪阶层的实际收入增长停滞,甚至低于10年前的水平,加上社会的不公和政治领域出现的问题,使相当一部分人对现有国家政策不满,反全球化、反欧盟、反移民等情绪高涨。当然,经济全球化是时代发展和社会生产力发展的客观要求,如果全盘走向反全球化的方向,会带来严重的问题。至于英国"脱欧"更深层次的矛盾和问题,我让学生课后去进一步探讨。

精心打磨试题 | 2016-09-09,星期五

2016年全国高考文科综合能力测试卷在试题的选材、素材加工、问题设计等方面都经过了精心打磨,受到了大家好评,但也存在一些不足,如具体考向、语言组织、答案设计等,还需进一步打磨、优化。以文综Ⅱ卷为例:第8题题干缺少主语"长白山高山苔原带矮小灌木";第9~11题题组缺少"河床""潮流"等概念的铺垫;第36题第(1)问缺少"特点"二字,问题是"径流量的季节变化",而答案给出的却是"汛期",且表述不完善,对第(4)问学生缺少"河流生态"的认知,答案表述不够精练;第42题设问为"开发的有利条件",答案却是旅游价值大的原因,没有基于旅游资源集群和地域组合状况分析,等等。

全国高考卷的权威性和指引作用不可忽视,虽然不提倡对高考试题的过度解读,但本着实事求是、精益求精的原则,要尽量减少缺陷和失误,努力把全国卷打磨成科学、严谨、合理、规范的精品卷,为中学的教、学、考提供一个真正的标杆示范。

小农经济过时了吗 | 2016-09-13,星期二

水稻种植业的特点之一是生产规模小,但需要投入大量劳动力。有同学认为水稻种植业是小农经济,小农经济已经落后、过时了。就此,我和学生进行了探讨:在现代社会,小农经济一般被认为是落后的生产方式,但世界范围内小农经济的单位面积产出却高于大农场,在人多地少的东亚(以日本和中国为例),小农经济长盛不衰。在中国,大规模的农业经营或农业

商品化可能很难做到。由于农民拥有土地,他们对工资的要求往往较低,这使中国工业化成本比较低,小农经济在某种程度上保护了农民。我这样分析,学生清楚了,小农经济并未过时,在当下的中国仍有其存在的必要和发展的空间。

地理核心素养的关键 | 2016-09-14,星期三

美国教育家杜威认为,教育就是经验的重构或重组。《地理教育国际宪章 2016》指出,地理学习不仅赋予青少年 21 世纪的核心素养,而且引入独特的调查工具,如地图、实地考察,以及功能强大的数字通信技术。地理教学必须重视学生的实践经验,地理知识要建构在学生对地理事物的观察基础之上。因此,建立在学生独特的理解和体验之上,培养其地理实践能力成为地理核心素养的关键。培养地理实践能力包括搭建实践平台、拓展校内外教育资源、开展研学旅行等等。

神奇的"24" | 2016-09-18,星期日

中秋节放了三天假,今天补上星期五的课。我在高一(3)班讲解"时差和地方时",对时区划分的方法作了介绍:全球共分为 24 个时区,每个时区以中央经线的地方时作为本区的区时,相邻的两个时区相差 1 小时……此时王同学说,昼夜交替的周期是 24 小时;李同学补充说,一年可分为 24 个节气!这些数字难道是巧合?我向学生介绍,24 小时、24 个时区、24 个节气,它们之间是有一定联系的,当然这种巧合也有一种偶然性,这就是地理科学之美!我说:"学地理或以后搞科学研究,大家要尽量找出这些内在联系和规律,从而体会科学之美、科学之神奇!"学生纷纷点头。

防灾教育要抓紧抓实 | 2016-09-21,星期三

学习生活的首要任务应该是学会生存、求得生存,倘若连生存的基本技能都不具备,那再美好的理想都无法实现。众所周知,我国是一个自然灾害种类多、分布广且频发的国家,灾害危害巨大。在中学地理教学中,对自然灾害及防灾减灾教育应予以足够的重视。从国家层面考虑,应大力宣传和普及防灾减灾教育,在中学地理教科书中加大有关灾害及防范的篇

幅,增加灾害及防灾减灾的学业能力考查;从学校层面考虑,应定期组织学生进行常见的灾害应急疏散演练,并及时做好演练的总结反思;从教学层面考虑,教学中要向学生讲解各种常见灾害的成因、分布、危害及其防范的知识,特别是要结合当地的实际灾害案例讲解,让学生掌握防灾减灾和自救的基本技能。

能源利用新趋势 | 2016-09-27,星期二

如何缓解全球气候变暖?很多学生会想到减少温室气体排放,而改变能源消费结构、减少化石燃料使用是其重要措施之一。煤炭作为传统能源,在我国消费量呈下降趋势,国外煤炭利用情况如何呢?我在课堂上及时向学生介绍相关信息:据《中国科学报》2016年11月29日报道,芬兰将成为全球第一个摒弃煤炭能源的国家,该国政府计划到2030年禁止燃烧煤炭。芬兰煤炭发电厂正在被关停,目前煤炭仅占该国能源的8%,同时芬兰在可再生能源领域投入大量资金,风能利用发展迅速。英国和澳大利亚等也已经宣布在10年到15年里逐步淘汰煤炭的计划。虽然我国在减少煤炭使用方面取得了很大进步,但与发达国家相比还有一定差距,因此加快调整能源消费结构、推广使用清洁能源和可再生能源的步伐一刻也不能放松。

"单元活动"不可少 | 2016-10-09,星期日

鲁教版高中地理必修一第一单元"单元活动"是"辨别地理方向",有教师在教学中把这个内容省去了,因为"辨别地理方向"不在考试范围内,所以没必要讲。实际上,鲁教版地理教材每个单元之后的"单元活动"是按专题形成系列,集中开展的主题性活动,能较好地促进学生自主学习、合作学习和探究学习。如本单元的"辨别地理方向",指导学生学会通过各种途径、运用各种手段收集地理信息,学会在野外辨别地理方向的基本方法,有利于提高学生的地理学习能力和野外生存能力,满足学生认识自然、探索自然奥秘的学习需要。地理教学不能仅围绕考试,而应着眼于激发学生探索地理问题的兴趣和动机,提升学生必备的地理素养展开教学,所以"单元活动"教学不可舍弃。

重视教材插图 | 2016-10-24,星期一

插图是地理教材中重要的信息载体,将繁杂的地理信息进行科学的整合和概括,以图像和符号的形式将信息表达出来,能有效激发学生的学习兴趣,使教学内容更容易被学生接受。我在讲解"地理环境的整体性"时,引导学生看教材插图"厄尔尼诺神像"。从这个神像狰狞的面貌中,学生很容易想象出当地居民对于厄尔尼诺的恐惧,这样就引发了学生对厄尔尼诺的好奇心。在讲解"地球圈层间的物质运动"时,我让学生看教材中的"光合作用示意图",这幅图非常直观、形象,把植物光合作用的过程和原理清晰地展示了出来,学生看完图,教师稍加点拨就可解决问题。当然,教师指导学生读图时,在注意趣味性内容的同时,要关注地理学科本质的、关键的内容,而不能本末倒置。

秘鲁寒流的界定 | 2016-10-26,星期三

关于秘鲁渔场的形成原因,教材中是这样描述的:秘鲁附近海区上升流形成了秘鲁渔场。但有学生存在疑惑:秘鲁附近海区的上升流是否属于秘鲁寒流? 其实这个问题目前还存在争议。秘鲁寒流从南太平洋的西风漂流开始,经南美西岸到40°S的比安科角,折向西北,一直影响到赤道附近,总流程超过4000千米,对南美西侧干旱气候影响深远。秘鲁寒流南段(智利南部海区),副高与西风控制,海洋生物资源相当贫乏,以水平补偿流为主。秘鲁寒流中段(智利北部海区),信风与副高交替控制,海洋渔业资源季节交替,垂直上升流与水平补偿流兼有,有明显的季节变化特征。秘鲁寒流北段(秘鲁附近海区),东南信风主导,海洋生物资源极为丰富(这就是秘鲁渔场的位置),以上升补偿流为主,兼具风海流的特征。

飞鸟为何不会相撞 | 2016-11-03,星期四

下午高一地理兴趣小组进行本地风向观测,大家准时在学校操场集中。今天天气不太好,风较大,但对观测风向有利。活动中王同学问我:"人多时会发生碰撞、踩踏事件,而鸟类在飞的时候,为什么就不会相互碰撞?"他提出的这个问题很有意思,大家都笑了,我也笑了,但我也没有研究

过这个问题,于是观测活动一结束我们就一起进行了探讨。

原来,飞行时鸟群中的鸟之所以不会相互碰撞,是因为它们的视觉系统比人类发达,它们的新陈代谢和肌肉的反应速度也更快。许多大型的鸟类,如天鹅以"V"字形或梯形编队飞行,阻力能够下降65%,飞行距离可以提高70%,因为每一只鸟都处于前面一只鸟的翼尖涡流造成的上升气流中。飞行中的鸟能看到它附近的15到16只同类,但它只注意其两侧而非前后的鸟的飞行。邻近的鸟距离它的远近不重要,重要的是数量,它们只根据邻近的同类来改变飞行速度和方向,这样就能保证整个鸟群朝同一方向飞行。

地理实践力的价值 | 2016-11-08,星期二

地理实践力是人们在考察、实验和调查等地理实践活动中所具备的意志品质和行动能力。野外考察、实验、社会调查等是地理学重要的研究方法,也是地理课程重要的学习方式。

地理课程具有很强的实践性,地理实践力是理论和实际的结合点和黏合剂,它能够很好地综合体现其他三个核心素养。在实践活动中运用综合思维和区域认知,是学生感悟、体验现实世界中人地关系的重要途径。地理实践力有助于提升人们的行动意识和行动能力,能使人们更好地在真实情景中观察、感悟、理解地理环境及其与人类活动的关系,增强社会责任感。与其他三个核心素养相比,地理实践力的突出之处是较强的行动能力与坚忍的意志品质。

德国为什么离不开煤炭 | 2016-12-13,星期二

德国是一个煤炭资源丰富的国家,但是德国煤炭资源质量并不均衡,特别是质量较高的硬煤,在经历几百年的开采以后即将枯竭。德国中部煤矿出产的是褐煤,褐煤燃烧效率差,产生的飞灰多,燃烧过程中会产生大量的有害气体,是一种相对劣质的煤炭。由于硬煤开发殆尽,德国目前的硬煤消费必须从国外进口,高昂的进口费用让德国能源厂商们不得不考虑使用本土生产的褐煤。早在2010年,欧盟议会就推出了一系列欧洲短期发展计划,要求欧盟成员国2020年要比1990年减少20%的温室气体排放量,以

及使用20%的可再生能源。德国揽下了减排的大任务,主动要求超额下降40%的碳排放。在应用可再生能源方面,德国已经取得了长足进展,但德国能源转型依然任重而道远,在短时间内仍然离不开煤炭。

生物农药推广现状 | 2016-12-26,星期一

生物农药是指利用生物活体对农业有害生物进行杀灭或抑制的制剂。生物农药是害虫的天然病原体,具有严格的种属专一性,只侵染低等节肢动物害虫,对人畜等高等动物无害。生物农药不仅不破坏环境,而且能减少化学农药用量,增加农民收入,但生物农药不足我国农药份额的1%,防治面积不足农作物防治面积的10%。主要原因是我国农民已长期习惯用杀虫速度快的化学农药,而生物农药一般生效较慢,农民对环境保护和生态后效作用等社会效益并没有深切感受,而且多年来虽然我国重视生物农药研究,但产业化少,能在市场上持续稳定供给的生物农药更少。因此,国家应在政策层面和专项资金方面加大扶持推广力度,促进生物农药成果的转化。

用好"对称性" | 2017-01-03,星期二

对称性就是事物在变化时存在的某种不变性。自然界和自然科学中,普遍存在着优美和谐的对称现象。地理学中的对称也是屡见不鲜,同一日期,北半球某纬度的昼长正好等于南半球同纬度的夜长;高压中心盛行下沉气流,多晴朗天气,低压中心盛行上升气流,多阴雨天气;流水作用下的"凹岸侵蚀、凸岸堆积";城市化是人口向城市移动,而人口向郊区和农村移动就是逆城市化;等等。运用对称的观点欣赏这些地理事物,不仅能感受到美感,更是一种科学的思想方法。在地理教学中,教师应以教材内容为基础,补充相关案例,引导学生在对比、对应的过程中发现和总结对称性,提炼地理规律,这对地理学习大有裨益。

增强忧患意识 | 2017-01-04,星期三

今天我国改革开放和社会主义现代化建设取得了历史性的成就,中国特色社会主义进入了新时代。有人在成就面前开始骄傲自满、唯我独尊,

这是要不得的。"备豫不虞,为国常道。"前进道路不可能一帆风顺,越是取得成绩的时候,越要有如履薄冰的谨慎,越要有居安思危的忧患,决不能犯战略性、颠覆性错误。当前,我国正处于一个大有可为的历史机遇期,发展形势总体是好的,但面临的风险和挑战也是多方面的,面对不断变化的国际形势、复杂敏感的周边环境、艰巨繁重的改革发展任务,增强忧患意识、防范风险挑战要一以贯之,既要有防范风险的先手,也要有应对和化解风险挑战的高招,要打好化险为夷、转危为安的战略主动战,继续进行具有新时代特点的伟大斗争,时刻准备战胜一切艰难险阻,朝着我们既定的伟大目标奋勇前进!我们的教材中需要增加培养学生忧患意识的内容。

人口迁徙影响城市气候 | 2017-01-09,星期一

提到城市热岛效应,学生都知道是城市工厂、交通工具、生活等人为因素排放大量热量造成的。有没有其他因素呢?在讲解这部分内容时,我们应补充相关材料。例如,我今天向学生介绍了下列材料:

据中国科学院大气物理研究所张井勇团队的研究,春节人口迁徙会明显降低城市温度。研究结果表明,多年以来,北京春节期间城市日平均温度、日最高温度和日最低温度比20世纪90年代分别降低了0.64℃、0.34℃和0.94℃。春节期间城市温度的降低或热岛效应的减弱不仅发生在北京,也发生在中国的其他大城市。春节期间,大量人口离开大城市,减少了取暖、城市交通、电力使用等各种能源消耗,降低了人为热能的释放。另外,人口的骤减也会减少来自人体新陈代谢产生的热量,但这部分热量在城市总的人为热释放中占比很小。

了解江苏 | 2017-02-15,星期三

教材中应适当增加有关家乡的内容。2016年江苏省国民经济和社会发展统计公报已经公布,其中很多信息值得关注:

2016年江苏省经济发展总体平稳,稳中有进。全年实现地区生产总值76086亿元,比上年增长7.8%。全省人均生产总值95259元,比上年增长7.5%。产业结构加快调整,第一、第二、第三产业增加值比例为5.4:44.5:50.1,服务业增加值占GDP比重比上年提高1.5个百分点。新型城镇化建

设加快,2016年末城镇化率达67.7%,比上年提高1.2个百分点。苏中和苏北对全省经济增长的贡献率达45.3%。人口总量增长缓慢,2016年末全省常住人口7998.6万人,比上年末增加22.3万人,增长0.3%。全省人口出生率为0.976%,人口死亡率为0.703%,人口自然增长率为0.273%,比上年提高0.071个百分点。

"大数据"背景下的知识传授 | 2017-02-20,星期一

"大数据"概念给人的第一印象就是海量的数据和信息,更新速度快。"大数据"改变了人们的生产和生活,也影响了地理教育。如果将"大数据"看作资源,那么这些资源中包含着大量地理知识。与传统教材相比,"大数据"不仅量大、呈现方式多样、更新快,而且多学科性质、碎片化特征明显。同时,知识的可获得性增强,学生可通过"慕课"、在线课堂等多种平台获取知识,使学习从课堂延伸到课外,从与教师面对面交流转换为网络平台上的实时交流,在这样的背景下,地理教育不得不重新整合知识。我认为,地理教材应以人地协调观和区域认知为主线,筛选最能反映人地关系矛盾的区域进行组合,从地表系统的整体性角度,探索人地系统相互作用的机理。

教材表述准确吗 | 2017-03-09,星期四

鲁教版高中地理必修二第一单元第一节"人口增长与人口问题"中,在"人口增长模式转变"一目下有这样的表述:"很多发展中国家目前仍处于这个阶段(高增长阶段),例如东非的坦桑尼亚、肯尼亚等。"高增长阶段的显著特征是高出生率、低死亡率、高自然增长率,人口自然增长率一般达到2%以上。目前在世界上属于高增长阶段的国家并不多,主要集中在非洲和拉丁美洲的部分国家。而大多数发展中国家由于采取了控制人口增长的措施,人口的高增长已经得到控制,已进入"增长减缓阶段"。因此,教材中的表述已落后于形势发展,建议把教材中"很多发展中国家"改为"一部分发展中国家"。

提供准确的数字 | 2017-03-10,星期五

在讲解"人口增长与人口问题"时,我发现学生只知道世界人口问题是

人口数量多、增长过快、年龄结构失调等。世界到底有多少人口,教材中并没有说明。有的学生说60多亿,有的学生说70亿,我为学生提供了一个准确的数字:截止到2016年10月,世界人口已达73.62亿,地球"人满为患"已是不争的事实! 对我国的人口数量,教材中提供的是第五次(2000年)全国人口普查的数据。其实,十几年过去了,我国人口又有了很大增长,课堂上我及时进行更新:截止到2016年10月,我国人口达14.05亿,约占世界人口的19%,人口数量多是我国的基本国情。让学生清楚了解这些数字和信息,有助于提高学生对人口问题的感性认识。

不平衡不等于不合理 | 2017-03-29,星期三

我国人口分布很不平衡,基本格局是"东多西少","胡焕庸线"(从黑龙江黑河到云南腾冲的连线)是我国人口分布的一条重要地理分界线。半个多世纪过去了,我国人口分布宏观格局不仅没有改变,而且"东多西少"的现象更加突出。对这一现象如何评价? 有学生认为,人口"东多西少"会给经济和社会发展带来一系列问题,建议加大西部开发和投入的力度;也有学生说,人口分布的不平衡会造成我国地区发展差异加大,也会造成城乡差距扩大。学生说的有一定道理,人口地区分布过于悬殊确实会带来很多问题。但是衡量一个地区人口分布是否合理,人口数量是否适当,应该看人口和自然资源在一定的生产力条件下是否达到最佳组合。所谓"最佳",是指人口资源和自然资源都得到合理的开发利用,产生良好的社会经济效益,同时生态系统能够保持可持续发展的良性循环。我国东西部人口悬殊,与东西部的自然环境和土地生产潜力的巨大差异密切相关。现阶段我们不主张向西部地区大量迁移人口,盲目扩大西部地区资源开发力度和城镇建设规模,否则,在向东部"看齐"的过程中,会造成严重的环境污染和生态破坏,使西部地区可持续发展陷入困境。因此,人口分布不平衡不等于不合理,教材中应适当扩充相关内容。

中心地服务范围为何不是圆形 | 2017-04-06,星期四

我今天在高一(4)班讲解"城市体系"时提到,中心地服务范围在空间上呈六边形,中心地位于六边形的中心。有同学提出疑问:消费者购买商

品,选择最近的中心地,那么中心地服务范围不应该是圆形的吗?我引导学生对这个问题进行了如下探讨:

当某一货物的供应点只有少数几个时,为了避免竞争,供应点的距离不会太近,他们的服务范围都是圆形的(如下左图)。随着新的供应点出现,原有的服务范围会缩小,但仍呈圆形,并彼此相切。但如果每个供应点的服务范围都是圆形相切却不重叠的话,圆与圆之间就会存在空白区,这里的消费者如果都选择最近的供应点来寻求服务的话,空白区又可以分割成三部分,分别属于离其最近的供应点。这样,其边界的连线,形态上就是一个六边形(如下右图)。

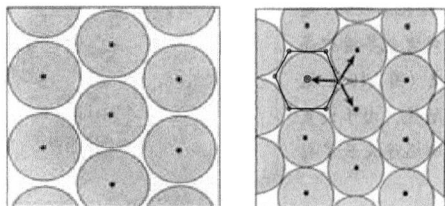

跨学科学习 | 2017-04-10,星期一

近年来,课程教学有了新动向,如芬兰"基于现象的教学"、上海"跨学科教学"、山东的 UDP(Understanding Development Practice)教学改革等等,这些课程共同呈现了"跨学科"这个关键词。比如,在基于现象的教学项目中,学生可以同时与来自好几个学科的老师进行互动,这是一种将能力培养和科目教学相结合的新式教学法。"跨学科"不是为了迎合学生的表面兴趣,牺牲学科逻辑的力量,把几门学科零散知识拼凑而成。相反,真正的"跨学科学习"是通过建立学科与学科、学科与生活的内在联系,来促进学生的学科思维与学科理解。通过"跨学科学习",让学生至少对一门学科产生内在兴趣,并深入钻研与掌握,由此促进学生学科理解能力的持续发展,这是"跨学科学习"的重要价值。

海陆风的形成 | 2017-04-20,星期四

海陆风是受海陆热力性质差异影响而形成的大气运动形式。由于陆地的比热容比海水小,白天在太阳照射下,陆地升温快,气温高,空气膨胀

上升,近地面气压降低(高空气压升高),风由海洋吹向陆地形成"海风"。夜晚情况正好相反,由于海水的比热容大,热量散发慢,近海面气温高,热空气上升,气压降低,所以风由大陆吹向海洋形成"陆风"。(如下图)

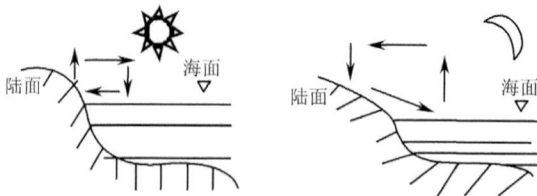

当然在沿海地区也不是天天都刮海陆风,一般在夏天刮得较多,而且海风一般要比陆风强,因为白天海陆温差大,加上陆地气层较不稳定,所以有利于海风的发展,而夜间海陆温差较小,所波及的气层较薄,陆风也就弱些。滨海一带温差大,海陆风强度也大,离海岸越远,海陆风逐渐减弱。

课堂生成性资源的产生 | 2017-05-04,星期四

教学是意义建构与生成的过程,课堂生成性资源正是在师生互动中产生的,其形成离不开一定的情境。如在讲授"洪涝灾害的成因"时,我们常利用整体性思想分析水的"来"和"去"("来"指输入,"去"指输出),具体如下:

影响水输入的因素:①地形——上游坡陡,水流速度快;②气候——降水集中,降水量大;③水文——扇形水系,水量大;④植被——植被破坏,涵养水源能力差;等等。影响水输出的因素:①地形——下游低洼,排水不畅;②水文——下游入海支流少,河道弯曲,排水不畅;③植被土壤——土质疏松,植被破坏,下游泥沙淤积;等等。在实际教学中,学生提出可以用另一种思路来分析问题,如"输入"主要考虑"降水""凌汛""冰雪融化","输出"主要考虑"蒸发""地势""冻土"等。这种新的课堂生成资源,有利于拓宽解决实际地理问题的思路,培养学生的创新思维能力。

关于教材内容的商榷 | 2017-05-05,星期五

鲁教版高中地理必修三第一单元单元活动"学会分析区域差异"中,有这样的表述:"长江流经我国地形的三大阶梯,贯穿东部、中部和西部三个经济地带。"乍一看没问题,仔细分析,此句有不妥之处。长江自西向东流

经我国地形的第一级阶梯、第二级阶梯和第三级阶梯,自西向东依次贯穿西部、中部和东部经济地带,这是从长江的流向进行介绍的。而教材中的表述"贯穿东部、中部和西部三个经济地带",给人的印象是长江在自东向西流动,这与长江的流向是相反的。所以此句改为"贯穿西部、中部和东部三个经济地带"更严谨、准确。

蒜薹为何不值钱 | 2017-05-09,星期二

时下正是射阳蒜薹收购的旺季,但是今年蒜薹收购的价格一路下跌。批发价从5月4日的每斤2.5元,到5月6日的每斤2元,再到5月8日的每斤1元以下,出现了历史同期罕见的蒜薹滞销现象,许多商贩甚至不愿收购,菜贱伤农已成定局。为何今年蒜薹不值钱?许多学生说,今年大蒜种植面积扩大,产量远远超过了市场的需求,也超过了客商的收购能力。这是事实,射阳是中国的蒜薹之乡,由于去年蒜薹价格走高,今年大蒜种植面积大幅增加,耦耕、千秋、临海等镇大蒜种植面积创历史新高。而去年入冬以来气温偏高,各地蔬菜品种增加,长势良好,供应提前,市场供应充足,因此造成蒜薹价格走低。

气候与自然带的关系 | 2017-05-19,星期五

气候在自然带形成过程中起到了至关重要的作用,但在同一种气候区,因为非地带性因素的影响,会产生不同的水热状况,所以自然带有可能不同。例如,印度半岛为热带季风气候,由于受到西高止山的影响,半岛内部位于西南季风的背风坡,降水显著减少,形成热带草原带;山脉西侧地处西南季风迎风坡,降水多,则形成了热带雨林带。

同理,不同区域即使气候类型不同,自然带也可能相同。例如,伦敦、莫斯科、北京三地气候类型完全不同,自然带却是相同的,均为温带落叶阔叶林带。其原因在于,三地气候类型虽然不同,但热量条件差异较小,降水量差异也不大。

179

人口政策的调整 | 2017-05-25,星期四

据中国财经网2017年5月23日报道,2016年我国儿童(0~14岁)占总

人口比重为16.6%,比60岁及以上人口占总人口比重低0.1个百分点,儿童人口占比首次低于老年人口占比。这是我国人口年龄结构出现的一个新变化,说明我国人口老龄化进一步加剧,生育率持续下降。全面两孩政策实施以后,育龄人群总体生育二孩的意愿不高。2016年全年出生人口1786万人,虽然是2000年以来出生人口最多的一年,但也只比2015年增加了131万人,低于预期。从目前育龄高峰期妇女数量锐减和生育意愿不高的实际情况来看,有必要及时调整人口政策,鼓励愿意生育的人群,减轻他们养育孩子的负担。另外,教材中相关知识应予以更新。

教材内部的优化整合 | 2017-06-09,星期五

教材二次开发时,应深入分析教材内在的逻辑结构体系、编排次序及深层的文化内涵,然后进行合理的整合。如鲁教版高中地理教材将"地理信息技术的应用"内容分解为"遥感技术及应用""地理信息系统与城市管理""学用电子地图""全球定位系统与交通运输"和"走进数字地球"五个部分,分散于三本必修教材中,前后联系松散,不利于学生知识体系的构建。这就需要将五部分内容重新整合,优化知识演绎和生成的逻辑顺序,使之更有系统性和整体性。再比如,有教师提出,必修二中"农业生产与地理环境"与必修三中"农业与区域可持续发展"都是围绕农业主题展开的,可以予以合理整合,我认为这是个很好的建议。

教材之间的优化整合 | 2017-06-12,星期一

现行全国性高中地理教材主要有人教版、鲁教版、中图版和湘教版四种,各版本各有特色,各有长短。在教材二次开发时,可根据实际需要,对不同版本教材进行选择性整合,取长补短,以发挥教材的最大功效。如四个版本中"资源的跨区域调配",在教学案例的选取上有较大差别,共涉及四个案例。比较分析各案例发现,我国"西气东输工程"案例最为典型,知识元素体现最为全面,最有利于学生思维模型的构建。教材二次开发时,可选择"西气东输工程"作为教学案例,其他案例作为拓展延伸,以提高学生对知识的迁移运用能力。这样的例子还有很多,值得我们去探索研究。

地理学的最新定义 | 2017-06-15,星期四

在《地理教育国际宪章 2016》中,地理学被定义为:地理学是关于地球和地球上自然环境、物理环境和人文环境的研究。地理学使得从地方尺度到全球尺度研究人类活动及其相互关系、人类与环境之间的相互作用成为可能。地理学经常成为自然科学和社会科学的桥梁,它是唯一关注空间分异的科学,如现象、事件和过程在不同地方的变化。这个界定淡化了区域地理学的影响,转向了人文主义地理学,而 1992 年宪章所界定的地理学概念有明显的区域学派痕迹。人文主义地理学基于对实证主义非人化情感研究的批评而获得方法论立足点,构建有人的世界,并以此来获取对世界的认识。人文主义地理学认为地方不仅是需要在空间框架内解释的事实,而且是需要从给予其意义的人们立场上分类和理解的实体。了解地理学的最新定义,有助于我们把握地理学发展的最新动态,及时更新教育观念,更好地推进地理教育。

防灾意识根植内心 | 2017-09-04,星期一

2017 年 8 月 23 日,当强台风"天鸽"袭击广东中山时,一男子试图用身体支撑在狂风中摇摇欲坠的货车,结果被压身亡;另有一女子在台风来临时骑行于马路上,不幸被路边倒下的大树砸中,抢救无效死亡。我们对逝去的生命感到惋惜,同时也感叹:如果这两人都有一定的防灾意识,在台风来临时立即寻找安全地带保护自己,也不致酿成悲剧。我认为,防灾意识比防灾措施更重要,无论是国家、学校还是教师层面,所做的都需要落到实处,让灾害与防灾意识扎根到学生的内心深处,成为学生生命的一部分。地理教师一定要让学生从一开始就将防灾意识深深地根植在内心深处,并时时提醒自己要保护生命。当遇到天灾降临的那一刻,正确的判断会做出正确的行动,正确的行动会挽救人的生命。

"地球生态超载日"日渐提前 | 2017-09-08,星期五

"地球生态超载日"的计算始于 1986 年,这个日期反映了全球生态足迹(即人类从地球获取的资源)和生态承载力(即地球生产资源和吸收人类制

造的垃圾的能力)之间的对比。在20世纪80年代,"超载日"一般发生在11月;到1993年,这个日期提前到了10月;而在2000年之后,又提前到9月,2016年的"地球生态超载日"是8月8日,而2017年的"超载日"比以往任何一年来得都要早。世界自然基金会在一份声明中说:"截至2017年8月2日,我们已经用尽了地球在一整年内可再生的自然资源总量。"这意味着人类在2017年12月31日之前将过着生态"透支"的生活。有专家分析,要生产与人类的消耗速度和日益增长的人口相匹配的足够的自然资源,我们需要1.7个地球。教材中应增加相关知识,以培养学生的忧患意识。

墨尔本——世界最宜居城市 | 2017-09-11,星期一

2017年8月,澳大利亚的墨尔本连续第七年被英国经济学人智库评为"世界最宜居城市"。《2017年全球宜居报告》按照生活条件的好坏对140个城市进行了排名,排名顺序是依据30个定性和定量因素进行打分计算出来的,这些因素包括医疗保健、教育和基础设施等。排名前10名的城市依次是澳大利亚墨尔本、奥地利维也纳、加拿大温哥华、加拿大多伦多、加拿大卡尔加里、澳大利亚阿德莱德、澳大利亚珀斯、新西兰奥克兰、芬兰赫尔辛基和德国汉堡。

2017年,墨尔本以97.5分再次登顶,源于它在医疗保健、教育和基础设施方面拿了满分,在稳定性、文化和环境方面也超过了95分。奥地利的维也纳仅以0.1分之差与榜首失之交臂。

谈谈隐性课程 | 2017-09-15,星期五

传统教育中,显性课程受到了极大的重视,以致忽视了隐性课程的存在。隐性课程也称非正式课程、非官方课程或隐蔽课程,它是指学校政策及课程计划中未明确规定的、非正式和无意识的学校学习经历和体验。1968年,美国学者杰克逊在《教室生活》一书中首次提出了隐性课程的概念,此后越来越多的学者开始研究隐性课程,并影响到学校的课程改革。现代课程改革首先是课程观念的革新,其中一个重要方面就是把隐性课程作为学校课程的重要组成部分,纳入学校课程范畴。隐性课程是非计划、非预期和无组织的,随机性强,师生不自觉地融入和接受。学生从隐性课

程中获得更多的是非学术性的知识,如价值观、态度、行为方式等等。只有当显性课程和隐性课程相互补充、密切配合时,课程的育人功能才会达到最佳效果。

隐性课程的表现形式 | 2017-10-10,星期二

隐性课程有多种表现形式,主要包括:校园环境,如绿化、雕塑、建筑风格、规划布局等;规章制度,如行为规范、各项守则等;学校文化,如校歌、校训、校史、校徽、教风、学风、考风等;校内课外生活,如文体活动、兴趣小组活动、展览、讲座等;人际环境,如教师之间、学生之间以及师生之间的关系、交流等。隐性课程对学生的健康成长和良好品格的形成有重要影响,但长期以来我们对隐性课程的开发和建设是不够的,有的地方教育部门和学校甚至把隐性课程给遗忘了,相应的教育效果评估标准研究也很缺失。

"地动仪"需退出地理教材 | 2017-10-24,星期二

如果有学生问你:地震预报难吗? 我国古人发明的地动仪不就能预报地震吗? 你怎么回答? 事实上,在我还是学生时就产生过这种疑问。在2017年秋投入使用的初中历史七年级上册教科书中,关于张衡和候风地动仪的内容被删除。由此,以"直立杆"为理论基础制作的地动仪开始淡出青少年的视野。

其实在历史上,张衡的地动仪既没有真正出土过实物,也没有图片。以前课本上的图片,只不过是考古学者王振铎在1951年设计出的"候风地动仪",而依据仅是《后汉书》中的196个描述性文字。1976年,复制的地动仪未能感应当年发生的唐山大地震,严重削弱了其可信度。此后学者研制了更加合理、可靠的"候风地动仪"模型,但王振铎制造的模型一直存在于教科书中,成为"地动仪"的标准模样。为此,有专家提出让有争议、不准确的"地动仪"相关内容退出教材的建议。这次终于在全国的历史教材中得到调整。但在地理教材中相关表述还没有改变(如鲁教版高中地理选修五《自然灾害与防治》第四单元),我们期待教材再版时能得到更新。这样,教材的严肃性与科学性才能得到应有的维护。

乡村振兴战略 ｜ 2017-10-30,星期一

党的十九大报告提出实施乡村振兴战略,要坚持农业农村优先发展,按照产业兴旺、生态宜居、乡风文明、治理有效、生活富裕的总要求,建立健全城乡融合发展体制机制和政策体系,加快推进农业农村现代化。中国是一个典型的农耕文明国家,在广大乡村有文化之根。我国农业现代化不可能是土地规模型高度机械化的农场模式,而必须走多样化、适度规模、有机化和"一村一品"为主的绿色发展道路。当城镇化率超过50%的时候,传统的农村乡土文化、田园风光、农业景观就会成为稀缺资源,广大农村将成为一部分人口返乡旅游、居住和创业的热土,城乡之间生产要素的双向流动能增强中国式农业现代化的韧性。教材相关章节应补充这一内容。

"弃水电"为何愈演愈烈 ｜ 2017-11-07,星期二

在学生的"同步训练"中,有这样一段材料:

"十二五"期间四川水电装机年平均增长18.1%,相当于每两年就投产一座三峡电站。但随着全国电力需求放缓,电力供给出现了阶段性过剩,直接导致西南"弃水电"逐渐扩大。2016年,四川"弃水电"已达142亿千瓦时。

学生迷惑了,水能是清洁能源,优先发展水电可减少大气污染,现在为何出现"弃水电"? 对这个问题,我结合材料和大家一起分析:"弃水电"背后其实是清洁能源跨区配置的能力与体制存在诸多矛盾。2016年,四川跨省区电力调配能力已达到2850万千瓦,位居全国第一,但四川有超过8000万千瓦的电力装机和近3000万千瓦的省内负荷,外送能力依然不足,这就造成了"弃水电"现象的发生。针对多数水电资源远离我国负荷中心的现实,应继续坚持"西电东送"战略,并从政策层面出台相关举措,落实清洁能源配置"全国一盘棋"。

秦朝的"铁路" ｜ 2017-11-14,星期二

我国考古界曾惊奇地发现,在河南南阳的山区里竟然有古代的"铁路网"。经专家鉴定,这是2200多年前的大秦帝国的遗存。当时的"铁路"原

理和现代铁路无异,还是复线,只是车子不是用蒸汽机牵引,而是用马力拉动。秦朝的"铁路"是用木材铺设的,做轨道的木材质地坚硬,经过了防腐处理,至今保存完好。不过枕木已经腐烂,显然没有经过防腐处理,材质也不如轨道坚硬。专家认为这是有意选择的,较软的枕木可以和夯筑得非常坚硬的路基密切结合,从而使轨道平稳。经过测量,秦朝的"铁路"枕木之间的距离竟然正好和马的步子合拍。马匹一旦把车拉到了轨道上,就可以快速奔跑。由于使用轨道,摩擦力减小,马一次可以拉很多货物,效率很高,这不能不说是一个创举。这个庞大的"铁路网"是秦始皇灭楚国时修建的,目的是后勤补给。而秦朝末年的连年战争,给"铁路网"造成了很大破坏,汉朝由于缺少马匹,"铁路"也被逐渐荒废了。

学科核心素养研究存在的问题 ｜ 2017-11-16,星期四

自2016年以来,对地理核心素养的研究如火如荼,研究内容从理论向实践逐步延伸,相应的教学设计、教学案例不断涌现,但我发现其中有一些值得反思和探讨的问题。一是从课程内容看,核心素养的教学设计或案例普遍围绕区域地理和人文地理的部分章节,很少涉及自然地理教学内容,课程内容研究不全面;二是从学段看,地理核心素养的文献研究主要集中于高中地理学段,涉及初中地理的很少,在学段研究上存在失衡;三是从概念使用看,诸多研究文献都冠有学科核心素养的"帽子",但有的内容与核心素养研究关联度很小,显示出盲目追捧热点地理概念的倾向。

我认为,地理核心素养是学科育人价值的集中体现,是教师教学的依据和学生学习地理的主线,可被理解为长远的地理课程目标,其培育是一个长期、连续的过程,并不能一蹴而就。我们对地理核心素养研究要有客观、准确的理解和把握。

推进绿色发展 ｜ 2017-11-17,星期五

习近平总书记在十九大报告中指出,加快建立绿色生产和消费的法律制度和政策导向,建立健全绿色低碳循环发展的经济体系。构建市场导向的绿色技术创新体系,发展绿色金融,壮大节能环保产业、清洁生产产业、清洁能源产业。推进能源生产和消费革命,构建清洁低碳、安全高效的能

源体系。推进资源全面节约和循环利用,实施国家节水行动,降低能耗、物耗,实现生产系统和生活系统循环链接。倡导简约适度、绿色低碳的生活方式,反对奢侈浪费和不合理消费,开展创建节约型机关、绿色家庭、绿色学校、绿色社区和绿色出行等行动。教材中应增加相关内容,培养学生绿色发展理念。

美丽中国,路在脚下 | 2017-11-20,星期一

十九大报告提出,把我国建成富强民主文明和谐美丽的社会主义现代化强国。我们要建设的现代化是人与自然和谐共生的现代化,既要创造更多物质财富和精神财富以满足人民日益增长的美好生活需要,也要提供更多优质生态产品以满足人民日益增长的优美生态环境需要……在富强民主文明和谐之后增加"美丽"二字,强调人民日益增长的优美生态环境需要。这些新变化、新论断,让国家战略的宏大叙事与民众生活的日常关切同频共振,令人憧憬,也体现了新时代党和国家在经济建设、生态保护、民生改善等方面发展思路和理念的转换。这些发展思路和理念需要渗透在教材中。

"学科本位"服从于"学生本位" | 2017-11-22,星期三

有专家认为,地理教学要突出"地理味",不能变成"五味俱全"的内容拼凑。对此我有不同看法,地理的"学科本位"是其区别于其他学科的特色,是地理学科存在和发展的"立足之本",但教学中我们面对的是学生,如何让他们学习地理知识、掌握地理技能是我们要研究的问题,地理教学应与其他学科相融合和渗透。各门学科相互交融使得界限模糊,但这样更有利于学生理解、掌握和运用各学科知识和规律,而如果沿用"学科本位","独善其身"反而会阻碍学生的学习和发展。国外课程改革的方向之一就是淡化学科界限,建立融合性和综合性的教学体系,如号称世界教育第一的芬兰,其"现象教育"强调学科融合和润物细无声的引导,激发学生的学习自主性,作为常态化的教学模式,引人瞩目。这种改革的出发点是学生的认知发展,过去那种强调学科教学的模式已不适应人才培养的要求。所以在教学过程中,"学科本位"应该让位于"学生本位",围绕学生的需求和

成长去进行教育改革,这应该是课程改革的方向。

这样表述准确吗 ｜ 2017-12-11,星期一

鲁教版高中地理必修一第四章第二节"自然灾害与人类",以洪灾为例介绍了其发生的原因、危害以及防治的措施。教材在"认识洪水和洪灾"一目中有如下的表述:

> 洪水造成的危害是巨大的。大洪水可冲毁房屋、道路和桥梁,淹没农田、村镇和工厂,造成工业、农业的损失,以及人畜的伤亡,有时甚至会引起瘟疫和传染病的暴发。

什么是洪水? 洪水是河流水位超过河滩地面出现的溢流现象的统称。"溢流"规模有大有小,不是所有洪水都产生危害,如果洪水发生在无人区,即使规模大,对人类不构成危害,也不能算是"灾害"。洪水只有溢出或者冲垮河岸、湖岸,对人类生产和生活带来损害,才能称为洪灾。因此,讲到洪水的"危害"说的就是洪灾,此段第一句改为"洪灾造成的危害是巨大的"更准确。

阿贡火山爆发 ｜ 2017-12-15,星期五

近日印尼阿贡火山活动频繁,2017年11月25日下午5点30分,阿贡火山猛烈喷发,大量灰黑色火山灰喷发到1500米高空,之后火山灰上升至4000米。12月13日,阿贡火山持续猛烈喷发,爆发指数已达4级,火山灰稳定在1000~2500米高空。阿贡火山频繁喷发引起世界关注,火山喷发除带来大量灰尘外,还可能给地球带来一次"降温"。阿贡火山上次爆发是在1963年3月,喷出的火山灰在4000米高空弥漫全岛,此后全球气温下降0.1~0.4℃。当时火山爆发时喷出大量灰尘和二氧化硫,随后形成大量硫酸液滴漂浮在地球上空,阻挡太阳紫外线照射,并造成了冷却效应。不过,专家表示,降温效应不会持续很长时间,对人们生活影响不大,大部分人甚至感知不到温度变化。

"乡愁"教育的地理意义 ｜ 2017-12-26,星期二

《普通高中地理课程标准(2017年版)》指出,要使学生强化人类与环境

协调发展的观念,提升地理学科方面的品格和关键能力,具备家国情怀和世界眼光。家国情怀的培养落实到教学中,即让学生通过认知和体验某一区域(大到城市和国家,小到乡镇街道)的地理景观,获得直接或间接的认知经验,并能够将区域内的要素进行重新组合和完整构建,并在此基础上将对家乡和国家的认知转化为归属感和依赖感,以及发自内心的热爱。家国情怀包括国家意识和乡土情怀,乡土情怀即对家乡的热爱。我国幅员辽阔,多样的地理环境创造出多姿多彩的地域文化,对学生家国情怀的培养应首先从对家乡的情感开始。学生只有在心中对家乡有眷恋和思念之情,才会有民族自信和对国家的自豪感,才能在日后为国家建设贡献力量。可见,在"立德树人"成为教育根本任务的今天,对学生进行"乡愁"教育有着重要的意义。

中国正在"减肥" | 2017-12-27,星期三

长期以来,中国积极发展化肥生产,2015年,中国成为世界化肥使用量最高的国家,是全球平均用量的3.4倍。适量使用化肥促进了农作物增产增收,但过量使用会造成土壤板结,环境污染,农作物品质下降。为了健康,必须要"减肥","减肥"最直接的目标是保护生态环境,提高农产品品质。2015年,中国提出"化肥零增长"的目标,力争到2020年,主要农作物化肥使用量实现零增长。2017年末,农业部传出消息,这个目标提前三年实现了,农药使用量已连续三年负增长,化肥使用量实现了零增长,这是我国农业生产的一次转折。

师生关系反思

真正思考的人，从自己的错误中吸取的知识要比从自己的成就中吸取的知识更多。

——约翰·杜威

课堂是情感场 | 2014-01-08，星期三

我校大部分学生来自农村，文化基础相对薄弱，且其中顽皮、任性的学生多，有老师对这些学生采取"高压"的措施，课堂上板着面孔，强力"灌输"知识，对违反纪律的学生严厉批评。我认为要调整一下教育方法，学习环境、学生素质一时难以改变，但我们对学生的态度可以转变，换一种方式处理问题效果可能会不一样。课堂是情感场，以"威严"的姿态居高临下、教学方法固化、对待学生"冷冰冰"的教师，不容易获得学生的喜爱。相反，那些善于交流、对学生友好、幽默感强的教师，课堂上总是充满欢声笑语。师生之间没有了心理距离，教学就先成功了一半。教师幽默的讲述比平淡的讲述更有吸引力，它会使学生在轻松的氛围中理解和掌握知识，更会激发学生学习的热情。

导师变学友 | 2014-01-09，星期四

教学是教师的教和学生的学之间互相促进、共同提高的双边活动和过程。教师比学生更需要学习，因此教师必须是真正善于学习的人。过去，学生的学习活动主要在课堂；现在，互联网让学习变得更加便捷，网络上的各种信息、课程以及手机客户端的各种学习软件拓宽了学习渠道。有些教师感觉学生越来越难教了，实际上是因为教师的学习没有跟上时代，没有跟上学生成长的节奏。因此，教师必须扎扎实实地向书本学、向专家学、向同事学、向学生学。教师不仅要成为学生的良师，还要成为学生的学友。丰富的课程资源、多样的学习方式，这样的课堂上，教师不再是导师，而是学友，把学生带到知识的海洋，和他们共同学习、一起成长。

用发展的眼光看待学生心理问题 | 2014-02-25，星期二

有研究认为中小学生存在心理障碍的比例非常高，这种状况令人关注，也令人质疑。学生在学习与成长过程中必然会表现出一些伴随年龄特征的心理问题，这些问题不应该被简单理解为心理障碍。教师要了解学生心理发展理论，认识学生的心理发展规律，熟悉不同年龄阶段学生心理发展特点，并在教育教学实践中冷静对待学生的心理问题。教师要认识到学

生是处于发展过程中的人，学生的本质特征之一就是不成熟。学生当前存在一些问题并不意味着将来会出现问题，教师要相信每一个学生都蕴藏着巨大的发展潜能，都是可以通过教育获得成功的。教师只有把学生视为发展中的人，才能正确对待学生的心理问题，从而有效指导学生心理健康发展。

借"机"发挥 | 2014-03-03，星期一

今天在高一（2）班上第七节课，上课约莫20分钟时，我的手机突然响了。课前不是关机了吗，怎么响了？我立刻拿出来关掉，可学生却说："去接吧，去接吧！"我犹豫了一下，走出教室回了电话，原来是一个同事打来的，他问我今晚学校的浴室是否开放。回到教室，我把这事说了，同学们都笑了。教师在课堂上是不能接打手机的，这是学校规定，我平时上课一般不带手机，今天发生这个情况实属意外，责任在我。回了电话，如果不向学生说明，进来关门就上课，学生可能会"憋得慌"，因为这是第七节课，学生已经很累了，不如借"机"发挥，向学生解释一下，顺便让他们放松一下。课堂适当的"打岔"或"小插曲"好似一味"调味品"，可以调节课堂气氛。

从失误中"站"起来 | 2014-03-04，星期二

课堂提问不一定要次次都选优等生，有意识地叫一些后进生回答问题，这些问题可以是教学的重点、难点或容易忽略的地方。他们的回答可能会出现思维和认识上的差异，这些差异可能带有普遍性，教师通过后进生的回答可以了解他们的学情，对答错的地方，及时纠正，再次强调，让学生不仅知其然，而且知其所以然，找到问题的症结，加深对知识的理解和记忆。另外，有的学生上课会做小动作、讲话或精神不振，这会影响课堂教学的气氛，教师有意识地提问，让这些学生回答，可以起到"警告"的作用，从而吸引学生的注意力。

多一些"雪中送炭" | 2014-03-06，星期四

我任教的每个班都有几个学习困难、封闭自卑的学生。如高一（5）班的施同学，课堂上他听不懂老师讲什么，回答问题时无话可说，课后作业应

付了事,在班级也极为沉闷。新学期开始,我找他谈过两次话,了解他的基本情况,鼓励他好好学习,告诉他对自己要有信心,要有勇气。我帮他辅导地理,从最简单的知识入手,每天学一点、进步一点。最近他上课积极多了,课堂上能回答一些问题,而且和同学的交流也多了。像他这样的学生,各个班级都有,而且很容易被忽略,因此成绩可能会越来越差。其实,从育人的角度来说,他们最需要老师的关爱,最需要别人的帮助。他们前进的步伐可能并不快,有时甚至令人泄气,但是只要你给他阳光,给他温暖,他就会向好的方向发展。凡是给学生关爱的人,学生会记住一辈子。

站在学生的角度去"品课" | 2014-03-07,星期五

品课比听课、观课、评课、议课层次更高,其视角是多层面、多维度的。在品课的过程中,我们要将自己的视角不停地转换,从不同的角度来品味、审视课堂。我最看重从学生的角度细细品味:在所学的课程中他们最感兴趣的是什么?最受启发的是什么?印象最深的是什么?学会了什么?还有哪些不清楚?他们的学习技能提高了多少?他们掌握了哪些学习方法?养成了哪些好的学习习惯?他们的道德情操和思想品质是否得到了熏陶与提升?深入探讨这些问题,品课就会有很大收获与启发。

及时正面提示 | 2014-03-11,星期二

今天在高一(2)班上课,坐在最后排的王同学不停地与同桌讲话,我没有训斥他,而是及时进行正面提示:"王同学,请注意,要认真听讲!"听我这么一说,王同学脸红了,有所收敛。通常,在非语言暗示不能奏效的情况下,简单的语言提示有助于把学生拉回到正常学习中来。教师在学生犯规之后要马上给予提示,延缓的提示通常是无效的。另外,应当正面提示学生遵守规则,做你想要他做的事,而不是纠缠他正在做的错事。与反面提示相比,正面提示表达了对其行为的积极期望,效果会更好。

"教师寄语"的好处 | 2014-03-24,星期一

上午第三节课去听刘老师的公开课"工业地域的形成",有个细节我印象很深,那就是在每个教学环节的开始,PPT上都会展示一句"教师寄语"。

例如,刘老师在交流学生课前预习成果时,展示教师寄语"读书之法,在循序渐进,熟读深思";在分析工业地域形成过程时,展示教师寄语"我思故我在"。初看这些"寄语",似乎与教学内容无关,但这是以人为本教学理念的体现,让学生倍感课堂的人文关怀,使知识传授不再过于单调和生硬。以前曾有老师在课前送学生一句"名人名言",这与刘老师的"教师寄语"有异曲同工之妙。

挖掘学生的优势 | 2014-03-27,星期四

霍德华·加德纳的多元智能理论认为,每个人都不同程度拥有9种智能,但其组合不同,其智能水平也无法比较。因此,每个人都是聪明的,但聪明的领域和性质有差异。教师不应把学生的差异性看作教学负担,而应视为一种值得尊重和挖掘的资源。心理学研究表明,每一个学生都有很大潜能,都有成为优秀者的愿望。只要没有受到压抑,他们的优势就能发挥出来。因此,教师要尽可能创造条件让学生个性中的优势得到发展,调动其主动性,充分发挥其潜能和专长,以优带劣,以长补短,不断向成功迈进。尤其是对学困生,教师更应挖掘其优势,并适时鼓励,增强其学习的信心,促进其智力发展。

友善教育点滴 | 2014-04-09,星期三

课堂上教师不能仅仅讲解教材内容,还要融入友善、同情、关爱生命等情感。教师要让人性的光辉感染学生的心灵,让他们的精神接受洗礼,性情受到熏陶。比如,今天在讲解"可持续发展的基本内涵",提到公众参与可持续发展问题时,我"以身说法":每次去超市购物,我都自带塑料袋或布袋,不管超市方便袋是否收费,我都这样做,而且坚持了10年。随手关灯,节约用电,办公室的日光灯,只要人离开,我一定会把它关掉。经过"人走灯亮"的教室或办公室,我也一定会上前把灯关掉,这不是"多管闲事",而是现代公民应有的素质。学生听我这样介绍,啧啧称赞。我欢迎学生监督我,也希望大家彼此监督,争做节能环保卫士。我相信,学生感受到了友善的真情和力量。

提高处理"问题行为"的能力 | 2014-04-15,星期二

中学课堂往往隐藏着一些不利于教学的因素,如学生上课走神、打瞌睡、玩一些小把戏等等,这种妨碍教学、干扰学习的行为,我称之为"问题行为"。对一般性的"问题行为",不要轻易使用"语言批评",施行"语言禁令",更不要大声训斥或花几分钟进行特别处理,因为犯一些小错误是一些学生的"天性",你不必为此大动肝火。有时只要给出一定的信号就能奏效,比如,学生做小动作时,教师突然停止讲授,做小动作的学生会不由自主地抬头观望,当他正想弄清老师的声音为什么突然消失时,发现老师正用严肃的目光注视着他,他一般会停止"问题行为"。教师也可以对其提问,学生支支吾吾答不出的时候,再借机予以警示,这样的警示"有理有据",学生往往心悦诚服。

选好课代表 | 2014-04-16,星期三

课代表是学科老师教学的重要助手,选好、用好课代表是学科老师的重要任务。一般来说,课代表要选择学习态度端正、学科成绩较好、能力较强的学生担任,那些丢三落四、顽皮又不肯学习的学生是当不好课代表的。课代表选出后,学科老师要和他进行一次深入谈话,对课代表工作作出详细交代和安排,如作业布置、作业收发、督促大家学习等等。更重要的是,学科老师要让课代表深刻领会到自己是联系同学与老师的一座"桥梁",对大家在学习中存在的迷惑、学习中的困难、对老师的建议等要及时反映给老师,而老师的想法和意见也要向同学传递。与其他同学相比,课代表在学科老师面前应该更敢讲真话、说实情,应该能就真实学情与老师进行深入交流和探讨。

学会倾听 | 2014-04-21,星期一

地理课堂的倾听,是对地理问题进行分析思考、参与讨论和积极评价的起点。没有倾听,就没有思维的碰撞;没有思维的碰撞,课堂教学培养学生思维品质的目标就难以实现。例如,学习"城市化对地理环境的影响"时,我首先以角色扮演的方式开展交流会,活动话题有三个:①如果你是射

阳县环保局局长,怎样才能让射阳县的天更蓝?②如果你是射阳县交通局局长,怎样才能让射阳县的交通更通畅?③如果你是射阳县住建局局长,怎样才能把射阳县打造成宜居城市?教师在倾听学生的发言、讨论和思维碰撞后,选择学生讨论生成的、有疑惑的、适合教学的内容作为思维延伸的载体,帮助学生突破思维障碍,提升思维能力。

学生为何对我热情 | 2014-04-25,星期五

高二(1)班郭同学学习认真,对自己要求很严格,成绩也不错,但在3月份的学业水平测试中地理未能过关,老师们感到十分意外和惋惜。考试过后,她并没有消沉,见到我总是热情地打招呼,有时我倒不太好意思,感觉似乎欠她点什么。地理没考好,为何还对老师热情?可能在她看来,老师一直在关心她、帮助她,尽管没考好,但她对老师还是心存感激的。苏霍姆林斯基说过,学习、上课、完成作业、经常得到分数——这一切绝不应当成为衡量、评价一个人的唯一的、概括一切的标尺。我深深感到,用分数来衡量一个人,不仅片面,而且后患无穷。为学生引路,尽力帮助每个学生,给他们信心和力量,使学生感到自己并不低人一等,这是教师要坚持做的事。

把爱洒向每一个学生 | 2014-05-20,星期二

王某是高一(2)班的学生,坐在教室的最后一排,他性格孤僻,寡言少语,和同学时不时发生一些小矛盾,目光中时常充满愤怒和仇视。他头脑聪明,但经常不交作业。今天上午,王某又惹事了,我走进办公室时,只见王某站在刘老师面前,抿着嘴,紧攥着拳头,目露凶光地看着刘老师,刘老师也怒气冲冲地面对着王某。见我进来,王某大声嘶吼:"他冤枉我,我没有犯错……"

我把王某带到楼下办公室,让他坐下,问他到底发生了什么。王某把一肚子"怨气"说了出来,说到最后,他竟然哭了。他告诉我,父亲在上海打工,很少回家,母亲整天玩牌、逛街。听了他的诉说,我很震惊,缺少父母关爱的孩子,能不出现问题吗?我带着同情和理解与他促膝谈心,又把情况和刘老师进行了交流。在随后与王某父亲的交流中,刘老师坦然指出了他们在孩子教育中的缺位。一段时间后,虽然王某偶尔还是出现一些小问

题,但表现比之前好多了,见到老师也能主动打招呼。

何谓好老师 | 2014-05-29,星期四

认定好老师的标准很多,但我认为学生认可的老师就是好老师。一位好老师可以做到和学生无话不谈,和学生打成一片。如果老师能走进学生的心里,真正地关心他们、爱护他们,那么学生自然会听老师的话。你不会打篮球,要试着和学生一起打;你五音不全,也要和学生一起唱,有时候出点丑反而换来意想不到的效果。师生关系融洽了,距离自然就近了,教学自然就能成功。老师必须了解学生的心理发展规律,懂一点心理学,这样才能了解他们的心理需求。有的学校存在校园欺凌现象,有学生被欺负却不敢声张。作为老师,怎样去发现这种情况?如果师生关系好,学生对老师有充分的信任,有安全感,就会将内心的秘密及时告诉老师。

透视学生"抄作业" | 2014-05-30,星期五

学生为什么会抄作业?调查发现,"不会做"是学生抄作业的最主要原因。以下是一位学生的自述:"从七年级开始,老师课堂上讲的内容我就不大听得懂了,作业做起来就吃力了。一开始我并没有去抄作业,不会的地方会去请教老师,但请教的次数多了,老师有些不耐烦,有一次还批评了我,后来我就再没有去请教过老师问题。我开始请教同学,起初他们还耐心讲给我听,后来就直接把做好的作业给我看。由于以前老师讲的内容我消化得不好,随着学习内容的增加,我越来越不会做了。同学不讲,人家写的作业我也看不懂,老师又催着交作业,所以我就只有选择抄作业。有些同学生怕把作业本弄脏,不肯给我抄。每次借人家作业本时,我都要忍气吞声,当然更害怕被老师发现。所以如果我会做,我绝不会去抄作业……"学生的抄作业经历告诉我们,很多学生是因为"不会做""做不了"而被"逼"着抄作业的,过去我们对抄作业的学生一味地指责、批评,实际上有失公允。

最伤学生心的话 | 2014-09-01,星期一

什么话最伤学生的心?我归纳总结了如下十句:"你怎么这么笨?""考

这个成绩,你还有什么用?""小学生都能听得懂,你怎么就听不懂?""我不是教过你了吗?""你没那个天分啦!""考这个分数,给你上那么多课都白上了!""老师罚你活该,谁叫你写作业不认真?""人长得丑,字也写得丑!""让你爸来听课,表现也比你好!""什么都不会,你还待在这干吗?"以上这些话对学生的自尊心伤害最大,会对学生造成"破坏性"和"不可逆"的打击。教师要想上好课,要想成为学生心目中的好老师,就必须从戒除破坏性的语言开始,好好研究对学生"说什么"和"怎么说"的问题,多一些理解、期待和信任,这样的教育才能真正收到实效。

关注思维迟钝的学生 | 2014-09-17,星期三

在我们农村中学,每个班都有几个思维迟钝、学习困难的学生,课堂上他们往往表现出无精打采、有气无力或无能为力的样子,他们要花很大的力气去理解书本中的原理和规律。有时候你会觉得,他们的内部精神力量和动力就要消耗殆尽了,学习对他们来说成了一件痛苦和无奈的事情。你要千方百计调动他们学习的积极性,比如引导他们参与设计地理实验,参加带有探究性和趣味性的户外活动。另外,教学的难度还要控制,课堂上要让他们回答一些基础性的问题,同时多一些鼓励。

微课也需要情感构建 | 2014-09-24,星期三

微课时间短,一般只有5~10分钟,有的老师只顾知识点的呈现,却忽视了提出问题引导学生深入思考,更不考虑师生情感的交流。其实,成功的教学依赖于真诚的理解和彼此信任的师生关系。开设微课,虽然现场没有学生,但是我设计了开场白:"欢迎来到爱生活、爱地理的微课堂。"在学生感到耳目一新的同时,迅速拉近了彼此的距离。讲解时,若需要思考,我会给出温馨提示:"请按下暂停键。"虽不能检查学生的答题情况,但我通过"相信你已经总结好了,我们一起分享吧"来鼓舞学生。微课结束时,我除了总结,还会加上一句:"带着你的收获与困惑,下次见!"这会让学生感到意犹未尽,满心期待。这些互动语言虽无关教学内容,但我认为这种隐性的教学氛围是构建良好师生关系、培养学生情感的重要载体,是微课教学不可少的组成部分。

满腔热情为学生服务 | 2014-10-08,星期三

今天在高二(1)班评讲学业水平测试模拟试卷,课下蒋同学找我,问我能不能把试卷答案借给她看看,我答应了,但那份答案在宿舍,于是我立即回宿舍去拿。返回办公室,她在门口等着。当我把答案本递给她时,她高兴极了,连声说:"谢谢,谢谢!"不少同学也看到了这一幕。是的,作为教师,对学生的需求不能无动于衷,要关爱学生,满腔热情为学生服务,这对学生来说是快乐的事,对教师来说也是愉快的回忆。

谈话时机要恰当 | 2014-10-09,星期四

我昨天找高二(3)班戴同学谈话,因为他在课堂上玩手机、做小动作,我当时批评了他,并对他提出了纪律要求。今天上课,该生的表现却依然令我失望。一下课,我就喊他去办公室,他嘴里嘟囔着,还发着牢骚,我气得不行。他刚走出教室门没几步,突然扭头就跑了,过了10分钟才到办公室找我。此事给我的启示是,找学生谈话时机要恰当,不要连续找他们(特殊情况除外)。昨天谈过话,今天就想立竿见影,见到效果,这比较困难,要给学生一些反思的时间,否则学生对老师的"教育"会反感甚至麻木。很多情况下,暂缓的措施可能更切实际,更有效。

提前进入教室 | 2014-10-22,星期三

在上课预备铃声响起的时候,教学活动就已经开始了。这时,教师可以来到教室做好上课前的准备,巡视教室一周,看看学生有没有坐到座位上,有没有拿出课本,对个别"活跃"的学生进行提醒,也可以和学生进行简短交流,了解学生预习、复习及知识掌握情况。两三分钟的巡视,一般就能使教室趋于安静,还能了解学生学习动态。而如果教师伴随着上课铃声踏进教室,甚至迟到,上课就会比较急促,学生可能也会手忙脚乱,教室一时难以平静。

叫响学生的名字 | 2014-10-23,星期四

有人说,叫响一个人的名字,对他来说是所有话语中最动人的声音,这是很有道理的。有老师课堂提问,总是说:"1号同学回答","2号同学回答",或者是"你来回答","后面一个同学回答",结果使被提问学生主体不明确,站起来回答问题时也无精打采,缺乏参与热情。长此以往,师生关系就会疏远,甚至会影响学生学习这门课的积极性。记住学生的名字,并响亮地叫出来,等于给学生一次巧妙而有效的赞美。地理学科老师教的班级多,要记住每个学生的名字比较困难,但一定要重视并努力去做好这件事,至少要记住一些需要特别关注的学生的名字。

关注"中等生" | 2014-11-10,星期一

翻开今年学业水平测试和高考成绩表,我发现未通过(D等)的学生中,有一部分是"中等生"。他们平时学习勤奋,作业完成较好,课堂表现也不错,为何在考试中却没有及格?这一现象值得我们关注。与优等生相比,这些学生学习认真程度、投入时间方面都不欠缺,唯一欠缺的就是思考能力。很多"中等生"只做读与写的固定事情,教材看了,作业也做了,但没有去思考知识体系中的核心问题或重难点,不肯在"为什么"上下功夫,学习中很少见他们有迷惑或纠结,学习似乎很顺利,看起来什么都懂,实际上却浮于表面,智力潜能没有得到开发,学习没有实现"质"的提升。在考试中,他们的成绩处于不稳定状态,在合格线上下浮动,这可能就是导致没能通过学业水平测试的原因。

教育学生要有耐心 | 2014-11-18,星期二

今天在高一(4)班上第四节课,王同学不停地跟前后同学讲话,还在吃着瓜子,其他同学都注视着他。我稍作停顿,盯了他一会儿,他不讲话了,但还在吃瓜子。我有意识地向他靠近,他把瓜子收了起来,但不久他又开始说话了,我忍耐着没有吱声。下课后我把他带到办公室,和他讲道理、谈纪律、提目标,并要求他写一份"情况说明书"。当天晚上,他把"情况说明书"交给了我,表示以后会遵守课堂纪律。

对此事的处理,我认为是比较稳妥的。如果在课堂上直接批评这个学生,不仅会耽误教学时间,还会引起其他同学的反感。课后单独谈话、批评和教育,让学生心服口服。我们虽然不能指望通过一次谈话就能让学生改正错误,但是在教育学生的问题上,特别是对学生的错误行为进行处理的时候,是要有耐心和控制力的。

不放弃"后进生" | 2014-11-19,星期三

我们经常说,对学生要平等相待、一视同仁,可是很多时候,教师都偏爱成绩好、守纪律的学生,而对成绩差、顽皮的学生关心较少。以课堂提问为例,"好学生"被提问的次数较多,而"后进生"被提问的次数较少,甚至有的教师很少注视他们,原因就在于"后进生"不肯动脑筋,即使回答也是心不在焉、东拉西扯的。实际上,教师对"后进生"更要关心,课堂上要经常提问他们,让他们感受到老师的关心,也感到一定的学习压力。有的时候,他们的回答可能文不对题,或者张冠李戴,但只要他们留心老师的问题,哪怕只说几个字、几句话,我们也要及时予以鼓励,教师的关注对"后进生"来说就是鼓舞,是非常必要的。

真实的学生 | 2015-01-20,星期二

课余时间常有学生到我办公室请教问题,这其中就有高二(3)班的周同学。他为人诚实,上课认真听讲,作业写得一丝不苟,是我经常表扬的学生,这样的学生成绩能不好吗? 可我今天拿到该班期末考试成绩表时,感到很意外。周同学除语文、地理、政治、化学及格外,有4门课不及格,其中数学40分,英语33分,总分班级第40名。应该说,这个成绩不太好。学习这么刻苦的学生成绩却不好,究竟是什么原因呢? 从地理学科来说,该生学得不错,课堂肯听肯记,肯动脑筋,是地理学科的"尖子生"。但其他学科情况并不如此,学习困难重重,正如有学生所说"听不懂、记不住、不会写"。这种"一门领先、多门落后"的情况,不仅发生在周同学身上,班级很多同学都是如此。这些学生学习基础薄弱,知识储备欠缺,学习能力不足,这是我们学校学生的"学情"。作为课任教师,不能只关注本学科教学,还要关注学生学习和发展的"整体状况",这样教育才能更有针对性。

这样处理合适吗 | 2015-03-04,星期三

今天在高一(4)班上课时,大多数学生都在认真听讲,只有茆同学始终在做小动作。为了提醒他而又不影响别人听课,我多次走到他身边给予暗示,他有所收敛,可每次只能维持极短的时间。最后,我忍无可忍,没收了他的玩具,责令他站起来,并训斥了他几句。但接下来的时间,他并没有转变态度,站在座位上东张西望,心不在焉。而下课后,他跑过来对我说的第一句话是:"老师,玩具可以还给我吗?"我气坏了……事后,我静下来想想,发现自己处理得不妥。看到新鲜事物爱不释手是他最直接的情感表现,要让他像成年人一样立刻转移目标是很难的。灌输式说教或强行压制往往无济于事,只有调整处理方法,多一点耐心和等待,教育才可能有效。

侧重"面"上的批评 | 2015-03-09,星期一

早上高二(4)班课代表把地理作业交给我,我批改后发现抄袭现象严重,有五六个学生都是抄的答案。在学业水平测试复习的节骨眼上,出现这种现象,令我吃惊。上课时,我让这几个学生站了起来,批评了他们,并让他们在座位上站了一节课。我的目的是通过惩罚督促他们改进,但我发现这样的对"点"批评效果并不好,一是使他们在众人面前感到难堪,伤害了他们的自尊心;二是挫伤了他们学习的积极性,削弱了对地理学科的热情。遇到学生抄袭作业的情况,还是侧重"面"(不点名指责)上的批评效果较好,情况严重的采取面谈、"一对一"的教育方式,这样能减少对课堂正常教学秩序的冲击。

用欣赏的眼光看学生 | 2015-03-27,星期五

吴老师刚接手高二(2)班,这个班可是小有名气的"差班",学生成绩差不说,一帮"淘气鬼"也集中在这个班。吴老师抱怨道:"不知道为什么,不管我怎么看,都觉得这帮学生不顺眼。"接过她的话茬儿,我说:"你这么看学生,那学生可能也这么看你,师生关系就会僵化。"吴老师说:"那我应该怎么去看学生?""你试试用一种欣赏的眼光,多看学生的优点,试着喜欢他们,慢慢地,学生也会喜欢你。假如你很讨厌一个人,那你能指望这个人喜

欢你吗?"吴老师听着笑了,默默点头。她开始在班级尝试各种方法,去喜欢学生,去接纳学生。过了一阵子,吴老师见到我,高兴地说:"曹老师,这招还真管用!"

关爱每一个学生 | 2015-03-30,星期一

今天在高二(1)班上课,宋同学和同桌共用课本,我就把自己的教材借给了他,这个无意识的举动使他很感动。课堂上宋同学听得很认真,下课时把书还给我时连声说:"谢谢老师!"一句鼓励三冬暖,一句奚落六月寒,学生是最需要老师关注和关爱的。记得我上高中的时候,学习真的是拼尽了全力,但每次考试总令我失望,考一次试,我就陷入深深的懊悔和自责之中,但没有老师关心、鼓励过我,高中三年成了我长久的、痛苦的回忆。现在做了教师,我不能让学生重复我的过去,我要把关爱带给学生。能帮到学生的,我尽量去做;学生有进步时,我给他们鼓励;学生听不懂的知识,我会讲两遍、三遍;学生没吃饭时,我会带他们到我宿舍吃饭……我关爱学生,学生也尊敬我,而且喜欢上我的课。

学生有犯困的权利吗 | 2015-04-03,星期五

我们上课往往过分强调要让学生有所学、有所得。在我们的课堂上,所有跟学习目标格格不入的行为都会被看成一种错误,都要受到批评,比如打瞌睡、交头接耳、开小差、做小动作、看课外书、玩手机……

但仔细想一下,对学生的要求,我们自己能做到吗? 比如,在开一些特别无聊的会时,我们成年人是不是也会交头接耳、开小差,也会玩手机、打瞌睡? 何况,孩子们是要"开"上一整天的"会",而且天天有"会"。可见,上述这些行为都是正常人在面对无聊时的本能反应,并不是学生们特有的错,更不是什么大不了的缺点,或许更应该成为我们改进课堂的一个动力:让我们的课堂更人性化些、更有趣些!

越是爱,越要从容 | 2015-04-13,星期一

李老师说,他对孩子的要求很简单:"如果学不好,至少别学坏。"李老师是个优秀的老师,也是个成功的家长,他的话颇有意思。我想,这既不意

味着低标准,也不意味着放任自流,而是在分数和教养之间、在成绩和能力之间、在名次和快乐之间、在眼前与长久之间,像李老师这样的父母更关注后者。他们深知,最笨拙的父母,只想着眼前的考试。令人欣喜的是,已经有越来越多的家长认识到,不该让自己的焦虑和短视裹挟孩子天真的童年,而只有更加客观、理性地看待孩子的成绩和成长,他们才能有更大的潜能、更多的积累、更强的爆发力。

27分的故事 | 2015-04-30,星期四

高一(6)班的吴同学本次期中考试地理只考了27分,我找他谈话。我开门见山地说:"你上课不听讲,是这样吗?"他回答:"是。""听你父母说,你在家也不写作业,是吗?"他回答:"是,我不想写,也不会写。"我继续说:"你不听讲不写作业,还能考27分,说明你挺聪明的,要是你再努力一下,肯定会比这次考得好。"过了一会儿,我问他:"成绩下来了,你有不服气的地方吗?""有……第一道题我想出了答案,但没写完整。"

而后,我让他说说自己的优点,他说没有优点。在我的点拨下,他才慢慢找到了自己的优点,从一个找到了五个……在此后的一段时间里,我允许吴同学上课不听,可选择自己喜欢的内容进行学习,但不允许讲话;帮他确定学习内容,解答疑惑,检查、督促他完成作业。后来,这个学生取得了较大的进步。

善于期望 | 2015-06-10,星期三

1968年,美国心理学家罗森塔尔和雅各布森来到一所小学,从一年级到六年级各选三个班,对这十八个班的学生做了一番"煞有介事"的未来发展预测,然后从中抽取20%的学生,将名单交给校长和有关教师,告诉他们这些学生有很大的发展潜力,并叮嘱要保密。八个月后,他们又来到这所学校,对这十八个班的学生进行了第二次测验,结果名单里的学生成绩进步飞快,性格活泼开朗,求知欲旺盛,与老师感情也很深厚。两位心理学家的"权威性谎言"对教师做了暗示,坚定了教师对学生的信心,加上教师的积极鼓励,在学生身上产生符合期望的心理现象,使学生更加乐观自信,也更容易成功。

大胆表扬"差生" ｜ 2015-06-18,星期四

高一(5)班的戴同学上课不看书、不听讲,还经常打瞌睡,他坐在第一排,有时真令人生气。但昨天的地理作业他写得不错,个中原因不用说,他是抄袭别人的。我没有批评他,相反,在评讲时我表扬了写得比较好的学生,其中就提到了戴同学的名字。就因为这个小小的"表扬",他的眼睛发出惊奇的目光。今天的地理课上,他注意力很集中,是最近课堂上表现最好的一次。

发展性心理问题 ｜ 2015-06-29,星期一

心理学研究认为,心理发展的根本动力在于原有心理发展水平与新的心理需求之间的矛盾。由于各种内在与外在条件的限制,学生发展过程中的心理需求不可能总得到满足,必然产生各种心理矛盾和冲突。它与学生的年龄有密切的关系,在不同的年龄阶段,学生可能表现出不同的问题。比如,有研究表明,高二学生抽象逻辑思维能力趋于成熟,开始出现辩证思维,表现出更多的批判性。他们虽然对事物有了更为全面深刻的认识,但容易偏激和极端,有可能反抗或轻视权威。如果教师认识到学生的这种发展特点,对学生的"问题"予以适当的疏导,而不是"硬碰硬",就可以很好地解决学生的"问题"。但如果教师认为自己是绝对权威,对学生严厉批评或控制,就可能造成师生之间的对抗,使问题变得严重起来。

注意克制"怒气" ｜ 2015-09-11,星期五

高二(2)班的作业已经几天没有收了,今早课代表把作业送过来,我立即批改,发现有几个学生作业竟然抄袭或留有空白,我气不打一处来,立即去找学生,并把他们带到办公室。我心中气愤,但面对几个"问题"学生,我还是克制住了,没有训斥学生,而是向他们分析作业情况,指出存在的不足,提出目标和要求。要期中考试了,对学生的批评不能过于"直接",而要多一点"关爱"和"期待",哪怕个别学生学习成绩真的很差,也不能随意指责他"一无是处""一塌糊涂"。教师要把怒火藏于心,把关爱传递给学生。

不看短板看长板 | 2015-10-15，星期四

在我们这所农村中学，各门功课学得出色，表现又很好的学生真的很少。有的老师就盯着学生最差的那门课，没完没了地指责——"你看这门课多差，不下功夫怎么行？"这样的唠叨日复一日，不仅没有起到提醒、促进作用，反而打击学生的积极性。学习差的学生难道各门课都差吗？难道就没有特长吗？仔细分析成绩单，你会发现差生也有自己的优势学科，只不过"优势"不明显而已。文化课不行，音体美他也一样不行吗？多年的实践告诉我，没有任何特长和强项的学生是没有的。我们要善于发现学生的长项，鼓励他在长项上加快发展，保持领先。成功者大都是从自己的专长开始的，我们对"后进生"的转化也是从发现学生的优点开始的。优秀教师对待"后进生"，不仅要有爱心和耐心，还要有高超的教育艺术。不看短板看长板，学生身上最长的那块"板"，才是学生走向成功的基础。

良好师生关系的重要性 | 2015-10-20，星期二

课堂教学与师生关系构建有什么关系？应该说两者有密切的、互为条件的关系，良好的师生关系可以为课堂教学提供"心理气氛"。20世纪60年代，罗杰斯提出了著名的"非指导性教学"理论，他所谓的"心理气氛"，实际上就是指课堂中师生之间、学生之间的情感沟通与交流。德国交往教学论更注重师生关系，因为良好的师生关系可以作为学生学习的工具使用，学生可以主动向教师请教不明白的问题，在此过程中，学生能够理解所学内容，并获得积极的情感体验。20世纪80年代，苏联的合作教育学把师生合作关系的建立当作教育的核心，倡导建立一种人道的、民主的、合作的"志同道合者"的师生关系，较好地实现了教学与育人的有机结合和辩证统一。

留心学生的关切 | 2015-11-11，星期三

今天在高一（4）班讲解"城市发展与城市化"，讲到世界最早出现城市的地区时，学生开始记录。我讲得慢，声音也很清晰，可是坐在前排的两个女生好像还没有听清楚，一位同学说："老师，请您再讲一遍可以吗？"另一

位同学则小声说:"老师,请您把书借给我看一下吧!"她边说边把头伸到讲台边。其他同学都笑了,我不知道这两个女生是否真的没听清楚,但觉得她们很天真,也很活泼。我把答案重新讲了一遍,问:"记下没有?""记下了!"两个学生露出了开心的笑脸。

教师要有亲和力 ｜ 2015-12-08,星期二

有教师上课前总要问问学生:上节课还有哪些内容不懂?什么原因?作业会做吗?了解学生的一些情况,和学生谈一些问题,三言两语,拉近了师生之间的距离,为创设宽松和谐的课堂氛围打下了基础。相反,如果教师自视甚高,不顾学生的感受,就容易引起学生的逆反心理,即使学问再高,课讲得再好,学生也不一定爱听。亲和力是教师人格魅力的重要方面,其本质上是一种爱的情感,只有发自肺腑地爱学生,才能真正地亲近学生,才能激发学生对教师的喜爱、对学习的热情。亲和力的核心是民主平等的思想,只有把学生看成"真正的人",当作自己的亲密朋友,才能容忍学生的缺点,尊重他们的表达权,才能控制自己的情绪,做到以理服人、以情动人。

建立师生之间的信任 ｜ 2016-01-06,星期三

高二(4)班的地理课代表王同学,工作非常认真,热心督促大家复习,及时收发作业,有问题及时向我反馈。我有时候课堂作业布置得过多或过少了,她会及时提醒我"修正"。大家学习中有疑惑或要求,她也及时向我"传递",这样的课代表是我教学的得力助手。我在班级经常表扬王同学,并送给她两本书,还向班主任推荐她为三好学生人选。这种师生之间的友谊和信任是要用心维护的,教师要让学生始终能看到自己的进步,不要让学生花费了力气而看不到回报。教师要给学生提供一个良好的情感环境,师生之间要建立良好的关系,并用智慧去维护。

不需"斩钉截铁" ｜ 2016-01-08,星期五

晚上在高一(4)班坐班,我让学生帮忙批阅一份考试卷中的选择题。我人手一份发放,大部分学生对此表现得很热情,但发到最后一位尤同学时,他却显得很厌烦,手一挥:"我不改,我不改!"我顿时气恼,把递给他的

试卷拿回:"那就不要你改了!"我把试卷分给了其他同学,然后把答案写在黑板上,大家开始批改试卷。可我发现,那个不愿改试卷的尤同学此时显得很失落和寂寞,在一旁看着大家忙碌。看得出来,学生表面上不想改试卷,其实只是一种借口和托词,只要老师说个"请"字或者与他协商一下,他的态度可能就会发生转变。而我"斩钉截铁"地回应他,实际上是对他的一种不信任,这会打击他的自信心。因此,教育要多一些耐心和热情。

保护学生的自尊心 | 2016-01-18,星期一

一个星期前一次批改作业时,我发现高一(5)班有几个学生作业没写,十分生气,立即去找这几个学生,对他们进行了批评,并要求他们到我办公室补做作业。我本以为这样做可以督促他们改正和提高,结果效果怎么样呢?今天期末考试成绩揭晓,我看了分数,结果令我吃惊,那天找的五个学生中有四个学生不及格,成绩不仅没有提高,还下降了。我反思了一下,这可能与我教育方法不当有关。我当众批评他们,使他们"丢"了面子,之后又对他们严厉有加,缺乏及时的鼓励和触动,使他们的学习积极性受挫,在考试中失去了信心,这可能是这些学生考试失利的重要原因。保护学生的自尊心,这是教育过程中多么重要的一件事啊!

巧妙应对学生的"挑战" | 2016-03-18,星期五

下午第四节课在高一(5)班上课,前半段课堂纪律还好,但后来就有学生开小差了。在临下课前5分钟,坐在第一排的张同学突然嚷起来:"下课了,我要去洗澡……到时间了,我要去洗澡!"其他同学都惊讶地望着她。我说:"大家看看张同学,还没下课呢,她要去洗澡,你们说让不让她去?"大家低声议论着,有的窃笑,有的观望,更多的是摇头。我说:"张同学,大家不让你出去,我也没办法,你先待在这吧!"她嘟囔了一阵,就低下了头。我没有理睬她,继续讲课。这个事,如果我当堂训斥她,恐怕会引起教室内的"骚动",我越生气,她就越得意;如果我视而不见,她会变本加厉,继续"挑战"。换个角度,我发动大家来评判这件事,就容易扑灭她的"嚣张气焰",使她冷静下来。

少向学生借东西 | 2016-04-20,星期三

今晚坐班,我拿着几本书走进教室。在大家安静下来后,我坐下来,向前排的张同学借了一支笔开始备课。张同学好像知道这个"规律"了,在我没进教室前,就在桌子旁放了一支笔,等我去借(拿)。但我发现,晚自修两节课张同学不够"安稳":一会儿低头看小说,一会儿又和旁边的同学窃窃私语。我向他瞪了几眼,但他依然"我行我素"。我不得不在下课时找他谈话。这个情况可能和我向他借笔有关,从学生的角度看,老师经常向他"求助"(借笔之类),表明老师信赖他,即使自己违反纪律,老师也不会严厉批评。其实,偶尔一两次向学生借东西问题不大,但不能"习惯成自然"。在以后的晚坐班或其他教育活动中,我要少"麻烦"学生,相反,要多给学生"恩惠",多帮助学生,这样在教育过程中就有了主动权。

学生记住了什么 | 2016-04-26,星期二

孙老师退休几年了,逢年过节总有以前的学生来看望他。有的学生毕业已经二三十年了,还能惦记着当年的老师,真不容易。我曾问他,这些学生是不是当年成绩特别好,或者是他给过这些学生特别的帮助?孙老师笑了,告诉我,这些学生当时成绩并不冒尖,自己也没有给他们帮多大忙,只是给他们"指指路"而已。孙老师和我谈到一个姓唐的学生,这个学生很聪明但顽皮,平时表现不好,多次因为犯错误被叫家长,有一次因为打架,学校要处分他,他父亲知道情况后,执意要把儿子带回家。孙老师找他父亲谈话,说孩子很聪明,希望能再给他一次机会……唐同学留下来了,而且从那以后再没有犯过错,后来还考上了大学。

孙老师"指指路"却影响了学生一辈子。孙老师是个普通老师,但又是个极富爱心的老师。在一个人的求学、成长过程中,能碰到孙老师这样的好老师,是学生的幸运。岁月流逝,学生走得再远,他们也不会忘记这样的老师。

谈教师的自制力 | 2016-04-28,星期四

上个学期,学校有位老师在课堂上批评了一个学生,那位学生当时在

师生关系反思

做小动作,谁知那学生不仅没理睬,还骂了老师一句。老师顿时怒火中烧,猛拍桌子,上前要去打那个学生,幸亏其他同学及时劝阻,才没造成严重后果。但这个事件对教师、对学生造成很大的冲击,影响很恶劣!这让我不得不提教师的自制力问题,教师应当学会并善于控制自己的情绪,约束自己的言行,不断提高自制力。沉着冷静、善于控制情绪,是优秀教师的一个必备素质。苏联教育家赞可夫说过,教师这门职业要求于一个人的东西很多,其中一条就是要求自制。学生说老师坏话,叫老师绰号,甚至骂老师,在有些学校是有的。处理这类事情,我们需要用理智来控制内心的冲动,不要屈服于自发的情绪,采取暂缓的办法,冷静处理,场面就不会失控,教育才有效果。

教育学生要有恒心 | 2016-05-13,星期五

高一(5)班裴同学上课经常睡觉,作业也不写,上周我找他谈过话,之后几天稍有好转。可这两天上课他又开始睡觉,心思不在学习上,课后我再次找他谈话,和他讲道理、提要求。他对自己犯错感到"后悔",并表示会听老师的话,以后上课一定认真听讲……谈话似乎很顺利,但他以后是不是真的好转,会不会反复,还是个未知数。转化后进生,表面上看是对学习表现和思想认识进行改变,实际上是对其心理意识的改变,而这种变化绝不可能一蹴而就。后进生在转化过程中时好时坏的表现,以及漫长曲折的转化过程,时常会动摇教育者的信心,这时更需要教育者的坚持,教育学生要有恒心。

就事论事 | 2016-05-20,星期五

有教师反映地理课不好上,学生不肯听。我曾经听过一位老师的地理课,开始学生听得还算认真,看书、记笔记,后来就有学生走神了,甚至有学生打起瞌睡。这位老师连续提醒了几次,但没有什么效果,于是他就拉一个学生站了起来,并训斥道:"玩疯了!'满瓶不动半瓶摇',你们以为自己学好啦?我告诉你们,你们水平差得很!"但这样的"训诫"效果并不好,学生安分了一会儿又恢复到原来的状态。课堂上学生做小动作、讲话,教师批评教育后要反思一下自己说的话是否考虑到了学生的心理感受?教学行

为是否违背了教学最优原则？批评学生要针对具体问题展开，就事论事，适可而止。如果教师颐指气使、咄咄逼人，或者刻薄挖苦、冷嘲热讽，就只能造成师生情感上的对立，不会有好的教育效果。

学生有一颗"玻璃心" | 2016-06-01，星期三

这是三年前的事了，当时我教的班里有个姓谢的学生，属于特调皮成绩特差的那种。一天我在上课，他突然开始大声讲话，肆无忌惮，我瞪了他一眼，他略有收敛，可不一会儿又自言自语起来，而且话语极粗鲁。我当即要求他站到教室后面去，他不肯。我朝他吼了一声，他这才缓缓离开桌子。此后一段时间，我再也不过问他了，试图靠冷落来引起他反思，从而纠正行为。结果，学期结束后，他满怀失落地离开了学校，再也没有回来。当时听说他离开，我们课任教师还暗自高兴，为班级少了一颗"钉子"而庆幸。但三年后的今天，我却深深忏悔，教师是人类灵魂的工程师，如果教师只靠简单、粗暴的方式去处理学生的错误言行，那教师和目不识丁的莽汉有什么区别？每个学生都有一颗"玻璃心"，大风大雨或许不会对它造成伤害，但一颗小小石子却可以将它击得粉碎。

满足学生的合理要求 | 2016-06-02，星期四

星期日学生做的一份地理练习我还没有评讲，课堂上要讲新课，但长时间放着习题不评讲也不好。晚上6:10，学生刚上晚自习，我抽空来到教室评讲这份练习，题目不难，都是基础题，但仍有学生做错。我评讲得比较慢，学生听得也很认真，讲到判断题结束，时间已过去半小时。我说："今晚就讲到这，剩下的题目明天再讲！"这时有学生说："老师，还有时间呢，您讲吧。"我笑了，看着他们专注的神情，我同意了，我花了一点时间把最后两个综合题评讲结束。看得出，学生很满意。离开教室，我想，成功的教学必须顾及学生的感受，他们的关切和愿望是教师实施教学的重要依据。教师应该多了解学生，多满足学生的合理要求。

这样说更有说服力 | 2016-06-06，星期一

昨晚我找高一(6)班黄同学谈话，他在课堂上经常讲话、做小动作，我

对他进行了批评教育。这个班级班风不太好，不想学习、调皮捣蛋的学生多，各科老师都深有同感。今天上课，我先谈了最近大家的学习情况，然后提到政教处李主任昨天特地向我了解高一(6)班纪律状况，要求我关注学生表现，整顿班级纪律，政教处将积极支持老师们的工作。"李主任表态了，你们说，我该怎么办？"我向大家发问。教室安静了下来，同学们注视着我。"课堂上讲话、做小动作、睡觉的，如果被学校处罚，你不要责怪老师，责任完全在你自己！请大家记住！"我这么一说，那些调皮的学生被"震"住了。这节课学生表现特别好，我课上得顺利多了。

适可而止 ｜ 2016-06-08，星期三

上午在高二(4)班上第四节课，评讲同步训练题，我让李同学回答其中一个问题(她有好长时间没有被提问了)，可抬头一看，她的座位上没人，过了一会儿，她才从后边的座位上站起来。"你怎么坐到这个位置上了？你自己的座位呢？"我问她。这时班级有同学笑了，她站在那一言不发，脸涨得通红，眼泪都要掉下来了。我正准备要她回到自己的座位，又一想：先让她答题吧！她好不容易回答了我的提问。我让她坐下了，之后我注意到她神情一直很沮丧。这到底是怎么回事？课后我才了解到，原来第二节课她和同桌讲话，被班主任发现了。班主任训斥了她，并调了她的座位。而本节课我恰好对她提问，我的追问令她局促不安，其他同学的"窃笑"也刺痛了她的心，她能不难过吗？如果我再批评她一番，对她打击无疑会很大。对这种情况，教者还是适可而止为好，不必去过多追问、发难。

多一些人文关怀 ｜ 2016-06-27，星期一

今天高一开始期末考试，我上午在高一(2)班监考，开考后约半小时，有个男生举手说要上厕所。这可为难我了，学校规定考试中途学生不得随意外出，但看那个男生确实有点内急，我就让他出去了，并提醒他抓紧时间(很快他就返回了)。这种情况我们在监考中常会遇到，一方面，考前要提醒学生做好应考的各项准备工作，处理好自己的事情；另一方面，考试中万一出现学生真需要上厕所等情况，也需要一点人文关怀。只要考生在此过程中没有作弊行为，就不能算是考试作弊，最多算是一次违规。考试也是

整个教育过程的一部分,它需要纪律和原则,但也需要人性化的关怀,两个方面都不可或缺。

学生怎么了 | 2016-09-06,星期二

今天在高一(6)班上课,我先让学生回答几个问题,接着开始讲授新课。此时,蔡同学趴在了桌子上,我提醒几次,但他仍"纹丝不动"。我走过去,要求他站起来,他睁开眼说自己没睡觉,仍坐在那,还不停地讲理由。下课时,我把他带到办公室。我问他上课有没有睡觉,他说只是趴在那,没睡。我说:"趴在桌子上长时间闭着眼睛,不是睡觉是什么?"他没吱声。我问他家在哪里,他说在特庸。"你父亲是做什么工作的?"他没回答。"父亲做什么你不知道?你母亲呢?"我这么一问,他眼泪一下子流了出来,并连忙用手擦拭。他说母亲在浙江打工,几年没回来了。我知道他家庭可能发生了变故,没有再追问下去。谈话之后,他离开了办公室。这事对我触动很大,农村留守儿童,特别是父母离异家庭的孩子,为什么更多地表现出顽皮、任性、叛逆?很重要的原因是父母关爱的缺失,而他们内心又渴望得到家庭的温暖和亲人的关怀。这样的学生教育转化似乎更难,教师要付出极大的爱心和耐心,要关爱他们,要给他们转变的时间,要给予他们及时的鼓励和帮助……

放慢脚步 | 2016-09-28,星期三

下午第三节课在高一(6)班讲授"地球公转的地理意义",我利用多媒体分析了地球公转的方向、周期、速度,以及黄赤交角的形成,太阳直射点的回归运动。重要的图示在多媒体上展示,我在分析"太阳直射点的回归运动"时,对二分二至日太阳直射点的位置、移动规律等进行了介绍。此时,坐在前排的王同学盯着我,边用手敲击笔帽,边唉声叹气,我看得出她的意思是还没有记下来。我暂停下来:"好,大家把这规律记下来吧!"其他同学发出了笑声。我开始在教室巡视,3分钟后,我接着讲后面的内容。教学是围绕学生展开的,学生的需求最值得教师关注。放慢前进的脚步,多留给学生回味、咀嚼、消化的时间吧,这样会事半功倍。

变优秀从强项开始 ｜ 2016-10-17,星期一

许多老师课堂上总盯着学生的弱项,没完没了地指责——你动没动脑筋,这么简单的题目都不会?你有没有学过地理,这个地图都看不懂?这样的唠叨不断打击着学生的自信心。实际上,每个学生都有自己的强项和特长,只是你没有发现而已,没有任何特长的学生是没有的。许多老师和家长,逼着牛和马赛跑,逼着哑巴唱歌,而真正的素质教育应该是鼓励学生施展各自的才华,成功者大都是从自己的强项、特长开始的。我以前的一个学生,对学习兴趣不大,但对机械维修非常入迷、非常精通,高中毕业后,我推荐他到盐城技师学院学汽车维修,如今他已是县内一家汽车销售企业的总经理,生意做得红红火火。一个学生看似平庸甚至落后,但你一旦挖掘出他的特长,他就会更加自信,更有进取心。擅长发现和培养学生的强项和特长,这是优秀教师的重要基本功。

开展学生自评 ｜ 2016-10-31,星期一

学生自评就是让学生对自己的表现打分,包括课堂表现和学习态度。在平时课堂上,不管是"自主学习"环节,还是"合作探究"和"课堂讨论"环节,小组代表阐述观点后,我都让学生客观地为自己的表现打分。打分采用5分制,5分代表回答及时、表述清楚、声音响亮、体态大方,4分代表表现较好,1~3分代表表现一般,0分代表一言不发。打分不考虑回答问题的准确性,只依据个人的临场表现。学生回答完问题后,在课前老师发放的"打分表"上打分,自评分只有学生本人和老师可见,不对其他同学公开,这样有利于创造和谐的课堂氛围。

"我们都一样" ｜ 2016-11-15,星期二

"说理"是教师对学生进行思想教育工作的常用手段,但有的时候成了"说服""劝导"的代名词。教师的"说服式、劝导式"说理不仅很难让学生养成理性对话的品质,而且长此以往还会让学生养成对"权威"的盲从。这种说理只能培养出中规中矩、温和顺从的人,却很难培养出自由开放、思维活泼、敢于质疑的现代公民。"说理"的前提是平等,彼此平等的双方自由公开

地进行理性对话,是"彼此言说、彼此倾听",而不是"自说自话"。所以,观念的转变是头等大事,学生尤其是教师要时刻记住:"我们都一样!"

有一种力量叫激励 | 2016-12-14,星期三

高二(4)班有同学学习不够专心,期中考试还有人不及格。上周我找了袁同学、陈同学、吉同学等四名同学到我办公室谈话,对他们提复习要求,并就必修一中"大气的受热过程""热力环流"等知识点,结合示意图对他们进行辅导。这部分内容不太复杂,他们都能听得懂。临结束时,袁同学和吉同学请我第二天再给他们辅导,我同意了。第二天,他们如约而至……

今天年级部进行了学业水平模拟考试,成绩揭晓,令我惊喜的是,这四个同学竟然全部及格了!我想,这和我上周的辅导有一定关系,虽然就这么两回,但激发了他们的兴趣和信心。其实,考试并不全是理解力的较量,还有相当一部分是专注力、兴趣和信心的较量。教师要适时给学生帮助和指导,多一些激励和关怀。

不懂就讲 | 2016-12-19,星期一

今天在高二(4)班上第四节课,先评讲"会考复习"第七讲中的题目,这几个题目侧重基础知识,比较简单,学生反应还好,最后一道题我让学生自己去看,张同学喊了一声:"这个题目我不懂!"其他同学很惊愕。我说:"不懂?那我就讲一下。"这是一道有关世界气候类型的题目,其中涉及地中海气候的特征及成因、温带海洋性气候分布、气压带、风带位置等知识,我在黑板上画气候分布简图,标识具体气候方位,讲解深入浅出。评讲结束,张同学满意地点点头,其他同学也很满意。我认为这个环节处理得好,教学一方面要按课前预设展开,另一方面要根据学情灵活调整,急学生之所急,满足学生不同的学习需求。这样的教学更接"地气",也更受学生的欢迎。

处理学生问题行为 | 2017-01-10,星期二

这是今天发生在课堂上的一幕:下午第三节课在高一(2)班上课,我带领学生梳理了第二单元知识点之后让学生相互提问、背诵。杨同学这时睡

眼惺忪地抬起头来,他四下张望,趁人不备,突然从桌肚里掏出一个毛茸茸的东西扔向一位女同学,那位女生大吃一惊,慌忙把东西甩开。我一看,竟是一只死麻雀!我又气又急,指着杨同学说:"你在干什么?这是什么地方?"班级气氛变得凝重了。杨同学站起来捡起那只死麻雀,扔到教室后面的垃圾桶中。回到座位,我没有继续训斥他。下课时,我把杨同学带到办公室,让他说明情况。原来,他是从宿舍楼后面捡的死麻雀,带进教室,想给其他同学一个"惊喜"。我要他深刻反省自己的行为,写出检查书,等期末考试结束,结合后期表现再作进一步处理。这个学生的行为,应该说是恶劣的,但我在课堂上没有对他进行过多批评和指责,课后及时进行教育,缩小影响范围,对学生可能有好处,但后续情况,我还要密切关注。

新学期第一节课怎么上 | 2017-02-13,星期一

今天是寒假后正式上课的第一天。我走进高一(6)班教室,见到学生我是这样说的:"寒假结束,大家又回到了学校,见到大家真高兴!下面请同学们说说寒假里你印象最深的是什么事情?新学期有什么打算?"我先请潘同学上来讲,他大步走到讲台前,满脸笑容却不说话,虽然大家掌声鼓励,但仍一言未发,无奈只好让他回座位。接着是花同学,他说寒假最难忘的是有一天通宵写作业,新学期打算好好学习,争取"小高考"能过关,大家为他鼓掌。再是薛同学,她站在讲台旁也是久久不语,好不容易说了一句寒假最难忘的是看春节联欢晚会,大家都笑了。我对同学们说:"我寒假印象深的事情不少,一是涨了工资,二是这个冬天不太冷,三是能经常去体育场跑步。新学期希望大家聚精会神搞好复习,多运动,睡好觉,快乐过好每一天!"教室里响起掌声一片。

这个老师有点懒 | 2017-02-28,星期二

第二节课走进高一(4)班教室,我面带微笑走上讲台,在简单开场白之后,我说:"请大家把书翻开,我们来学'城市发展与城市化'。"学生翻动书本。"大家考虑一下,这节内容有哪些是需要我们掌握的?"学生开始讨论。我把学生提到的逐一梳理,然后一一在PPT上列出。我说:"这节教材共有5个知识点,我们逐一来解决。先看'城市的起源',大家在书上找找,看看

谁能回答这个问题。"很快,有学生举手了,我让他回答。回答完毕,我说:"这个问题还需要我讲吗?"

"不需要。"学生回答。

"那好,我们接着来解决第二个问题……"仍然是学生回答,答对的一带而过,不会的其他同学补充。如此这般,PPT上的几点要求被学生们自己落实了。

这节课很快要结束了,我问学生:"大家觉得这节课上得怎么样?"

学生窃窃私语:"地理老师变了?""老师变懒了?"

我听到了学生的议论,笑着说:"说得好,老师变懒了。可是,懒老师会培养出勤快学生,你们说是不是?"

"是!"学生笑成了一片。

了解考情 | 2017-03-20,星期一

一年一度的高中学业水平测试昨天结束了,学生感觉如何,考得怎样?这是我最关注的。晚自习的时候,我走进了高二(4)班教室。大家一片欢呼,我问坐在前排的潘同学:"今年地理试卷难吗?"他笑着说:"不难,不难,比去年容易些"。其他同学也说:"还好吧!""不太难!"但也有学生说:"试卷不太好做。"看来,考试之后,有人欢喜有人愁,大家的感受是不一样的。我问:"有多少人能考'C'以上呢?"班级大部分人举起了手。"能考'B'以上的呢?"有七八个同学举起了手。我又问:"考试的题目有没有老师讲过的?""有,有!"很多同学点头……我准备离开了,有同学喊:"地理老师,以后要常来啊!"

学生喜欢什么样的老师 | 2017-03-21,星期二

信息时代的中学生求知欲强烈,知识结构日趋完善,其喜好也表现得更直接。调查显示,学生更喜欢博学幽默不讽刺、组织课堂有激情、作业设计有层次、尊重学生乐谈心、面向全体不偏向的老师,并因此对学科学习更有兴趣和动力,反之则可能会排斥。可见,要做一名好教师就必须不断学习,这种学习不仅是专业知识的学习,也有对学情的学习,即主动了解学生兴趣和关注点,使自身知识与学生需求及时代发展同步。这样,师生才有共同语

言并进行平等交流,从而巧妙地激发学生学习欲望和兴趣。这些看似不经意的技巧往往会调动学生积极性,成为引发良性蝴蝶效应的隐性条件。

学生为何瞌睡 | 2017-04-05,星期三

今天是清明小长假后第一天,第一节课我走进高一(1)班,发现有学生趴在桌子上"闭目养神",看来学生很疲劳。虽然课堂上我不断提醒,但仍有三四个学生打瞌睡,注意力无法集中。为什么会出现这种情况?可能是老师讲得不精彩,也可能是学生太疲劳了。清明节放假三天,各科作业不多,学生痛痛快快玩了一把,旅游、逛街、看电视、玩手机等等,这样的"玩"消耗了学生大量的时间和精力,睡眠明显不足,回到课堂有点困倦也属正常,这是暂时的情况,我们不必太担心。

注意学生的"小动作" | 2017-04-17,星期一

早上在高一(5)班上第一节课,袁同学悄悄掏出手机玩,我让他回答问题,他正盯着手机,根本不知道我问的是什么,我当时没收了他的手机。下课后,我把袁同学带到办公室,对他进行了批评教育,当时他表示"后悔"。

下午两节课后,他跑到我办公室,说要和他母亲通话,我把手机递给了他。只见他拿着手机"点击"一番,转过身去,走到门口把手机放在耳朵旁,过一会他把手机交还给我,说他母亲手机没打通,说完就离开了办公室。我拿到他的"手机"感到不对劲,这个手机怎么变轻了?我按住开关,屏幕上没有任何显示,我判定这不是原来的手机。我把袁同学叫了过来,问他刚才打电话时做了什么小动作。开始时他显得很淡定,在我再三追问下,他说出了真相:原来进办公室之前,他找了个旧手机,以打电话为借口拿回手机后,在门口趁机换了旧手机交给我。哪知这个"偷梁换柱"的行为被识破了……

教育学生多说"请" | 2017-04-18,星期二

有老师上课,迫于学生的顽皮和不听讲,讲课时往往会加重语气,甚至怒气冲冲,那口气像是命令,但这样做往往适得其反。老师说话声音越大、越生气,他们就越顽皮、越得意。这一现象值得注意,如何提出要求对于所

有人类的互动都非常重要,研究报告显示,拥有选择权或看起来可选择的,可以提高服从性。在你要求学生表现出你希望的行为时要多说"请","请"是在为一件可以让学生更可能遵循的事情做准备,因为它不带强迫性,暗示学生有选择自由,使用"请"可减少学生反抗式的回应。所以教师要求学生遵守什么、做什么事时,对学生多说"请",效果会更好。

"宁停三分,不抢一秒" | 2017-05-08,星期一

今天在高一(2)班上课,宋同学嘻嘻哈哈,不停用手在桌子下拨来拨去,我估计他在玩手机,示意他站起来,他勉强地站了起来。下课后,我把宋同学带到办公室,要他交出手机,可他说自己只是在看杂志,没玩手机。宋同学成绩差,前一阵子因玩手机还被班主任教育过。我训斥了他,宋同学一脸无辜的样子,在我的"威逼"之下,他低着头,没有再说话……第二天,地理课代表告诉我,昨天宋同学确实是在看杂志,手机前几天就被班主任收走了。他这么一说,我吃了一惊,那我不是冤枉宋同学了吗?

这件事一直让我不安,后来虽然向宋同学说明了情况(但没道歉),但心里一直无法忘记。我呼吁和我一样犯错的老师,在拿不准的事情上,应该像驾驶员那样"宁停三分,不抢一秒",让学生有充足的说明、解释和申辩的时间,在调查清楚问题之后再进行处理,这样的教育才有效果。

为何不能满足学生需求 | 2017-06-08,星期四

上午三节课后,高一(6)班地理课代表吴同学来到我办公室,问我下一节地理课要不要到多媒体教室上,因为他们班级的电脑坏了,多媒体无法使用。我让她先去一楼多媒体教室看看门有没有开,我拿着书去了他们班级。过了一会儿,她跑来说多媒体教室门锁着,其他同学说语文老师那里有钥匙,语文老师用过。我走出教室看看,此时已10:40,很多老师已经下班了,现在找他拿钥匙比较麻烦。走进教室,我说,今天就在教室上吧,明天我们再到多媒体教室上。我这么安排,学生就没再说什么了。这节课上的是"影响工业区位因素",内容不算复杂,结合示意图和乡土案例,学生是听得懂的。可看得出来,学生还是表现出对多媒体教学的渴望,毕竟多媒体呈现的图文鲜活、生动形象,更容易吸引学生。可我为了省事,并没有满

足学生的需求，这可能挫伤了学生学习的积极性。

注意批评的方法 | 2017-06-13，星期二

下午在高一（5）班上课，这个班学习基础较差，课上时常有人讲话或做小动作，我提醒了几次，但收效甚微。坐在第三排的陆同学"表现"尤为突出，不停地和前后同学交头接耳，还把笔扔来扔去。我在讲评试题，点名让她回答，可她站起来根本不知道我问的是什么。我说："陆XX，不要玩过头了，认真听！"之后，我继续讲题目。她站在那里，变得安静了，书也翻开了，还能记一些笔记……下课铃声响了，她坐了下去，没有抱怨，我没有喊她出来谈话。课堂上对个别违纪的学生，动辄大发雷霆，往往会伤了学生的自尊心，学生会有逆反情绪，要能按捺住怒气，指责的话少说，适可而止。

做教师的感受 | 2017-06-19，星期一

刚工作时我很容易对学生生气，可能学生见我瘦小都不怕我，我有时候受气后"耿耿于怀"几天难以平静。几年后我逐渐熟悉了学生的特点，并从学生的角度去思考其行为，发现好动、顽皮、倔强甚至叛逆可能就是一部分青少年的天性，以前觉得"可恶"的一些行为现在看来正是学生的"可爱"之处。刚开始工作的时候怕"镇"不住学生，对他们比较严厉；多年后我积累了一些经验，也树立了一些威信，对学生也越来越宽容。当看到学生因讲话被班主任勒令站到教室外面时，我反而觉得心里不是滋味，甚至想去和那班主任谈谈心。现在我与学生有较多的情感交流，我认为只有把学生当作朋友，学生才能把老师当作朋友，才能真正教学相长、教书育人。

做"优点放大型"老师 | 2017-06-30，星期五

小周是众人眼中的"坏孩子"，成绩不好，做事懒散、迟到、上课打瞌睡、不做作业……连他父亲都说，这孩子没希望了。然而，张老师接手高一（6）班后，在班里开展了每星期一次的"发现闪光点"活动，目的是让每个学生认识到自己的优点和别人的长处。同学们这样评价小周："对大家非常友善""他没有欺负过任何人""他脾气好"。在一次地理课上我也表扬他："小周同学对老师态度好，比较听话。"听到老师和同学的赞扬，小周觉得不好

意思:"啊,我还有这么多优点……"

就这样,随着活动的持续深入,老师和同学发现小周的优点越来越多,而且他变得好学、遵守纪律了。学校的老校长曾建议我们:要当"优点放大型"老师,而不要做"缺点提醒型"老师。包括成年人在内,没有任何人喜欢被批评,中小学生尤其如此。虽然有时候老师对学生的表扬看似与学习无关,但都能直接或间接地影响学习。

书没带咋办 | 2017-09-06,星期三

上午第三节课在高一(1)班上课,进入教室我先巡视一圈,大部分学生都做好上课准备了,但有三个学生坐在那一动不动。我提醒他们拿出地理书,他们似乎无所谓,有个学生说地理书找不到了,另一个学生说书忘在家里了。我很生气,对他们说:"没有书怎么上课? 你到食堂吃饭,能不拿碗吗? 书就是你的饭碗! 天天用的东西,怎么能不带?"见我生气,他们从散漫的状态中回过神来,开始和同桌共看教材。下课前,我再次提醒他们,课后要把书找到,如果忘在家里,就打电话给家长让他们送来,下次课我要检查。学生没带书这种情况我在其他班也遇到过,但这个班情况严重些。我想,对这些学生进行适当批评是必要的。

珍惜我们的缘分吧 | 2017-09-12,星期二

今天在高一(2)班我跟学生说,我相信人与人之间的缘分,现在来算一算我们之间的缘分有多大,今年射阳县初中毕业生约6000人,其中读普通高中的约4000人,大家选择普通高中的机会是2/3;而我们学校今年招生数是350人,大家选择我们学校的机会是1/11;我校高一有8个班,大家被分到高一(2)班的机会是1/8;学校有5位地理教师,我教大家的概率是1/5。现在请大家计算一下,我们成为师生的概率是多少? 2/3乘以1/11乘以1/8乘以1/5,等于1/660。同学们,我们成为师生的概率是多么小啊! 这也显示出我们之间的缘分是多么难得啊!

有老师可能会说,珍惜缘分的思想落伍了,现在有些"90后""00后"对缘分没什么感觉。但这毕竟是少数,中国的学生骨子里有"缘分"的种子,只要我们善于引导,这种子会慢慢发芽、生长,我们的教育需要这种唤醒。

珍惜彼此之间的缘分,人与人才能和谐相处。让学生珍惜各种缘分,对学生总不会有害吧?

到课堂中去 | 2017-09-21,星期四

教师是教书育人的职业,人是千差万别而各有特点的,教育过程中难免会有磕磕碰碰,有的学生厌学、有的学生淘气、有的学生倔强……而在我们农村中学,这种学生可能更多。有老师为了"省事",对学生放松要求,对其错误言行"睁一只眼闭一只眼",不求成功但求平安;有老师总希望能少上课或不上课,少接触学生,那样就可以少生气了。这个现象值得注意,一个优秀教师是不会离开课堂的,也不会隔断与学生的接触和交往,否则不能深刻体会到教育的复杂性和教育人的酸甜苦辣,也无法不断反思和提高。如果不上课,不接触学生,日子虽然过得舒服,但是失去了前进和提升的源头活水,对个人发展、对教育事业都是不好的。苏联教育家苏霍姆林斯基在几十年的教育工作中,从来没有脱离教学实践,他提出口号:到教师中去! 到学生中去! 到课堂中去! 他身体力行,一直既当校长又兼语文教师,既教书又当班主任。魏书生曾兼任多项社会职务,但他始终不离教学一线,始终不离课堂。他们是教书育人的模范! 所以要想干一番事业,要想实现个人理想,请满腔热情走到学生中去吧,走到课堂中去吧!

站起来表个态 | 2017-09-29,星期五

今天下午第三节课在高一(2)班讲授"正午太阳高度的变化"。这部分内容比较抽象,需要学生认真听、认真记录,可不到10分钟,坐在第一排的王同学就开始窃窃私语了,还做小动作。我盯了她几眼,她稍有收敛,可不一会又开始"动"了起来,甚至把一个小笔头扔到讲台的粉笔盒里,还故意说:"谁扔的?"其他同学都笑了。我叫她站起来,可她不站,还连连摆手:"好……老师,我不讲了,不讲了。"她能不讲吗? 那是自欺欺人。

"你不讲了? 好,那你站起来向大家表个态吧!"

王同学站起来了,教室安静下来,大家都在等待她表态,可这个时候她紧张了,支支吾吾说了几句,可没有人听清她说的是什么。

"声音太小了! 要有勇气表态嘛! 刚才不是讲得很凶吗……算了,坐

下去吧。"僵持的局面得到了缓和,我重新开始讲课,此后教室变得安静了。

遇到这种顽皮而倔强的学生,是要有处理策略的,你不过问,她会肆无忌惮;你直接让她站起来,她不站,你会没面子,强行拉她站起来,影响不好。换个方式,让她站起来表个态,既是对老师的尊重,也是对她本人的警告,是个比较好的处理方法。

永不放弃 | 2017-10-16,星期一

我们经常会遇到爱捣乱、不好好学习的学生,你找他谈话,他稍好一阵,之后又会犯错,你还要找他。对这种学生,我们不能放弃,要尝试用各种方法进行教育,要用"永不放弃"的精神与爱心去感化他们,相信终能获得成功。苏霍姆林斯基说:"那些特别的孩子正是通过犯各种各样的错误来学习正确的。我们永远都不要绝望,因为只要我们充满期待,他们或许很有希望。"从这句话中,我们获得启示:有些学生就是通过经常犯错来成长的,经常犯错可能就是一部分学生的天性,我们要有爱心和包容心,用爱心和"永不放弃"的精神去开启学生心灵的窗户,走进学生的心灵世界,成为他们的良师益友,这是非常重要的。

不要苛责学生的小错误 | 2017-11-02,星期四

在农村中学,课堂上有一两个同学走神、睡觉并不罕见,但如果人数多,教师切记不能怒气冲天,在教室里大发脾气。其实很多时候,教师应该先反思自己,讲授是否不够生动?结构安排是否不够合理?难易程度是否不够适宜?一味责怪、批评学生,只会加深学生对你的反感。在课堂上,有些学生好动,会做一些小动作,或者抢着回答问题,发出怪声音,我认为这些只要不影响课堂教学也无伤大雅,并且这些小错误还可以给枯燥的课堂讲解注入活力。教师无须在课堂上一味指责这些学生,有时会弄得自己也没面子。但教师要对这些学生多一些关注,课堂上让这些学生有展现自我的机会,适时对他们引导鼓励,便可以使学生的不良习惯在不知不觉中逐渐得到纠正。

面对真实的学生 | 2017-11-03,星期五

高二地理已进入复习阶段,我上午带学生复习的是"地球自转的地理意义"。晚上吕同学和顾同学来找我,请我为他们再辅导一下,我自然不好推辞。学生坐下来,我开始和她们一起回顾今天课上的内容。自转的方向、周期她们还能懂,可当分析到自转角速度、线速度时,她们就不懂了,我只好先从纬度和纬线的知识和她们讲起……在复习时区划分时,零时区范围是从7.5°W至7.5°E,而当我问东一区经度范围时,她们就算不出来了,区时为何是时区中央经线的地方时?怎样计算?我费了很大功夫她们才略知一二,辅导一节课,她们才掌握那么一点点。

说实话,学生基础之差真令我吃惊,有的是类似算术题"1+1=2"的问题,为什么对她们来说却特别困难呢?课听了,作业也做了,症结在哪里呢?可能她们书读得太少,知识储备太少,不愿也不会去思考问题,推理、演绎能力更欠缺,这就造成她们在高中甚至整个中学阶段学习上"举步维艰"。这类学生不仅在这个班,其他班级也有,我们不能只去责怪学生,而要去关注和帮助他们。所以对教师来说,了解学情,了解真实的学生是很重要的,这样才能提高教学的针对性和效率。

只有爱,才能赢得爱 | 2017-11-21,星期二

爱是教育力量的源泉,是教育成功的基础。教育没有情感、没有爱,就如同池塘没有水一样。很多教师日复一日年复一年地教,但他们没有在教的过程中找到乐趣,心中也从没有涌起爱的热潮。这样的教师不可能取得教育上的成功,也不可能把握教育的真谛。每个人生存和发展的根基是你的职业,你喜欢它还是厌倦它,对你的幸福感、成就感的获得与否至关重要。你不爱这个职业,这个职业也不会爱你。你不爱教师这个职业,就不能从教师这个职业中获得乐趣。和学生打交道有时候确实是一件烦心的事,每天都会遇到这样或那样的困境或烦恼,但是大烦恼才能有大乐趣,大问题才能有大成就。只有爱,才能赢得爱。你爱教育事业,教育事业也会爱你,你才能获得事业上的成功。你爱学生,学生也会爱你,你会在和他们的交往中获得信任和认可。

如何看待学生的问题行为 | 2017-12-21,星期四

有位老师上课时看到学生靠墙歪坐着,于是想通过提问使他坐正,但学生回答教师的提问后又重新倚靠在墙上,于是教师直接请学生坐端正,而学生对教师的要求置之不理。教师生气地质问学生:"上课坐不正,你有病啊!"学生强硬地回答:"我就有病,怎么啦?"教师大发雷霆,批评这个学生是个不遵守纪律、不尊重老师的问题学生。

对于这种情况,教师不应该简单地把这个学生判定为"问题学生"。这个学生的确没有遵守课堂纪律,也没有尊重老师,但其中可能隐含着一些其他层面的原因。教师需要了解学生为什么"对抗"教师,学生问题行为的背后是否隐藏着别的原因。或许这个学生生病了不舒服,或许他与同学发生了矛盾不开心,或许他讨厌教师的讲课方式,或许他的家庭教育有缺失,或许只是出于自我表现或逆反心理,等等。因此,教师要全面系统地考查学生问题行为的原因,这样才能找到解决问题的关键所在。

师生关系反思

225

专业发展反思

涓滴之水终可磨损大石，不是由于它力量强大，而是由于昼夜不舍的滴坠。

——贝多芬

教师劳动的长效性 ｜ 2014-01-13,星期一

俗话说:"十年树木,百年树人。"教师的劳动是长期和长效的,这是教师职业区别于其他职业的显著特征。教育工作的效果如何,不是短时间内就能看到的,往往需要很长时间才能见分晓。有人说,教育是农业,不是工业,这话是有道理的。教师通过其劳动赋予教育对象一定的学习、生活或劳动能力,并以潜在的形式存在,这种潜在形式要经过较长时间,在教育对象进入社会后才能完全体现出来。某一种知识和理论的掌握、某一项专门技能的习得、某一种思想意识的形成或行为习惯的养成,以至某一缺点的克服,某一恶习的纠正,等等,都需要教师以极大的毅力,以滴水穿石的精神,以耐心细致的工作去影响、引导学生,一个"恒"字最能概括出教师劳动的这种特征。

向优秀教师学什么 ｜ 2014-01-17,星期五

有一些优秀教师,他们似乎花很少时间和精力就能把课上好,就能取得较好的教学效果。其他教师去听他们的课,向他们学习,但是当把学到的"教学方法"移植到自己课堂上时,却得不到相同的效果。这是什么原因呢?有的教师更关注优秀教师采用的"特别"方法和措施,以为这些就是教学成功的法宝。其实不然,在教育工作中,没有一种结果是单靠某一项措施就能取得的。提高教育技巧,首先要自我观察、自我分析、自我反思,付出个人的努力,正如苏霍姆林斯基所说:"没有个人的思考,没有对自己的劳动寻根究底的研究精神,那么任何提高教学法的工作都是不可思议的。"所以向优秀教师学习,不是个别方式、方法的套用,而是要学习他们的教育理念,这才是最关键的。

不怕讲错题 ｜ 2014-02-24,星期一

张老师在公开课上讲错了一道题目,评课的时候,有老师说他备课不充分,没有认真看题,张老师压力很大。但我提出了不同的看法,教学的过程本身就是一个探索、研讨的过程,学生在学习中会出现各种困难和错误,同样,教师偶尔讲错题也不奇怪,关键是发现后要及时反思、更正,减少其

负面影响。教师讲错题也不能说明备课不充分，这里还有个临场发挥的问题。有教师为一节公开课精心准备了一周，但上课过程中一时紧张，可能会出现漏讲或讲错的情况，这无须大惊小怪。我们要创设宽松的教师"教"、学生"学"的教育环境，鼓励师生大胆尝试，也要允许他们犯错误。

"同课异构"促教师成长 | 2014-03-25,星期二

今天我和宋老师都上了"常见的天气系统"一课，我上课的思路是"课前复习—引入新授—师生互动—总结反馈"，我先以"东亚季风的形成"为例复习上节课内容，然后以探讨天气变化成因引入新课，对几种天气系统作了全面的分析、比较。宋老师上课的思路是"情境导入—展示问题—师生研讨—点拨总结"，她选取寒潮为素材，结合当前天气状况，带着疑问进入师生共同探讨环节。评课时大家认为宋老师的课效果更好，紧紧围绕问题展开研讨，层层深入，最后化解疑惑，而我的课在重点问题破解上略显不足。对同一教学内容，不同教师会有不同构思和备课设计，各个教师的教学水平、教学经验会有很大差别，所以教学实施也会千差万别。"同课异构"教研活动有利于教师们彼此交流经验，取长补短，进而改进教学工作，促进教师共同成长。

多一些"同伴互助者" | 2014-05-05,星期一

教师的教学反思大多基于个人感悟，并以描述教学情景的方式记录下来，个人的"内省"带有主观性，也有一定的片面性。其实，教师的教学反思不仅指教师个体的活动，也包括教师群体的互动。有研究表明，拥有"同伴互助者"的教师比那些独自工作的教师更容易接受和运用新的教学策略和方法。教师以开放的心态，多与其他教师探讨教学中遇到的各种问题，这样可使自己的反思更客观，也更科学，还可让其他教师有所借鉴。例如：对某一知识点到底如何讲解效果最好？课堂如何吸引学生的注意力？如何转化后进生？这些问题仅靠个人的分析判断，可能有很大的局限性，"只见树木，不见森林"。而与同伴讨论和交流，可能会对自己有全新的启发，有利于形成一个合理、有效的解决方案，所以树立开放的反思意识是非常必要的。

初、高中地理教师的交流 ┃ 2014-05-09,星期五

当前,初、高中的地理教学基本是分离的,两个学段的教师对彼此教学活动互不熟悉,加之教研管理体制往往也相互独立,这导致初、高中地理教师缺少相互听课、学习和交流的机会,教学很难做到有效衔接。例如,初中地理教师不清楚高中"区域认知"所需的逻辑起点,而高中地理教师也不知道学生在初中打下了怎样的"区域认知"基础,这就导致初、高中"区域认知"素养的培养"各敲各的锣,各唱各的调",教学的"无缝对接"就谈不上了。

教师专业发展的一个重要策略是同伴互助、结伴成长。在地理核心素养教学的衔接方面,尤其需要两个学段的教师疏通交流渠道,相互学习。初、高中地理教师可以共同参与各级教研活动,交流经验,分享心得,也可以相互学习,请"师傅"进课堂,诊断自己的课堂教学。此外,相关部门应鼓励地理教师在初、高中学段进行流动,鼓励"跨段兼课",达到更深层次的交流与融合。

与教育名著对话 ┃ 2014-05-14,星期三

为什么要读教育名著?这是基于教育工作者的现状和教育改革与发展的要求提出的。目前,中小学教师队伍在一定程度上存在着教育观念陈旧、文化知识底蕴不足、教学能力与新课程要求还有相当大的距离等问题。一些教师忽略对教育理论的深度研究,长期停留在"教书匠"的层面上,缺乏发展的后劲。经验型教师要想成为学者型、科研型、专家型的教师,就应当多研读教育名著,要按优中选优、精中选精的原则,去选读那些经受时间和一代又一代读者洗淘的经典,从而对教育思想和理论有更深的感悟和理解,这是教师成功的重要因素之一。有人说,要想提高自己的本领,就得与高手过招,这句话很有道理。

教育研究的方法 ┃ 2014-06-03,星期二

对于普通教师来说,要教好书最重要的就是要善于实践、善于思考、善于读书,而这正是一个普通教师成长的关键所在。当一名教师在日常工作

中一边实践一边思考一边研究时,他就已经进入教育科研的状态了,而这种研究带有鲜明的个性化色彩,这是教师结合本职岗位进行教育科研的最佳方式。教育研究之所以与一般的自然科学研究不同,就在于它更多关注的不是因果,不是规律和结论,而是价值、精神和人性。教育研究的教育现象,不是精确的而是模糊的,在教育实践中,教育者和被教育者的关系不是人与物的关系,而是人与人的关系——准确地说,教育者和被教育者已经融为一个整体。

教师不能缺乏"经验之思" | 2014-06-05,星期四

实践中我们发现,有些工作三四年的教师比有些工作一二十年的教师更会教学,他们能灵活处理课堂中出现的错综复杂的问题。对那些工作了很长时间,依然缺乏有效教学经验的教师进行观察,你会发现,尽管他们有形成经验的丰富材料——"行动"和"结果",但他们缺乏建立"行动"和"结果"之间联系的主动性和积极性。由于缺乏"经验之思",他们既没有从教学经历中获得"教"的知识与技能以改进自己的"教",也没有获得"学"的经验以帮助和指导学生的"学",经常抱怨学生、经常埋怨学校是这些教师的共同特征。获得经验需要主动进行"经验之思","实践—研究—反思—再实践",这是教师成长的一个基本过程。

及时记录好主意 | 2014-06-17,星期二

我以前自恃记忆力好,常常用大脑去识记看到或想到的一些东西,可是过了一阵子就想不起来了,有时懊悔不已,深切体会到了什么叫灵感稍纵即逝。现在,我养成了随时记录的好习惯,办公桌上和宿舍里都有专门记录偶有所得的小本子。一有教学、教研、学习上的好主意、好想法,就立刻拿笔记在上面,三言两语,不成章法,但颇有新意,而且日积月累,成果慢慢凸显。只要有空我就会拿出来翻看,这些瞬间灵感对我工作、学习还是有很大帮助的。爱因斯坦曾说:"我没有什么特别的才能,不过喜欢寻根刨底地追究问题罢了。"其实很多的创造,往往始于一闪念间,如果能及时捕捉并记录下来,反复琢磨,就有可能产生意想不到的成果。反之,如果任其飘零,很多创造就可能与你失之交臂。

学习共同体 | 2014-06-23，星期一

所谓学习共同体，是指以教师专业发展为核心价值，以学校为基础，立足课堂教学，由学习者及其助学者（包括同事、理论专家、实践专家等）构成的，借助成员之间的互动与对话共同分享课程资源、共同参与问题解决、共同完成学习任务的学习型组织。在某种程度上，教师学习与其说是个体行为，不如说是个体与个体之间紧密关联、交往互动的群体行为和组织行为。教师专业学习共同体的建立与实践，是来自不同学科、不同实践背景的教师实现思维碰撞、智慧交锋和知识互补的过程，也是把差异变成合作发展资源的过程。教师专业学习共同体的本质是实现教师在专业发展方面的相互协作、相互影响、相互促进。

教师口语要求 | 2014-09-02，星期二

苏霍姆林斯基说过，如果你想使知识不变成僵死的静止的学问，就要把语言变成一个最主要的创造工具。可见，教师口语对教学工作是多么重要！有的教师上课，知识讲授很细致，但往往忽略了口语的表达，课堂上语言干涩啰唆，东扯西拉，甚至还有口头禅，学生比较反感，但教师本人却很难注意到，时间一长就形成了不好的教学习惯。总体而言，教师口语应当是标准的或比较标准的普通话，语音准确，发音清晰。教师经常在公众场合对学生讲话，因此要求声音要有一定力度、要洪亮，表达通畅，快而不杂乱，慢而不拖沓，语调自然、适度。每一位教师都要坚持锻炼口语表达能力。

做有思想的行动者 | 2014-09-09，星期二

教师应积极搜集各方面的信息、数据、材料服务于课堂，鼓励学生做获取资源的主体，将接触到的生活素材作为地理课堂的学习资源。如在地理课上引用北朝民歌《敕勒歌》体会内蒙古草原的风光；引用"羌笛何须怨杨柳，春风不度玉门关"来感知季风气候的分布；利用数学知识，如利用数学坐标系知识解读地理坐标图和结构图，利用集合知识讲清地理上一些概念之间的关系；利用物理知识，如利用力的合成与分解来分析大气运动的方

向;等等。我们要培养学生用地理的眼光和视角看待一切学习资源,用整体性、差异性、动态性的思维发现、思考地理事物或现象,提升学习品质和学习能力。

教学语言的准确性 | 2014-09-10,星期三

地理课的教学语言比日常的交流语言标准要高得多,最基本的就是读音要准确。我听过一位地理老师上课,他把侗族的"侗(dòng)"读成了tóng,他本人没注意,学生也被误导。很多地理专业语言,读音不准,一个字、一句话都会影响到概念的理解,不加注意,有的人可能多年也改不过来。"柏林"的"柏"读bó而不是bái,"洮河"的"洮"读táo而不是zhào,"仫佬族"的"仫"读mù而不是mě,"地壳"的"壳"读qiào而不是ké,等等。准确的读音,是正确表达含义的保证,也是教学基本功的一项基本要求。对每一个教师来说,备课不仅要备教材、教法、学法,也要备教学语言,学好、用好标准规范的教学语言,是我们每个教师的职责。

丰富教师的精神生活 | 2014-09-30,星期二

有的教师长年累月就讲那些固定的、习惯性的、毫无新意的语言,总是在重复昨天的话,那么学生会感觉到他的思想是停滞和僵化的。教师不尊重"思想",学生也会不尊重教师,课堂上自然就出现讲话、开小差、做小动作等现象,甚至学生也会像教师一样不愿意思考。丰富教师的精神生活是教育工作的一项重要任务,关键措施就是让书籍成为教师精神生活的指路明灯,让读书成为教师最重要的精神追求。一方面,学校要为教师读书提供便利条件,图书馆、阅览室应该正常开放;另一方面,教师也要有读书的渴望和需求,"没有书籍,生活中就没有阳光",这种需求不是形式的、任务式的,而是发自内心的、真诚的渴望。苏霍姆林斯基说:"生活要求知识的不断更新。没有对知识的渴求,就不可能有完满的精神生活,从而也就不会有创造性的劳动生活。"

艺痴者技必良 | 2014-11-07,星期五

现在我每周14节地理课,每天备课、上课、改作业要花很多时间,有时

还找学生谈话，我感觉比较累。尽管我教了18年书，但是每一节课我都一点不敢懈怠，因为教与学的情况每天都在变。教学创新是我的追求，课堂怎么导入、怎么新授、怎么释疑、怎么训练，我反复琢磨、研究，我也在揣摩学生的眼光以及他们对我的评价。我痴迷课堂，一进教室，我精神就来了，因为我真心地喜欢学生，我也尊重学生。"艺痴者技必良"，这些年我的教育水平有了提高，被评为市、县教学能手，虽然与同龄人相比，我还有很大差距，但我觉得这些年没有白过，因为我对得起学生，对得起自己的良心。当学生毕业后离开校园，还能惦记着我和我上的地理课，我就心满意足了。

注意面部表情的变化 ｜ 2014-11-14,星期五

美国心理学家艾帕尔·梅拉列斯在对人接收信息效果的研究中发现：信息的总效果=7%的文字+38%的音调+55%的面部表情。可见，教师的面部表情对学生接收信息有很大影响。教师在课堂中的面部表情变化，具体来说，一要自然真实，面部表情应是内心情绪感受的真实流露，与教师的语言讲解有着自然的关联，这样才能使学生觉得合情合理，产生共鸣。如果脱离教学内容的感情蕴意，"情过其言"地表演，就会给学生以装腔作势、故作情态的感觉。二要亲切庄重，那些表情过于严肃、上课总是板着面孔的教师，或居功自傲、盛气凌人的教师，通常都不受学生喜爱。教师面部表情应该和蔼可亲，使学生感受到关心、爱护和理解，使他们欣然接受老师的要求和教育，但亲切中应保持庄重，如果过于随便和轻佻，就会失去学生对你的信赖和敬意，甚至对你产生轻视。

以身作则 ｜ 2014-11-27,星期四

学校一直要求老师上课不接听手机、不玩手机，但有老师上课时手机铃声一响就急忙拿出手机到教室外接听，短的两三分钟，长的四五分钟，这是不好的习惯，必须予以纠正。很多学生也有手机，学校一直反对学生把手机带进课堂，对课堂玩手机的学生会进行批评教育。为人师表的教师应该在学生面前做好表率，教师课堂上使用手机会影响学生的注意力，更容易诱发学生玩手机的念头和冲动，使教育效果大为削弱。教师在课堂上，包括早读课、晚自习，都不应该在学生面前玩手机。进入教室前应及时关

机或把手机调成静音,最好不要把手机带进教室,个人事务课余去处理。

培养幽默的品质 | 2014-12-02,星期二

幽默是教师的优秀品质之一,正如英国的 M.鲍门所说:"高尚的幽默隐含了生活的全部哲学,它不仅仅是对无知的嘲讽及对笑话和故事的掌握。真正的幽默者能够像从口袋掏东西一样,自然而然地流露和反映出来,而不要花大力气。"其实,高尚的幽默是教师思想、学识、阅历、经验、智慧和灵感在教学语言运用中的结晶,是一瞬间闪现的光彩夺目的心灵的火花。教师只有知识渊博,才能谈天说地;只有思维敏捷,才能妙语连珠。要做好的教师,就需要培养幽默的品质。

专注课堂 | 2014-12-03,星期三

教师上课最基本的要求就是要专注、投入,45 分钟时间,只完成一件事,那就是教学,要千方百计把课上好。有教师视上课为负担,走进教室无精打采,一有间隙就东张西望,似乎在打发时间。教学方法单调老化,过多的重复和机械的训练,导致课堂不是生气勃勃,而是一潭死水,这样的教学不是在促进学生的发展,而是在阻碍学生智力潜能的发挥。教师站在讲台上,应该是积极的、乐观的、阳光的,用自己的激情感染学生,点燃学生心中的求知欲望,让学生每天怀着期待、快乐的心情等待老师走上讲台。

留意别人的赞美 | 2014-12-09,星期二

今天县教研室和陈洋中学的老师来我校开展教研活动。地理组集中交流的时候,教研员特别提到我写的教学论文,表示值得大家学习。有老师向我请教写论文、做课题方面的经验。在同行面前,我不敢骄傲自大,因为我不是教学专家,于是我只简单谈了一些经验。这些年,我立足教学实践,注重经验积累和教学反思,写了一些教学论文,有的获了奖。每当收到编辑部寄来的样刊时,我都非常高兴,我总是迫不及待地拆开找我的文章……这些文章在同行中流传,他们说我是"写作能手",这令我有点兴奋,也有点意外和不安。作为一名农村中学教师,我要立足本职工作岗位,努力学习,勇于创新,争取教出更多的好学生,写出更多的好文章。

批评是深层次的关心 ｜ 2014-12-12,星期五

今天我上了一节公开课,地理组评课时,大部分老师对我的课表示赞赏和肯定,说了许多课堂"亮点",缺点和不足提得少,只有李老师指出我多媒体使用不够熟练、语速太快、学生活动太少等问题。听到这些,我还真有点紧张,但他说的是大实话,评价可谓"入木三分""一针见血"。评课结束后,他和我交流了一段时间,从课堂导入到案例分析,从学生答题到课堂小结各个环节,他的评点和分析对我触动很大,我很感谢李老师。正如特级教师于永正所说:"批评是深层次的关心……至少要冷静、要思考,做到有则改之,无则加勉。"三人行必有我师,个人的成长离不开集体的帮助,我要虚心向同行学习。

好教师怎么做 ｜ 2014-12-19,星期五

今天课前找学生谈话,我对他们说,每个人都要干事,不读书的就不能称为学生,不上课的就不能称为教师,不给人治病的就不能称为医生。的确,对于教师来说,生命的最大价值就在于教育学生、为学生上课。著名数学家钱伟长说过:"你不上课,就不是教师;你不搞科研,就不是好教师。"有老师工作上拈轻怕重,课上多了就觉得吃亏,少上课就暗自窃喜,这有悖于教师职业的要求。可以这样说,不上讲台,不与学生面对面,这样的教师是"徒有虚名",是挂教师名号的"工作人员"。同样,想成为好教师,会上课还不够,还要有读书的习惯、科研的能力,要有研究的态度和行动中的反思与改进。

上课要有精神 ｜ 2014-12-24,星期三

今天上的两节课值得回味,第一节课在高一(4)班上"水循环",我利用多媒体讲解得很到位,但是上课一段时间后,就有学生开小差、打瞌睡,经过提醒、暗示,那几个学生才回到学习状态中,勉强听到最后。第四节课在高一(2)班上同样的内容,采用同样的教学手段,但上课效果迥异,班级没有一个学生讲话、睡觉,我想这可能和班级学风有关。另外,我在课堂上特别是后半段适当提高了音量,更有"激情",精神抖擞,学生注意力就比较集

中。虽然我们地理教师课多,有时也很累,但面对学生振奋精神,鼓足干劲,对调动学生积极性、提高其注意力还是有好处的。

为谁听课 | 2015-01-21,星期三

每周都有教研组或校级的公开课,听课的老师不少,但有的老师听课"走过场":人坐在那里,注意力却在手机上,要下课时急匆匆在听课笔记上写上几句;有的老师在听,但是缺少观察、缺少思考,下课铃响,听课任务也就结束了;有的老师课听了不少,积累了一大堆教学"素材",却提不出提高教学质量的新策略。这些现象值得我们深思。听课到底是为谁"听"的?是为了完成任务,应付检查,还是出于教学和自我发展的需要?实际上,听课直接的受益对象是教师,听课是教师专业发展的需要,你要想提高教学水平,要想成为教学骨干,就必须好好听课,好好向优秀教师学习。所以要杜绝教师听课中的"走过场"现象,光靠检查、督促不一定见效,根本上还是要靠教师自觉提高学习意识和反思意识。

熟悉江苏高考模式 | 2015-03-03,星期二

有一位老师问我,学业水平测试必修科目多少分达"A"?多少分达"B"?我惊讶极了,作为高二老师,怎么会不知道这个?我告诉他,90分以上达"A",75~89分为"B"。他点点头,可能他真的不清楚学业水平测试等级对应的分数。平时,很多教师只关注教学,不关心招生考试相关政策。《江苏省普通高等学校招生工作意见》几年前就出台了,这份文件对统考科目、学业水平测试、综合素质评价等作了具体明确的说明,作为高中教师,应该对此非常熟悉。有的学校也没有重视此事,教研活动只顾备课,没有组织教师学习高考考试方案等文件。教师不熟悉,学生就更不清楚了,教学活动就会存在一定的盲目性。晚上我把这份文件复印了几份,供相关老师查阅。

做有激情的教师 | 2015-03-19,星期四

做有激情的教师,这是个老话题了,但仍值得一说。作为一项培养人的事业,教育需要激情。作为一种日日和天真活泼的孩子相处的职业,教师需要激情。无论是课堂上跳"艳舞"的周思成,还是"史上最牛历史教师"

袁腾飞,在他们不拘一格的言论和行为背后,潜藏的都是火山一样涌动的激情。反思我们今天的课堂,为什么常常出现学生目光呆滞、沉寂一片甚至昏昏欲睡的现象?为什么知识对学生失去了吸引力和感染力?关键在于教师缺乏激情、缺乏感染力。没有激情的教师,是僵滞的教师,是不折不扣的"传声筒"。有激情的教师,才能培养出有激情的学生。没有谁能够给别人自己没有的东西,只有教师自己激情四溢、活力充沛,才有可能以此感染学生,激发学生的学习激情。

教师口语的生动性 | 2015-03-23,星期一

今天在高一(4)班讲解"谋求人口合理容量",其中有两个重要概念我是这样分析的:一是环境人口容量,我把它比喻成一个人的最大饭量,假如他每顿最多吃三碗饭,超过这个量,他就"吃不消",这三碗饭就是警戒值,相当于一个地区的环境人口容量(最大值)。二是人口合理容量,是指一个地区最适宜的人口数量,就好像某人吃一碗饭,身体就能保证营养和健康,这就是他的最适宜的饭量,我们要追求的就是这个"最佳量"。如此比喻,深入浅出,学生自然容易理解。

听课要关注什么 | 2015-04-01,星期三

我们在听课时,一般看执教者如何解读教材,如何与学生对话,如何化解重点、突破难点,关注的是整个教学过程。但在教学过程之外,以下这些环节也值得听课者去"听"、去观察:执教者的音色、手势、身姿、眼神、表情、板书等等。优秀教师在教学细节处理上有很多可借鉴之处,只要你注意观察、思考,每听一节课,你都会有收获。比如,我记得有一位老师在课堂上请学生回答问题时,总是伸出一只手示意对方,而不是用一个手指头指着对方,这就体现了对学生的尊重。他的这个手势我一直记着。

还缺少什么声音 | 2015-04-20,星期一

现在教师们逐渐明白了换位思考,评课时不再一味强调自己的感受,能和授课教师换位思考,设身处地考虑授课教师的思路。但我发现,在地理课堂教学评价时,缺少了学生的声音。在新课程改革的背景下,评价者

在评课时重要的不是与授课教师换位,而是要与学生换位;也不是拿授课教师上的课和自己的课比谁优谁劣,重要的是从学生的角度去感受课堂——假如你是授课教师的学生,你能听懂吗?你能理解吗?你愿意参与吗?你有收获吗?你的思维能跟上老师的节奏吗?所以我认为,在今后的地理课堂评价时,应该多关注学生的表现、感受与收获等。

"听"课的结构 | 2015-04-24,星期五

课的结构是指课的组成部分及各部分的顺序和时间分配。课型不同,课的结构也不同。新教师在听课时,首先要看的就是授课教师是如何安排课堂结构的:教学目标在何时采用何种方式呈现,如何最大限度地引起学生的注意,如何激发学生学习的动机;怎样创设教学情境,导入新课的教学;如何通过课堂提问,使学生有意识地从认知结构中提取相关的信息,并激活旧知识;怎样通过简明、准确、生动的语言系统呈现新内容,采用何种方式完成对新知识的巩固;如何设计多种形式的练习,加强对知识的应用与迁移。另外,除了注意每个环节的实现方式外,还要注意时间安排和各环节的承转过渡,尽量避免课堂"前紧后松"或"前松后紧"的不合理状况。

教师学习的内在机制 | 2015-04-27,星期一

教师不是技术熟练者,而是"反思性实践家",这是对技术理性实施去蔽以后学界达成的共识。具体而言,教师是以经验的反思为基础,面向学生创造有价值的某种经验的"反思性实践家"。教师的这种专业属性意味着教师反思性实践过程本身就实现着教师学习的真义,这也决定了教师学习与教师专业发展在内在机制上的同一性:"经验+反思+实践+研究"。微观地看,就是经验与反思的相互渗透、相互融合、相互促进,也就是在行动中思考,在思考中行动,最终通过思考与行动的不断对话完成实践性反思与反思性实践的有机融合。

略谈教师专业发展 | 2015-04-29,星期三

教师专业发展既有渐进性,又有阶段性。所谓渐进性,就好比一棵树的生长,有成活期、成长期、成熟期,有扎根、长干、开花的过程。教师的爱

心和责任心是根系，课程素养是主干，教学技能是枝叶，教育教学业绩是花果。这里不但要有知识、技术、能力，还要有阅历、眼光和情怀。教师专业发展，就像一棵树的生长，应当自然生长、向上生长。教师专业发展也有阶段性，从低到高，拾级而上，只有苦练内功、坚持不懈，才能一步步"登峰造极"。当今的教学名师大都在教法创新、教材建设、课程建设、文化关怀几级台阶上拾级而上。对于一个有专业追求的教师来说，课程建设大概就是最重要的一级台阶了。一个教师如果能够从课程的高度"俯瞰"教学，就能把经验升华为理论，把教学艺术融合于教学实践中。

职业倦怠 | 2015-05-11，星期一

职业倦怠现在比较普遍，教师工作干了几年、十几年，最初的火热激情、雄心壮志没有了，教书育人、为人师表的动力缺失了。这一现象的产生不足为怪，试问：日复一日、年复一年地重复劳动，哪一个人、哪一个行业不会倦怠呢？终身以火热激情、昂扬斗志从事某一工作的人，那可能是文学家笔下的形象。但我们要尽量减少职业倦怠，如果我们简单地认为教育工作今天和昨天一样，明年和今年一样，那必然会产生倦怠。教育工作的对象、内容、手段都在迅速变化，这和工厂里工人的劳动有很大的不同。如果一个教师只要求自己像蜡烛一样，成天勤勤恳恳地埋头苦干，以牺牲自我作为职业高尚的表征，而不是用一种创造的智慧去激发学生心中的精神潜力，那么工作对于他来说只有付出甚至成为负担。教育事业和教育的魅力一定要联系起来，要激活教育工作的内在活力，与时俱进、勇于创新，产生更高、更远的职业追求，这样才能有效避免职业倦怠。

教学反思的误区 | 2015-05-20，星期三

教学反思固然是教师总结教学经验、提升专业能力的一种好形式，但运用不好就不能达到预期效果。在教学反思上，目前存在以下几个方面的问题：一是"茫"，有些教师不知道对哪些事情进行反思，认为自己的教学实践没有反思价值，对周围发生的教育现象漠不关心或无动于衷；二是"浅"，有些教师的反思只限于一般意义上的教学回顾，难以与教学理论相联系，不会提炼自己的经验，使教学仍停留在原有的水平上；三是"散"，有些教师

认为教学反思是自己的事情,是个人行为,没有必要相互交流、借鉴,从而使教师之间不能形成有效的教育合力;四是"浮",有些教师不是发自内心、主动地对自己的教学行为和教育现象进行反思,而是把它作为需要完成的某项任务,使教学反思往往流于形式,缺少实效。

反思自己 | 2015-05-27,星期三

沈阳一位老师为自己15年前功利主义的教育行为写了一封道歉信:"作为老师应该更多地关心帮助她,而我却整天盯着成绩。有一次,仅仅因为一道题没答对,我将她赶出了教室。此后,她更加一蹶不振。半年后的一天夜里,我在一个烧烤摊看到她在为客人端盘子……作为老师,我没有改变我的学生,反而打击了她的自信……十多年已过去,这件事还在折磨着我。我想真诚地对孩子说:对不起!"

我读过很多信,但敢于直面自己缺点、检讨自己错误行为的道歉信却很少见,这位老师是有勇气的!读着这封信,我的心久久不能平静,内疚和惭愧也油然而生。我是老师,我不也有过这样的"功利"行为吗?为什么我们不能经常反思、检讨自己的教育行为?不敢公开,但至少不能忘记。在前进的道路上,牢记自己的错误,多插几块"警示牌",我们才能走得更远。

"一题一课一成果" | 2015-06-01,星期一

所谓"一题一课一成果",是指基于问题解决,旨在推动教师专业成长的一种校本研修方式。"一题一课一成果"的出发点是"题",对教师而言,这里的"题"不是大课题、大问题,而是在课堂教学、班级管理、师生交流、专业成长中遇到的困惑、难题。教师应该依据自己的专业素养和知识体系,将这些困惑与难题转化为自己研究的小课题,在实践中探索,在探索中反思和提高,形成一种开放、民主、科学的研究意识,促进教育研究水平和能力的提升。在研究的基础上,鼓励教师将研究成果通过"课""论文""调查报告"等形式进行展示、研讨,形成自己的研究成果。"一题一课一成果"建立在自愿的基础之上,是一种"面对真问题、开展真行动、获得真发展"的实践研修方式,通过这种方式让青年教师"动起来",并以此促进每一位教师的自身成长和进步,值得借鉴和推广。

何必规范教案书写 ｜ 2015-10-09,星期五

经常看到一些老师在办公室忙着写教案,从教学目标、教学重点、教学难点、教学方法到教学流程、作业设计等,一应俱全。规范的教案书写占用了教师很多时间,消耗了教师钻研教材、准备教学资料、优化教学设计的精力。这样做使写教案的目的发生了偏移:不是在为教学做准备,而更多的是在应付教务部门的检查。其实,规范的教案书写仅仅侧重于程序性操作层面,但对于"这样教好不好""为什么要这样教""怎么才能教得更好"这样的问题却没有一定的思考和探讨。因此,教案的书写不一定要规范齐整,各环节面面俱到,但一定要引入"研"的意识,加入对于教材的理性思考,加入预设的教学情境,加入师生互动的深层建构,加入课后的有效反思,等等。这样具有思想内涵的文字才能增添教案的含金量,才能促进教师的专业化发展。

开展专业对话 ｜ 2015-10-16,星期五

教师的专业对话是指教师结成小组,定期碰面,就大家关注的教育教学理论与实践问题进行专题性讨论。专业对话可以促使教师深入思考教学中遇到的问题,借鉴和吸收他人的经验和方法,拓宽自己的知识面和专业视野,促进教师更快成长。第一,专业对话要营造一个民主、平等和相互尊重、相互合作的小组氛围,每个人都以普通教师的身份参与其中。第二,小组成员讨论决定活动的时间、地点、议题和召集人等事项。第三,每次具体的专业对话活动形式多样,但不外乎以下三个方面:①对相关教育理论和观点进行领会、讨论和分析;②理论联系实际,挖掘教师个人的知识与经验感受,提出对具体问题的看法;③审视与交流各自的研究和经验,分析对教育教学活动改进和提高的影响与效果,这是专业对话的重点。

教育要充满感情 ｜ 2015-10-19,星期一

如果有人问:"当一个好教师的最基本条件是什么?"可能会有很多种不同的回答,但我认为最重要的是要有一颗关爱学生的心。离开了爱,一切教育无从谈起。但这种爱、这种情感绝不是装模作样的"平易近人",也

不是教师对学生居高临下的"感情恩赐",它是朋友般平等而真诚的情感。感情当然不能取代教育,但教育必须充满感情。俗话说:"十个手指头伸出来,总有长短。"好学生我们当然喜欢,但总有一小部分学生由于学习基础薄弱、学习能力欠缺、家庭教育不到位等各种原因而成为"后进生",他们令老师担忧,也不受同龄孩子欢迎。转化后进生是一项非常艰巨而且责任重大的教育工作。教师要走近他们,了解他们的学习,了解他们的生活和思想动态,和他们多沟通交流,满腔热情地为他们服务,这些都离不开教师的爱心和感情的投入。

不要妄自菲薄 ｜ 2015-10-30,星期五

很多场合都听到地理教师说,现行江苏高考方案让地理教师"尴尬""没有地位":地理选修班在高三是最少的,很多年轻地理教师失去了做班主任或教高三的机会;地理课受到学生的冷落;地理教师参加教研和培训活动的机会少;一些学校地理教师紧缺,教学任务重;等等。不可否认,这些情况都是客观存在的,但地理教师不能妄自菲薄,不能看低自己、看低地理学科教学。学科教师在学校是否有"地位",并不取决于高考分值的多少,关键看教师的业务能力和师德修养。在学校里,每个教师都从事教书育人的工作,都是基础教育"大厦"的一分子,每一分子的工作状态和积极性都会影响整个"大厦"的建设质量。不管别人怎么说、怎么看,自己信任自己,学生认可自己,这就足够了。沿着地理教育这条路,充满信心、坚持不懈地走下去,我们的路会越走越宽。正如马克·吐温所说:"人的思想是了不起的,只要专注于某一项事业,就一定会做出使自己感到吃惊的成绩。"

注意知识更新 ｜ 2015-11-03,星期二

最近听了一位老师的课,他上得很认真,讲解也很全面,但整堂课都是照本宣科、按部就班,给人的感觉是知识面狭窄,容量太小,很难吸引学生参与。现在有的老师主动学习的愿望不太强烈,除了备课、改作业,其余时间就上网、玩手机,很难见到他们读书,这就造成信息落后,知识更新太慢。有的老师还不知道"年龄中位数""绿色化""资源诅咒"等概念,甚至连世界

人口总数还重复着教材中的数字,这不能不说是信息的落后,与形势发展要求不相符。要做一名优秀地理教师就必须坚持读书,坚持学习,了解国家大事,了解世界形势,这样才能与时俱进,永不落后。

教学的付出 ｜ 2015-11-10,星期二

早上在高二(2)班和高一(5)班连上两节课,我上课声音大,两节课上下来回到办公室就感觉特别疲劳,不得不伏在桌上休息片刻,嗓子有点难受,再开口发现声音沙哑了,喝了不少水,稍有缓解。但我不觉得这是“受苦”,因为今天的两节课我上得很满意,我讲得流畅、清晰,学生听得认真,课堂训练、活动安排井井有条。教学是需要付出的,教师的课上得是否认真、效果好不好,学生最清楚。你付出了努力和汗水,学生会直接感知,他们会从内心感谢你。

展示愉快的表情 ｜ 2015-11-13,星期五

我见过一位老师上课,他讲得不错,但神情很严肃。学生回答问题或学生在做作业的时候,他就看着天花板或望着窗外,显露出急躁、厌烦的情绪,似乎在教室里的时间很“难熬”。这种上课状态需要改变,对于任何一个站在讲台上的教师来说,向学生展示愉快的表情是非常必要的。讲课要有精神,要与学生有目光交流,学生活动时,要关注他们,把亲切、期待的微笑传递给学生,给他们信心和勇气,要使学生意识到:老师和他们一起在为完成某项任务而孜孜不倦地努力着!

教态对教学效果的影响 ｜ 2015-11-19,星期四

课堂犹如一个大舞台,教师集语言、表演、造型等艺术手段于一堂,全方位地对学生施加影响。教师的装束、言谈、举止、态度、作风,都直接参与整个教学过程,并产生教学效益。正的教学效益加强教学效果,而负的教学效益抵消教学效果。研究资料表明,凡是教学效果好的教师都十分重视教态。在课堂教学中,教师精益求精的精神、朴实的着装、稳重端庄的举止、活泼开朗的性情、文雅谦逊的谈吐、和蔼可亲的态度,都会深深地吸引学生,使其学习兴趣更浓。

改变漠不关心的态度 | 2015-11-27,星期五

我教过的班级中有少数学生对学习成绩和其他同学的进步,抱着消极的、漠不关心的态度。这种态度表现为对回答老师提问、对作业任务、对各种考试都显得无动于衷。不及格的分数并没有使这些学生感到不安。调查发现,这些学生在学习过程中从没有体验到那种心情激动、精神振奋的感受。在他们的思维活动中,没有克服困难的强烈愿望,甚至连困难的地方也无法觉察出来,他们最欠缺的就是那种认真思考,把一切都弄清楚的愿望。教师的任务就是要不断地促进学生从学习中得到满足的良好情感,培育学生强烈的学习愿望,让学生体验到努力之后带来的成功的喜悦,这是教师的重要职责。

多外出学习交流 | 2015-12-01,星期二

今天早上和物理、化学组的两位老师乘车前往射阳高级中学参加2015年县高二学业水平测试复习研讨课,与会的是县内各高中高二学业水平测试科目的老师。第二节课听了射阳高级中学周琴老师的公开课"大气圈与天气、气候",第三节课各位同仁听了我的"地球自转的地理意义"公开课。之后大家进行评课,交流复习经验,教研员对高二学业水平测试备考提出了具体要求。会议室里暖意浓浓,大家坐在一起不仅谈复习迎考,还谈了各学校的学生状况,也谈到课程设置、高考改革等话题。这样的教研活动是有意义的,特别是对青年教师的成长作用巨大。教育主管部门和学校要争取更多机会让每一位教师每年都外出学习、培训,出去走走看看,学习先进的方法和经验,与同仁进行广泛的教育、教学、教研经验交流,这对促进教师发展、提高教育质量是非常重要的。

好课不容错过 | 2015-12-04,星期五

今天学校举行青年教师优质课比赛,9门学科共12位教师开课。我今天有三节课,原来准备将课调一下,多听几节,但听课的人多,没调成,无奈之下我只好先上课。我只听了第四节的语文课和第六节的政治课。两位老师精心准备,课上得挺好,有很多"亮点",我把这些"亮点"都记录了下

来,甚至包括他们的语言表达、神态、表情等,我也作了观察和记录。如语文课上老师和学生齐声阅读课文、安排"擂主"和"挑战者"之间的竞赛等场景,政治课上学生的广泛参与和教者的简明点拨等,给我留下了深刻印象。学校的优质课比赛,老师们都认真准备,多听几节这样的优质课,多反思自己的教学,对提高教学水平是大有裨益的。

教师要有创新意识 | 2015-12-07,星期一

从事教育工作快20年了,我一直在想:作为一名教师,是否一辈子都只是在读书、教书,都在沿用先辈或诸多教育家的思想来搞教育? 能否来一点个人的创新?

苏霍姆林斯基说:"真正幸福的根源何在呢? 就在于创造,在于创造性的劳动。"自我创造应该看作人生价值的最高境界,哪个人不希望有自己的发明或创造呢? 哪个人不希望实现自己的人生追求呢? 教师永远需要有创造、创新的意识,要努力发现那些客观存在的又没被别人发现的教育现象、教育规律或教育本质,揭示教育人、培养人的"真理"。虽然我们奋斗终生,可能也不一定有达尔文、爱因斯坦那样的丰功伟绩,但是我们在为建造基础教育的"大厦"添砖加瓦,在努力做出自己的贡献,这就够了。教育"发现、发明"不在于大而全,而在于真实而普遍。教育要发展,根本靠改革,关键在教师。只要教师坚持创新,锐意进取,就一定能成为一个智慧教师,成为一个教育的行家。

在实践中成长 | 2015-12-10,星期四

学习、反思、实践是教师成长的三个动因,而教学实践是教师成长的根本动力。学习内容的选择要根据教学实践的需要来确定,不像中小学那样有固定的学习科目和计划。教师的反思也是针对教学实践中产生的问题进行的反思。脱离实践的反思是没有生命力的,也是没有实践价值的。任何教师都离不开教学实践,实践不仅是教师的立足之本,也是教师展现个人才华、体现人生价值的舞台。我们应该热爱自己从事的职业,只有热爱这一职业,才会自觉地去学习这一职业所需要的知识与方法,主动地去反思自己在实践中存在的问题。有了自觉的学习、主动的反思,就会有充满

活力的实践活动,学习—反思—实践,再学习—再反思—再实践……这样就不断地把教师从一个台阶推向另一个新的台阶。

教育科研培训有感 | 2015-12-18,星期五

今天去射阳县广播电视大学参加县教育科研骨干教师培训班,参加培训的主要是承担省市县教育课题的中小学教师和各学校负责教科研的校长。在培训会上,盐城市教科院副院长马群仁作了"'教师即研究者'内涵探析与实现路径"的专题讲座,射阳中学副校长孟炳忠作了"提升科研能力注重内涵发展"的专题讲座,县教研室副主任王克亮作了"教育科研的实践与思考"的专题讲座,还邀请县内两位校长作了主题经验交流。培训期间,大家认真聆听、认真记录,专家精彩的讲座引来阵阵掌声。听了他们的讲座和经验介绍,我深受启发,收获很大。虽然我参加工作近20年,积累了一些教书育人的经验,但在专家面前,我甘愿做一名小学生,不断学习,因为在教育教学领域,我还有许多未知的东西。参会的老师会后交流,都说这个活动组织得好,希望以后能多参加这样的活动。

公开课为何不愿听 | 2015-12-28,星期一

今天要说的话题和上星期五(12月25日)射阳中学公开教学活动日有关。当天盐城市内各高中都派教师前往射阳中学听课。地理安排了三节课,上课老师都作了精心准备,第一节课是吴老师的公开课,有七个老师去听,第二节课是花老师的公开课,只有三个老师去听,第三节课是蒋老师的公开课,只剩我一个人在听。我很奇怪,这可是面向全市的公开教学,为何听课者寥寥?有老师从很远的地方赶过来,仅是为了完成学校安排的任务,证明"人到了"。有老师进教室听课,没多久就开始玩手机,甚至半途出去接个电话,人就不回来了。在课间,一位老师说:"听课是听不出什么名堂的,就是消磨一下时间。"我不这么认为,公开课执教者都是认真备课、磨课的,课的质量比较高,有许多亮点值得我们学习、借鉴,存在的不足也值得我们认真研究、探讨。只要用心去听,总会有很多收获,这对提高我们教学水平是有很大帮助的,这样的课不能不听。

一次难得的学习机会 | 2016-01-20，星期三

今天早上去盐城市明达中学观摩盐城市首届基础教育、职业教育教学成果答辩会，参加答辩的是入选的24个教学成果项目的主持人，盐城师范学院和市教研院专家担任评委，参加这样的活动对我来说是一次难得的学习提升机会。项目主持人现场对成果进行了展示、介绍、评析，这些教学成果研究深入、内容丰富，主持人的研究素养令人赞叹，而评委的发问、点评也是有理有据、一语中的。作为一名农村中学教师，我平时虽然也做过一些科研工作，这次也提交了"地理教学与防灾减灾教育"项目，但和他们相比，还有很大差距。观摩了这次答辩，我深感要把科研做好，需要极大的热情、耐心和投入，还需要借助团队的力量。前进的道路并不平坦，但坚持走下去，成功就有希望。答辩会持续一天，精彩纷呈，这是我有收获的一天、难忘的一天。

语言表达的情感 | 2016-01-21，星期四

我见过这样的教师，专业精通，学识丰富，也长于表达，但教不好学生。听他的课，条理清晰，但渗透性差，学生不愿接受。有人以为这是教法问题，在我看来其实是教态问题。他们冷冰冰地进行知识"发货"，却没有情感交流。冷冰冰的人也许可以很好地操作机器，却无法启动心灵的闸门。语言表达的情感，是教师在沟通师生关系时体现出来的丰富情感色彩，以表达教师对学生深厚的爱。如对学生正确的回答、富有创造力的举动，用热情洋溢、发自肺腑的话语给予肯定和赞赏，这将会激励学生探求知识、奋发向上的勇气。即使是批评学生的语言，也应该饱含深情，让学生感受到老师的批评不仅是合乎情理的严厉，而且是对他充满人情味的关切。

厘清思路去上课 | 2016-02-24，星期三

上课对很多教师来说是一项辛苦的劳动，"苦"在课堂要引导、点拨、讲授，还要处理各种"意外事件"。其实，上课绝不是一件令人生畏的事，我的经验是先厘清教学思路，一节课要讲几个问题、有几个步骤、要让学生做什么，备课时都要想清楚。设计好的方案在实际操作时可能会碰到意想不到

的情况,比如学生没有相应的知识储备,学生的回答"风马牛不相及",学生讲话或做小动作,等等,这些都会影响教学进程。此时就需要教师能够灵活应变,及时调整教学"预案",对问题进行"处理"后再及时回到预设的轨道上来。一节课的教学任务完成不了问题也不大,切忌为了赶进度而滔滔不绝、"满堂灌"。

认真探讨疑问 | 2016-03-25,星期五

今天集体备课时,王老师提出了期末试卷上的一道判断题:

同一时刻,各地正午太阳高度,从太阳直射点所在的纬度向南北两极递减。(　　)

答案是B(错误)。开始我认为这句话是正确的,平时教学中我们也经常这样讲。但王老师说,此句表述有误,如果该日是春分日、秋分日,太阳直射赤道,这种说法是正确的,可是如果太阳直射在南半球或北半球,南北极点出现极昼或极夜时,就有问题了。因为此时南北极点并不是正午太阳高度最小的点,只能说"正午太阳高度从太阳直射点所在的纬度向南北递减",所以该题给出的答案是正确的。经他这么一讲,我恍然大悟,看来教学中的疑点提出来大家讨论,不同观点相互交流,有利于及时地解决困惑,克服个人思维的局限性。

最成功的教学 | 2016-03-29,星期二

我一直在想,最成功的教学是什么? 按现有的评价标准就是学生喜欢这门课,能够考出好成绩,特别是在高考中能考出高分。也有人说,最成功的教学就是在省市优质课评比中获奖,得到同行、专家的一致认可。但我觉得以当前的课堂来评价教学是否成功有失偏颇,有的老师上课滔滔不绝、眉飞色舞,甚至"东拉西扯",按现有标准这不是好课,但是学生却特别喜欢这样的老师,喜欢上这样的课,我们能说这不是成功的教学吗? 教育是把软刀子,来不得急功近利,一时是看不出效果的。学生毕业离开校园了,他们对学科老师的评价才是最客观、最有分量的评价。如果学生在成年后保持了对地理的兴趣,认为中学地理是他们上过的最有意思、印象最深的课程,说明这是最成功的教学,这样的教师才是最优秀的教师。

准确表述教学目标 ｜ 2016-04-01,星期五

张老师编写了高三地理复习课教案"河流对地貌的影响",对考点的处理全面到位,教学设计契合课标,注重学科横向联系,但美中不足的是教学目标的表述存在缺憾。本课知识与技能目标"理解河流的三种侵蚀方式,了解河流侵蚀地貌的基本形态"中,虽然"理解""了解"行为主体是学生,但表述模糊,指向性不强,建议使用"描述""比较""讨论""写出""制作""研究"等行为动词。另一知识与技能目标"了解河流堆积地貌的基本形态和形成过程"中,没有目标实现的条件及表现程度,建议修改为"观察三角洲和冲积扇的示意图和景观图,说出两种常见的流水堆积地貌","参与小组讨论,描述'河水'与'海浪'二者作用的强弱对河口区地貌所产生的影响"。这样修改后的表述更具体、更准确。

及时记录,持之以恒 ｜ 2016-04-06,星期三

教学反思的撰写要持之以恒,坚持不懈,不能"三天打鱼,两天晒网",最好每天或隔几天就安排时间来专门写教学反思。为了及时捕捉信息,教师要养成随身携带记事本的习惯,及时将所见所思所想记录下来,如果时间来不及,可在活动过程中用缩写符号或只言片语来简记一些重点,这些材料对于撰写教学反思是很有帮助的。用记事本记录时最好在每一页都留下一些空白,若再有新信息或新想法可以随时补充。如果用电脑来记教学反思,日后在整理时新增或修改的内容可用不同的字体标出。我认为,对教学反思及时作一些整理是非常必要的。

关注个性成长 ｜ 2016-04-19,星期二

教育理论和专业发展书籍一直深受教师们的追捧,因为阅读这些教育理论或教材教辅的书,可以直接应用于教育实践,比起阅读其他书籍更为有效。而事实上,传统的阅读思想、阅读内容的选择已经远远不能适应新的课程改革的要求,教师要成为专业的教育者,更需要成为独具个性的、有自己风格特色的教育者,这就需要教师的阅读面不断扩大,思考不断深入。各种专业类的理论和学科教学策略类的书籍应该看,提高见识、怡情益智、

251

修养身心类的书籍也要看。教师的发展,不仅要具备专业成长方面的"一桶水",还要有提升人文素养、顽强意志、醇厚情感方面的"源头活水"。

教师语言表述要准确 | 2016-04-21,星期四

微课时间虽短,但教师传递给学生的地理知识应当是客观的、准确的。教学语言应科学规范、准确达意、逻辑性强,切忌出现似是而非、混淆不清的表述。我在"水稻种植业"微课教学中,语言表述方面就出现了问题:分析东亚、东南亚和南亚地区的气候条件时,总结为"高温多雨、雨热同期",实际上这是在描述亚热带、温带季风气候,而热带季风气候无冬夏寒热之分,且有明显的雨季和旱季,可改为"降水量丰富,夏季或全年雨量充足"。

讲究手势语艺术 | 2016-04-22,星期五

在一些有经验的教师的课堂上,时常能够见到这样的场景:教师时而以一种自然大方的姿态来做一般的讲述,时而以柔和舒展的手势来表现诗情画意,时而以稍嫌夸张的动作来表现满腔义愤。在这些教师的课堂中,手势的运用很讲究节奏和分寸,会深深吸引学生的目光,但不会使人眼花缭乱。课堂教学中的手势语是一种十分艺术化的手势语言,要自然得体,力求优美潇洒,切不可矫揉造作,装模作样,让人感到轻浮;也不可过于死板拘束,扭扭捏捏,给人一种压抑或滑稽可笑的感觉。

教学语言的含蓄性 | 2016-05-04,星期三

今天在高一(1)班上课,我提问王同学,他站起来,回答不上来。我说:"注意力不能分散,课堂时间有限!"他沉默不语,其他同学都转头看向他。实际上,王同学刚才在和前面的同学讲话,对老师的提问,他自然回答不上来。我这样一说,虽然没有直接批评他,但王同学和其他同学都知道我的意思了。教学时,教师既不能含糊其词,又不能一语道破"天机",特别是当学生答错问题或违反纪律的时候,教师用含蓄的语言加以暗示或委婉地提出批评,其效果往往要比直接批评好。

学会自我反省 | 2016-06-09,星期四

许多老师都有这样的体会,听别人的课,看别人的教学视频兴致勃勃,却不愿看自己的教学视频,有老师用"惨不忍睹"来形容自己的课。"我的话真多、真啰唆!""我的教态多难看!""这个问题怎么那样提问……"自我反省等于自我教育,而且纠正的速度快。所以,有条件的学校可以给教师分阶段拍一些教学视频,建立教师成长记录档案,鼓励教师相互听课,或对自己的课堂进行录音,课后再好好回顾,听一听,思考这节课的得失成败。这些措施有利于教师的自我提高,有利于教师的成长和成熟。

课堂需要美学情怀 | 2016-10-11,星期二

地理学科蕴含着丰富的美学元素,地理教师应该拥有美学情怀,让学生学会欣赏美、表现美和探索美,在美的体验中追求人生的幸福。如在指导学生阅读中国行政区划图时,可寻找线条轮廓的形象美,如黑龙江省像一只天鹅,青海省像一只小白兔,甘肃省就如一个大烟斗,还有黄河的"几"字形,长江中下游的"W"形等,这些形神兼备的区划轮廓,常看常新。指导学生观看中国山水视频,体验祖国山川的自然美:泰山之雄伟、华山之险峻、黄山之奇特、峨眉之秀丽,洞庭、太湖水光潋滟,滇池、洱海天云茫茫,等等。教学是一门艺术,美学则是这门艺术的窗口。地理教师要拥有美学情怀,从而更好地点燃学生的激情,激发其学习的动力。

坚持写教学反思 | 2016-10-12,星期三

美国心理学家波斯纳曾提出教师成长的公式:成长=经验+反思。每个教师在工作中肯定都有过成功、失败和酸甜苦辣的经历和感受,对教学都有自己的经验和体会,但很多教师忽略了教学反思。我也不例外,直到几年前,我才开始反思自己的教学行为,才开始写教学反思。几年下来,我觉得教学反思确实是教师成长的财富,是提高教育教学水平的有效途径,坚持写教学反思,让我的生活变得更加充实。我写教学反思有如下几点体会:①要及时写,抓住转瞬即逝的灵感,及时把它记录下来。②在内容上,一事一议,宜实不宜虚,每天分析一个现象,解决一个问题。③多读一些教

育类的报刊和书籍,提高教育理论水平,使教学反思更具科学性和创新性。④经常翻阅写好的教学反思,从点滴的记录中悟出教学规律和本质,从而更好地指导自己的教学实践。"锲而不舍,金石可镂",只要坚持写教学反思,我们的教育教学水平一定会得到提高。

跳出课堂看问题 | 2016-10-19,星期三

当我们发现有教师上课结结巴巴时,很可能有两个原因:一是教师对教学内容不够熟悉,二是教师口才不够好。于是,我们善意地向他提出建议,备课要充分,多看教材,提高口语表达能力,等等。可等到我们下次再去听他的课时,问题依旧。我们会抱怨这位老师太固执,不接受意见或过于懒惰不纠正问题,等等。其实,这位老师也特别自责,他在课堂上已经尽力了。我们对他失望的时候,他对自己也会丧失信心。事实上,如果教师语言表达出了问题,对教师的批评越多,他的口才就越难提高,批评只会使其产生紧张感和危机感。要提高教师的口语表达能力,需要的是多鼓励而不是批评,需要教师读更多的书籍,还原一个清晰的知识结构给学生,需要教师参加更多的教研活动,多与人沟通交流。因此,要真正解决教师在课堂教学中的问题,我们需要跳出课堂看问题。

备课的重要性 | 2016-10-21,星期五

对于教师来说,教学工作大致可分为三个部分:备课、上课、批改作业。备课最有利于教师教学能力的提高,也是为课堂教学充实内容的最佳途径。但现实情况是教师往往花在批改作业上的时间多,而花在备课上的时间少。这仅是把备课当作教师上课的一种延伸来看,如果把教师提高教学能力的过程都看作教师的备课,那教师欠备课的时间就太多了。批改作业是对上课的查漏补缺,但教师花那么多时间去批改作业足以证明一件事,那就是教师在课堂教学上的任务没有很好落实,课堂教学中的漏洞太多。教师应该花更多的时间去备课,而不是批改作业。

对学生优缺点评价的反思 | 2016-11-16,星期三

有一次,我在高二某班上课,多媒体怎么也打不开,任我如何检查、修

复,电脑就是没反应。在我焦急时,宋同学跑上来,不一会儿就把电脑打开了。我说:"宋同学的计算机水平是一流的,比老师水平还高!如果他在学习上也有这个高水平就好了!"可以设想,宋同学在听了这样的"表扬"后,是兴奋还是沮丧呢?作为教师,对学生的各种表现,火眼金睛,明察秋毫,可以说出太多的不是,然而却不能对学生身上的众多优点给予表扬和肯定。即使表扬,也要在表扬后加上"但是""如果",言下之意是你不要骄傲,你还有很多缺点,这样的表扬自然会降低效果。

对学生的缺点,教师不应否认,而应接纳和引导,告诉学生:虽然你有许多缺点,但仍掩饰不住我对你优点的欣赏,对你这个人的欣赏。表扬和肯定学生,让他产生自信,然后把他的自信迁移到改正缺点的过程中去,最后他的缺点会慢慢减少。这种评价观可以表述为:"优点不说不得了,缺点少说逐渐少。"

教学反思的内隐性 | 2016-11-17,星期四

反思是一个复杂的心理过程,教学反思是教师对以往的言论和行为重新做出价值判断和选择的过程。这个过程必然伴随新旧观念的激烈交锋,对与错、优与劣的选择判断,自我评价与他人评价的矛盾冲突,习惯行为与现实需要行为或理想行为的选择,等等,这些都是在心灵深处展开的,看不见摸不着,别人也无法窥视和描摹。这样,新我与旧我不断较量,这个过程是在心灵深处进行的,具有内隐性。反思伴随着教师的成长和发展,每个教师都有自己反思的对象和空间,而且每个人的反思都是独具特色、独一无二的。只不过有人意识到反思的存在与价值,有人没有注意到罢了。反思是教师融入教育改革主流的必然趋势和必要条件,具有强大的生命力。教师要用新的教育理念来衡量和评价以往的教育教学行为,并进行比较和筛选,从而改进以后的教育教学行为。

教案的"简单设计" | 2016-12-15,星期四

"简单设计"是针对通常教学中"精心设计"的教案而言的。很多教师的教案条理分明,环环相扣,问题一个接一个,设计相当精确详细,课堂时间安排往往也恰到好处。教过几年书的教师对教材的每个知识点、每个问

题的答案都了如指掌,但是正如德国教育家第斯多惠所说:"一个不好的老师给人真理,一个好老师则教人发现真理。"传统教学在有形无形中扼杀了学生的自主性和创造性,"教案"像一根无形的绳索,牵引着学生,在一定程度上也束缚着学生。学生智慧的火花转瞬即逝,激情的碰撞被无情压抑,所以我们提倡让教案的设计简单些,提倡从僵化的、呆板的线性教学设计走向灵活多变、发展余地广阔的模块教学设计。

教师学习的根本目的 ｜ 2016-12-29,星期四

教师学习的根本目的在于观念改变与行为改变的统一。教师专业发展的实现应表现在两个方面:一是实践性知识的获得、积累与提升,这是一条内隐的教师专业发展实现线路;二是课程与教学行为的调整、规范与创新,这是一条外显的也是更有实质意义的教师专业发展实现线路。我们经常可以看到,前者的改善虽然能够在一定程度上促发后者的改变,但两者之间并不具有必然关联,而唯有后者的改变才能实现教师专业发展的诸多教育价值。从另一个角度说,波斯纳的"经验+反思"并不必然等于教师的成长,实质意义上的教师专业发展必须依托实践来实现和检验。

教学目标的可观察性 ｜ 2017-01-13,星期五

教学目标是教学实施的方向和预期要达成的结果,是一切教学活动的出发点和最终归宿。教学目标的设计和表述应该具有可操作性、可观察性,能够通过大多数学生外置的行为表现来判断教学效果。一方面,教师设计和表述地理教学目标时,要注意选择和运用反映学生行为的外显性动词,如说出、说明、解释、绘制、制作等,尽量少用理解、掌握等不易观察的内隐性的行为动词,使教学过程与效果具有可观察性。另一方面,教师要注意发挥教学目标的导向作用,要减少教学过程与教学目标不关联甚至脱节的现象。教学目标是用来指导教学过程的,而不是应付检查的,学生评价也要紧紧围绕教学目标展开。

拥有几本爱读的书 ｜ 2017-02-24,星期五

苏霍姆林斯基在《给教师的建议》一书中这样说:"就像音乐家不随时

拿起自己心爱的乐器就不能生活一样,一个有思想的人如果不反复阅读自己心爱的书就无法生活。"我非常认同这个观点,拥有几本爱读的书,对一个人的思想进步、成长发展是非常重要的。苏霍姆林斯基的《给教师的建议》《和青年校长的谈话》等著作,正是我爱读的书,我是2009年在安徽师范大学读教育硕士时接触到这两本书的,当初只读几页我就被深深吸引了,立刻买了下来。此后的几年里,这两本书一直放在我的案头。我有空就拿出来翻翻,每次都会有新感觉,真是"常翻常新"。

怎能自相矛盾 | 2017-03-08,星期三

今天在高一(6)班讲人口迁移对地理环境的影响时,我从人口迁移对迁出区和迁入区的影响入手进行分析,而影响一般包括有利和不利两个方面。我说:"对于农村地区来说,农民外出打工有利于缓解人地矛盾,保护生态环境,促进经济文化交流,但也会造成劳动力和人才流失……"此时有个学生说,农民外出打工不是属于人口流动吗?它不是人口迁移。我当时听了心中一慌,急忙改正:"农民外出打工属于人口流动,我这里讲的是农村人口迁移……"课堂表述的差错是备课不充分引起的,课堂举例不能过于随意。

"听"自己的课 | 2017-03-14,星期三

今天在录播室给高一(5)班讲授了"人口分布与人口合理容量",录播设备很先进,隔音效果也好。下课时我把课堂实录复制带走,晚上到宿舍把白天上的课又看了一遍。上课时我精神抖擞,自我感觉良好,可是再"听"自己的课,我又有点惭愧和失望,如课堂导入时间过长,内容讲授不够精练,重点没有有效突破,等等。平时我们上公开课的机会并不多,一学期也就四五节课,但我们完全可以把每堂"家常课"上成给自己听的"公开课",以此督促自己精心备课,认真研究教法,提高课堂教学效率。一堂好课,既可以通过视频形式保留,也可以通过文字形式留存,而后者更应该成为一种常态。这两年我保存的课堂音视频材料并不多,今后要注意积累。我们只要用心,并持之以恒,一定能积累丰富的教学素材和研究资料,从而提升教学水平。

有声与无声的关系 | 2017-03-27,星期一

讲授是一种艺术,讲授中的"有声"与"无声"就是一种虚实相间的艺术,让听者在感受充实后沉静思索,激起想象的翅膀,孕育感悟的星光,为新的高潮酝酿、蓄势。那么,如何处理"有声"与"无声"的关系呢?其关键就是要让"有声"与"无声"合理搭配,既不是教者"满堂灌",说得上气不接下气,听者听得喘不过气来;也不是讲一句停半天,每句话都弄得支离破碎,毫无章法。"无声"的时间应适度,过短起不到应有的作用,过长则造成难堪的冷场,会降低讲授效率。所以优秀教师的讲授,常常是言"明"而不言"尽",不会让自己的声音始终充满课堂,言"明",使学生们得到启发,生成自己的理解,不言"尽",为学生创造性的理解留下空间。

研究什么 | 2017-04-25,星期二

教育本身就是具有创造性的精神活动,在教育的每个环节和整个过程中,教育者应充满人文情怀和独具个性的探索与思考精神。这里的思考首先是对自己的"研究",即把自己当作研究对象,揣摩、体验、品味自己的教育生活,同时关注、研究、审视别人的教育实践、教育思想,还包括研究各种教育现象、教育问题等等。"研究"就是既直接反思自己的教育行为,也通过别人来反思自己,从而不断提升自己的教育水平。这其实就是古人所说的"吾日三省乎己,则知明而行无过矣"。当然,不管从哪个方面着手研究,教师都应该具备四个"不停",即不停地阅读,不停地实践,不停地反思,不停地写作,如此研究才有成果,效果才能凸显。

为何不报名呢 | 2017-05-10,星期三

射阳县教研室发出通知,本月底将进行高中各学科优质课比赛,要求各学校组织教师积极参加。各学科至少有一个名额,但有的老师不愿报名,个中原因,一是认为自己课上得不好,参赛也难以获奖;二是怕"折腾",准备一节县公开课,从教学设计到磨课修改,前后至少要一个多星期。有老师为了减少麻烦,主动放弃了这个机会。其实,前进的路、成功的路本来就不是一帆风顺的,即使参赛得不到奖,也是一次锻炼和提高的机会。没

有失败,哪来的成功?莎士比亚说:"本来无望的事,大胆尝试,往往能成功。"一颗种子能不能发芽,放在口袋里是无法判断的,只有种到土壤里才有希望。

读书是最好的备课 | 2017-05-11,星期四

读书思考,本是个人的事。对教师而言,读书应当是生活的一部分,这不仅在于教师比一般人善于学习,还在于教师更能理解读书的趣味。教师是学生的榜样,学生会关注教师的智慧,关注教师与众不同的思维方法,他们也会观察教师的学习状态。如果学生看不到教师读书,只看到教师终日忙忙碌碌、"高谈阔论",也许学生很难领略"学习"的魅力,对教育可能会产生误解,对教师职业也会敬而远之。其实很多教师都是真正的读书人,他们头脑清醒,坐得住冷板凳,会利用一切机会充实自我。他们的业余时间总是与读书有关,他们安静地读书,与世无争,用阅读提升自己的人格魅力。教师爱读书,有智慧,有激情,这对学生的影响是无法估量的。学校有这样的教师,才会有书香,学生有这样的老师,学习才会是生命礼物而不是精神负担。

常备记事本 | 2017-05-15,星期一

勤奋的确是一个地理教师应该有的好习惯,然而需要我们地理教师掌握的知识太多,而且许多信息是课本之外的,就是再好的脑袋容纳的知识也是有限的。"好记性不如烂笔头",平时我们最好准备一个可以随身携带的小本子,遇到与教学有关的、有用的地理知识,如果不能复印、扫描或拍摄,就应该立即把它摘录下来。有时大脑闪现出转瞬即逝的灵感,有新想法或好主意,也应该及时记在本子上,有空再整理出来,这对我们提高工作水平是非常有益的。

教学反思的价值 | 2017-05-23,星期二

教学反思源自课堂,源自教育实践,更离不开教师的读书和学习。笛卡尔说:"我思故我在。"教师唯有通过对其所面对的教育教学实践和理论进行一种理性的自觉的积极的反思,才可能对自己的教学生活有较为全面

的认识和理解,进而创生出实践理论,反之则可能使教育教学长期停留于经验层面,阻碍自身专业发展。通过教学反思,教师有机会与学生对话、与自己对话、与教育对话。在"互联网+"时代,利用网络技术和教育大数据,共享他人经验和集体智慧而开展的教学反思,可以在更大范围、更高层次上交流教育教学经验、教学问题和教学困惑,深入探究教育教学事件产生的原因、对学生发展的意义以及价值评判的标准,进而得出更具深度的结论。"自主、合作、探究"式的教研和反思,可以进一步促进教师更新教学观念,改善教学行为,以思促改,以改促进,提升育人水平,同时形成自己对教育教学的独立思考和创造性见解,改进教师职业生存方式。

真实的课会有缺憾 | 2017-06-06,星期二

课不可能十全十美,十全十美的课造假的可能性较大。只要是真实的课就会有缺憾,有缺憾是真实的一个表现。如果公开课、观摩课要上成没有任何问题的完美的课,那么这个预设的目标本身就是错误的,这样的预设给教师增加很多心理压力。有了问题,才是进步的开始,不能把自己装扮起来、遮掩起来。日常教学中的课本来就有待完善,这样的课是真实的课。扎实、充实、平实、真实,说起来好像很容易,真正做起来却很难。但正是在这样一个追求的过程中,教师的专业水平才能提高,也才能真正享受到"教学作为一个创造过程的全部欢乐"。

教师的职业追求 | 2017-10-09,星期一

教师要具有一种善于从平凡的职业活动中发现美好事物的能力,具有一种对教师职业素质正确认识和有效驾驭的能力,具有一种不安于现状、敢于挑战自我的决心和勇气。当教师把自己看成教学活动的反思者和研究者时,他就会时时关注学科发展的动态,处处搜集教学反馈的信息,并高屋建瓴地进行研究。如此,教学与研究就成为他职业生命的两条腿,反思与研究也成为他职业发展的内在需求。当教师以终身学习作为自身发展的推动力时,他就会把自我发展与职业需求结合起来,把教学的成功与持续不断地学习结合起来,以昂扬的斗志、精益求精的态度、学而不厌的精神超越自我。这样,他的职业发展会呈现出更强的主动性和自觉性,他的职业生涯也会焕发出更加旺盛的生命活力。

语言表达能力的修炼 | 2017-10-12,星期四

马卡连柯说过,同样的教学方法,因为语言不同,效果可能会相差20倍。语言表达作为教师授课的主要手段,对教育教学质量的影响是决定性的。当一名好教师,要有一张"说书的嘴"。教师要善于表达,不仅要条理清楚,还要声情并茂,甚至要慷慨激昂;不仅要能说会道,还要有的放矢;要以最有效的方式使自己的观点为学生所理解和接受,所以教师要努力成为一名"演说家"。教育机智的发挥需要口才,一个教师课上课下总会遇到这样那样意想不到的问题,如果处理不当,就有损自身的形象;如果处理得当,自然会提高自己在学生中的威信。如果教师具备了优秀的演讲能力,他就会抓住有利的教育时机,用旁征博引的讲述启发学生,用发自肺腑的语言感动学生,用循循善诱的策略教导学生。因此无论工作时间多长,教学经验多丰富,教师都要经常性地对自己的语言表达能力进行修炼。

候课的好处 | 2017-10-26,星期四

教师提前几分钟到教室门口或教室内等候上课,这是一堂课的序曲,也是课堂活动的预备状态。候课有利于增进师生感情,教师提前进入教室,可以与学生沟通、谈心,缩短师生之间的心理距离。候课也是教师了解学生、把握学情的最好时机,通过短暂的观察、谈话,去了解学生的学习进度、身体状况、思想动态等,依据教学内容和学情,及时调整教学形式和方法,最大限度地调动学生学习的主动性和积极性。相反,如果上课铃响了,教师才匆匆忙忙走进教室,即使不迟到,也需要一点时间镇定下来,稳定情绪。这样,45分钟的课可能就变成44分钟甚至更少。另外,经常性匆匆忙忙上讲台,也影响教师形象。由此可见,候课这一教学环节,能体现出教师的教学艺术水平和敬业精神。

读准学生的名字 | 2017-11-01,星期三

早上在高一(1)班上第一节课,首先进行课堂提问,我教的班级多,学生不是都认识,只好看讲台上的名单提问。我提问一个名叫史婧的同学时读成了"史婧(qīng)",学生都笑了,有学生提醒说是"史婧(jìng)",她笑着

站起来回答了我的问题。同样的情况还发生在第三节课上，高二(5)班有个叫朱国晟的同学，我以前没有提问过他，因为他的名字我读不准，怕读错。今天提问时我读成了"朱国晟(chéng)"。大家都笑了，我当时是有点难堪的，幸好没影响到学生回答问题。一天当中，我念错了两个学生的名字，学生会怎么想呢？老师犯这种低级错误，会被学生当作笑料的。回到办公室，我立即找字典查清了这两个字的读音。看来，地理教师的书架上《新华字典》不可少，对不认识的人名、地名多查查字典是必要的。

问题从何而来 | 2017-12-18，星期一

在江苏省教育科学"十三五"规划2018年度课题申报中，我校老师参与热情高，都想申报课题，但有的老师不知如何选题，或者找不出想要研究的问题。其实，课题申报并不高深，也不神秘，问题从何而来？我认为应该从实践中来，从学校的实践中来，从教学的实践中来。只要是从实践中发现的问题、提出的问题，我觉得就有研究的价值。昨天王老师和我讲，每个班级总有几个或十几个学困生，上课不听讲，不思考，好动，成绩差，她正为转化这些学困生而苦恼。这是王老师也是很多老师遇到的问题，实际上这就是一个很好的研究课题。所以教师申报课题千万不要贪大求全、好高骛远，要贴近自己的教育教学工作实际，努力朝"细"和"实"的方面去做，坚持不懈研究教学中的细节，注重点滴积累，循序渐进，一定能在"小问题"上做出"大文章"。

教育反思的动力 | 2017-12-19，星期二

教育反思侧重的是对教师行动意义和行为改善的研究探索，强调"在教育中，通过教育，为了教育"。教师并不是以专业研究者的身份，而是以教师的职业身份对"最一般""最熟知"的教育现象、教育问题进行反思和研究，把实践与研究和谐地统一在教育过程之中。教师教育反思的动力来自对高效、优质教育的追求，来自自我成长和发展的需要。反思是教师取得实践成就和专业成长的途径。"骐骥一跃，不能十步；驽马十驾，功在不舍"，只要我们坚持教育反思，坚持实践创新，就一定能在普通的岗位上做出不平凡的成绩。

杂　谈

要使理想的宫殿变成现实的宫殿，必须通过埋头苦干、不声不响的劳动，一砖一瓦地去建造。

——高尔基

阅读的"有用"与"无用" | 2014-02-21,星期五

"有用"的阅读是需要的,所谓"学以致用",通过读书帮助我们解决工作、生活、学习中的具体问题,化解具体矛盾,这是最好的。但还应该有"无用"的阅读,古人讲,读书破万卷,下笔如有神,书读得太少,即使很"有用",也会产生很多弊端,所以阅读的"有用""无用"并没有明确的界限,今天看似"无用"的阅读说不定以后会派上大用场。教师作为人类精神文明的传承者,除了认真阅读教育教学专业书外,能不能阅读一些与教育教学关联不大的书——政治、哲学、经济、医学等方面的书? 现在教育最令人忧虑的问题之一,是相当多的要求孩子读书的人,自己却不读书,比如家长,比如教师。

苏北铁路建设的"短板" | 2014-03-05,星期三

说到交通发展,江苏人一直以处于全国领先地位而自豪。但分地域看就不同了,尤其是苏北的铁路建设是个明显的"短板"。江苏徐州、连云港、盐城、淮安、宿迁、扬州、泰州、南通这8个省辖市,面积占了全省7成,人口占了近6成,但经济总量仅占全省4成。发展经济交通要先行,苏北经济要赶上全省水平,交通还得跟上。目前,苏北除陇海铁路东段和从徐州穿过的京沪高铁、京沪铁路等少数铁路外,主要铁路技术标准低,如宁启铁路,时速120千米,实际运行时速只有80千米。铁路里程短,苏北人均拥有铁路才2.7厘米,不足全国平均水平的一半,是我国东部地区铁路发展的"洼地"。(后记:所幸的是,2015年后,苏北地区相继开工修建盐连铁路、盐通铁路、连淮扬镇铁路等。2018年底,青盐铁路运营通车,困扰苏北地区发展的交通瓶颈得到突破。)

培养学生的意志品质 | 2014-03-31,星期一

在地理教学中,教师应充分挖掘中外地理学家的感人事迹,进行德育渗透。很多地理学家,如李四光、竺可桢、魏格纳、伽利略等,不仅学术成就显著,而且具有高尚的品格,为我们留下了一座座人格的丰碑。在学习地球形状时,我们可以通过讲述麦哲伦环球航行的故事着重强调,在今天看

杂
谈

265

来十分简单的"地球形状"问题,人类却经历了几千年的探索,麦哲伦甚至为此付出了生命,以此激发学生学习的积极性,增强他们战胜困难、克服困难的信心和勇气。再如,学习"海陆的变迁",我们可以让学生阅读相关材料,了解魏格纳的故事。为寻找大陆漂移的证据,他四次前往格陵兰岛探险考察,并不幸遇难。引导学生讨论地理学家们给自己的启发,让学生在思考中感受他们的坚强意志和品格。

打磨自己的"压舱石" ｜ 2014-05-06,星期二

在大海里行船的人都知道,出海必须有压舱石,否则空船时容易翻船。教师的"压舱石"从何而来?我认为,一位教师是否有"压舱石",他的"压舱石"是否厚重,取决于他的阅读状况。任何一位教师都需要汩汩流淌的"长流水",需要通过阅读不断更新知识。教师在教育教学活动中面对的种种不确定性,并不是无法梳理的,学生的那些千差万别在本质上具有可以把握的人性逻辑。那些逻辑,就是教育的规律,就是青少年身心发展的规律,而古往今来那些教育经典,就是对这些规律的探索与阐释。如孔子的"因材施教""循循善诱""不愤不启""不悱不发"等,尽管时隔两千多年,但这些教育智慧并没有因时过境迁而失去意义。

作为一个教育者,教师首先应当是一个自觉的阅读者,通过对教育经典的阅读,去触摸教育的本质,让那些智慧与精神充盈于自己的头脑,体现在自己的育人活动中。久而久之,阅读就会慢慢沉淀为教师教育生命里的厚重的"压舱石",支撑起一个教育者的专业自信。

热情工作 ｜ 2014-05-26,星期一

研究表明,热情工作的人可以弥补20%能力上的缺陷,反之,缺乏热情的人只能发挥能力的50%。既然从事教育这份工作,就不能吝啬热情。

热情是一种热烈、稳固而深刻的情绪情感状态。在平凡的职业中,在普通的岗位上,不自暴自弃,永远让心保持高昂的姿态,满足心中的渴望,这就是一种热情。因为渴望本身就是不平凡的热情,我们要充满渴望,全力以赴,把自己的工作做得更完美。对工作保持热情,这是任何成功的人都必须具备的一个非常重要的品质。牛顿曾经说过:"无知识的热心,犹如

在黑暗中远征。"同理,光有知识或者能力,而没有工作热情,也难以取得工作的进步。如果把工作视为爱好,你就能做出惊人的成绩;如果把工作视为负担,你就难有成果。

好学校的标准 | 2014-06-20,星期五

"什么样的学校才是好学校?"对此,一位校长的回答是:"能让学生每天都愿意来的学校就是好学校。"这位校长的答案非常简单,然而其中的内涵却不简单,甚至可以说正是这样一种理念决定了好学校生活的特点。我还想加一句:"离开校园走向社会的毕业生,还想回来看看的学校就是好学校。"好学校绝不以分数和升学率的高低来衡量,好学校也不以其地理位置、规模、条件、办学历史等来衡量,关键是要看这所学校能否给学生以人文关怀,能否帮助学生成长,能否为学生引路,而这正是我们有些学校所欠缺的。

失败也是财富 | 2014-06-27,星期五

学习上的失败、工作上的失败、事业上的失败,对于失败,很多人认为是不光彩的,都避而不谈。但是,失败是通向成功的基石,成功的道路上总有一段失败的路要走。巴菲特说:"人不要怕犯错,我人生中犯过的错,最后没有一个不成为实际上好的东西的。"失败并不意味着永远的失败,在善于自我反省和总结经验教训的人面前,失败只是成功路上的基石。十九次失败,到第二十次获得成功,这叫坚持。过去的成功是我们的财富,过去的失败也是我们的财富。失败能不能成为财富,在于你能不能在失败中反思,如果对失败的经历视而不见,那么就意味着失去了一次让自己变强的机会,因为研究错误比研究成功更有价值。

海洋生物的多样性超乎想象 | 2014-09-25,星期四

西班牙国家研究委员会的科研人员在2010年12月至2011年7月航行3.5万海里,对世界海洋状况和生物多样性进行了迄今为止最大规模的调查。调查结果显示,海洋中鱼的种类可能是此前预计的10倍多,海洋中仍有大量不为人知的鱼类,在阳光无法抵达的水域,特别是在海洋中层生活

着大量未知的鱼类,某些鱼类甚至能够巧妙地躲过人类布设的渔网,而大洋深处存在数以千计的未知基因组成的病毒、细菌和原生物。对这些鱼类和微生物进行研究,有助于研究人员将来根据无阳光的环境变化来创造生命体,研究人员已开始对海洋生态环境的运转展开了新的探索。

研究自己 | 2015-01-09,星期五

研究自己是为了更好地认识自己,更好地提高自己。一个人可以认识别人,认识世界,但不一定能清楚地认识自己。"尺有所短,寸有所长",每个人都有自己的优点,也有不足。只有正确认识自己,才能充分发挥自己的优点,尽量少走弯路、错路,在适合自己的领域里尽情发挥自己的聪明才干,成就事业的辉煌。教师要善于用好两把尺子,一把尺子量别人的优点,一把尺子量自己的不足,以己之短比人之长,越比心态越好,越能奋进。如果以己之长比人之短,不仅不会长进,而且还会失去对人生的追求。一个人对自己的认识越清晰,上进的动力就越大,成功的概率也越大。

读一些名人名言吧 | 2015-01-12,星期一

课余闲暇时,我经常会翻看一些名人名言方面的书,这些书图书馆很多,看到精彩的我就抄录下来。这些贤哲箴言语言精练、极富真理,从这些字字珠玑的语言片断中,我们可以受到启发,获得智慧。以下是我今天摘抄的几条名人名言:

经验证明,能使大多数人得到幸福的人,他本身也是最幸福的人。——马克思

要完成伟大的事业,梦想和行动缺一不可。——法朗士

向命运大声叫骂又有什么用?命运是个聋子。——欧里庇得斯

只要今天胜于昨天,明天胜于今天,保持这种一步步向上攀登的活力,不就保持了真正的青春了吗?——池田大作

怎样写教育随笔 | 2015-03-02,星期一

中小学教师写教育随笔是一种非常好的反思自我、提升自我的方式。总结许多成功教师的经验,无疑有一个共性,那就是他们自觉地写教育随

笔。怎样写好教育随笔呢？首先,要有教育的热情与激情。对教育的热情与激情是写好教育随笔的原动力,这种原动力来自对教育事业的深度理解与热爱。其次,要多读书。中小学生都要读100本中外名著,身为教师怎能不读书？读书可以给人启发,可以丰富人的内涵,可以提升人的学养。再次,要勤于实践。实践出真知,一线教师最大的财富就是具有得天独厚的实践资源。教育教学中的收获、困惑,甚至日常教育琐事等,都是写教育随笔的好素材。最后,要学会思考。思考是总开关,要把读书的收获与启迪、实践的得失和感受行诸笔端,最关键的是要学会思考,学会辩证地思考、批判地思考。当然,写教育随笔要把心里想的、嘴里说的变为文字,这是需要一定的文字功底的。

爱心永恒 | 2015-04-21,星期二

全国优秀班主任、北京市劳动模范任小艾说:"爱自己的孩子是本能,爱别人的孩子是神圣。而教师所从事的工作就是一份神圣的工作,因为我们是在爱着别人的孩子。而在神圣当中又有高尚之人,他们不仅爱那些长得好看的、成绩好的学生,还爱那些长得丑的、成绩差的学生,甚至是残疾学生。这样的老师,他不仅神圣,而且是神圣中的高尚之人,可以说是上乘之人。"做教师如果缺乏爱心,那么即使他的教育教学水平再高,也很难得到学生的认可和尊重。我们都是从学生阶段过来的,我们印象最深的老师或者说最感激的老师,往往不是那些教学水平高的老师,而是最有人情味、最有爱心、最乐于帮助我们的老师。

做一个思考者 | 2015-04-23,星期四

孔子是位思想家,他说:"那种空手与老虎搏斗,没有船就直接蹚水过河的人,我是最不认同的。我最欣赏那种遇到事情之后忐忑不安,认真思考谋划而办成的人。"

不可能每个人都成为思想家,但每个人都可以做一个思考者。很多人都说自己很忙,没有时间思考。其实,思考是最不占用时间的,穿衣、刷牙、洗脸、吃饭、坐车、喝茶、听报告,无时无刻不可以思考。等待电脑开启的时候、等待上课的时候、等待学生回答问题的时候,都是可以思考的。或许我

们只是懒得思考或不屑思考,区区琐事,何需动脑?当然,思考是看不见的,而行动则有人关注,这可能就是有些人不注重思考的原因吧。如果不思考,一溜烟跑得飞快,但可能方向错了,走得越快,离目标越远。我们或许不是因为忙碌而没有思考,而是因为没有思考而忙碌。

要做综合评价师 | 2015-05-06,星期三

有一些评价方式把人划分成不同的等级,不合理,也不正确。人才没有高低之分,教师有教师的评价标准,学生有学生的评价标准,不同行业也应该有不同的评价标准。以往在学校里,老师和家长会更多地把学习成绩当作评价孩子的主要标准,但是这种观念是片面的,应该摒弃。未来,教师在对待学生的过程中不应该只看成绩,而应该关注他们的个人品质、兴趣爱好、奉献精神、人际交往能力等等,这样综合而全面的评价才是我们需要的,才是有意义的。让所有学生都成为特定领域的顶尖人物是不可能的,只要做有益的工作,对社会有所贡献,就是人才。

德育:学生发展之根 | 2015-05-13,星期三

德育在学生发展过程中有重要作用,正如苏霍姆林斯基所说:"道德是照亮全面发展的一切方面的光源。"他反对一味追求道德说教,认为知识是道德形成的前提,主张将德育渗透到智育、体育、美育和劳动教育中。苏霍姆林斯基将以人为本视作德育工作乃至一切教育工作的核心和灵魂,倡导德育工作应在全面了解青少年及其本质特点的基础上展开。他强调学生个体内在道德力量的唤醒。在《给教师的建议》一书中他这样写道:"道德准则,只有当它们被学生自己去追求、获得和亲身体验过的时候,只有当它们变成学生独立的个人信念的时候,才能真正成为学生的精神财富。"教育是一个将生活意识转化为自我意识的过程,而这一转化过程的发生并非得益于简单的、说教式的德育,而是教育者在学科教学和各类实践活动中的渗透和科学引导,其中重点关注的应是受教育者道德态度的实际转变。

"破窗效应"探讨 | 2015-05-15,星期五

俗话说一颗老鼠屎坏了一锅粥,此话虽有点难听,但也有道理。如果

把班级比作一锅粥的话,那个别"差生"可能就是"老鼠屎"(仅作比喻而已),能把班级搅得不成样子,甚至老师一想起他可能就会心神不宁。个别学生对班级的破坏力真是太大了,像某同学,他在班级一天,班级师生就难安宁一天,这就是典型学生对班级的破坏作用,这种破坏几乎涉及班级的方方面面。事实上,这种学生对于整个班级的影响,正在于他们是班级"破窗"的源头,因为他们总是最先违反规章制度。当他们率先打破班级第一扇"窗户"时,如果班主任和其他老师未能及时进行修补,那么其他学生就会因此受到某种暗示,而去试着打破更多的"窗户"。这种恶性循环一旦形成,学生的规则意识就会越来越淡薄,违纪行为就会增加。这种学生越多,班级就越混乱,这就是学生的"破窗效应"。

音乐课本怎么当坐垫了 | 2015-05-19,星期二

今天下午在高一(1)班监考,发现有学生用胶带把音乐课本粘在凳子上当坐垫用。这么好的教材怎么被学生用作坐垫了? 原来学校缺少音乐教师,高一不开音乐课,考试也不考,所以学生就把音乐书当作废纸了。音乐课真的不重要吗? 艺术不是可有可无,而是学生必备的文化素养之一。每个学校都应当开足开齐各门艺术课程,培养学生的艺术素养。学校不能因为一时缺少音乐教师就不开音乐课,而要千方百计尽快把音乐课开起来(可以请外校教师或退休教师来授课),同时要教育学生保管好课本,珍惜学习机会。

读书的习惯 | 2015-05-29,星期五

读书无捷径,没有什么简便省力的方法,首先要养成好的读书习惯。我认为读书要做到如下三点:一是勤,勤奋刻苦是成功的基础,想成功非勤不可。要尽量"挤"出时间读书,每周、每天都应该有读书的渴望,多动笔、勤思考。二是慎,谨慎小心,不把自己当成浏览器、收藏夹,而应该以放大镜、过滤器的模式去看书,能看到书中的闪光点、疑点或不足。三是谦,谦虚的态度,不管自己读了多少书,仍然要把自己当成小学生,"山外有山,楼外有楼",比我们聪明的人有很多,我们未知的东西也有很多。其次,还要有买书的习惯。图书馆肯定是要去,但借来的书不能随意写画,到时还要

归还,所以闲时可去书店逛逛,无论什么书都去翻一翻。现在网购也很方便,下单不几天新书就到了。自己所学的专业书籍、畅销书、别人推荐的好书,我觉得都要买一些。

做符合职业规范的教师 | 2015-06-09,星期二

我常看到一些老师把学生带到办公室批评训斥,这些学生要么作业没写,要么课堂打瞌睡,要么与同学发生矛盾,等等。教师批评的声音很大,尽是"指责"和"训斥",学生"说话""申诉"的机会很少。这一情况值得反思,在"高压"的态势下,教育效果到底如何? 当众被批评,学生会觉得没"面子"、惭愧、自责,有时会产生逆反甚至仇恨的心理。有教师守则这样写道:"不得以任何形式歧视学生。不得有意为难或贬低学生,不得在大庭广众下让学生丢脸。处理学生问题如有偏差,应勇于承认错误。"可以看出,教师被要求的不是当圣人,而是当一个符合职业规范的公职人员。教师应首先向"职业规范"看齐,从尊重学生的人格做起,关爱学生,助力学生成长,而不是单纯追求做"灵魂工程师"和"圣人"。

呼唤差异教育 | 2015-06-19,星期五

每一个学生都是有差异的个体,教育者要转变观念,把学生适应教育转变为教育适应学生。学生之间的差异表现在兴趣爱好、学习基础、实践能力、生活经验等几个方面上。如何在课程教学中尊重这些差异,落实素质教育,是教育者要研究的问题。我们开展差异教育的目的,不仅仅是教授学科知识,更希望每个学生都能够成为一个独立的、能创造的学习者。差异教育要求我们学会观察学生,在课堂中照顾不同学生的需要,鼓励各个层次的学生勇于表达,因为真正好的课程,不是由文本产生的,而是由学生产生的。

最好的生活 | 2015-06-22,星期一

最好能早起,可以到公园散步,也可以临清流而静坐,选择空气好的地方,让心境开阔。什么是幸福? 心情好就是幸福。

最好手头有一本喜欢的书,家里有一个可以放很多书的书柜。每天能

有一杯清茶在手,读几页也好,读几行也罢,心闲就是大自在。

最好能有一些爱好,诸如跑步、打球、下棋、唱歌、绘画、旅游等等。忙的时候,爱好是生命的一种补充;闲的时候,爱好是生命的一种满足。

最好能有几个知心朋友。海内存知己,天涯若比邻。朋友是生活中的阳光,当然,再好的知己,也要善待,也要学会体谅和包容,这样才能友谊长存。

生命重合 | 2015-06-25,星期四

从小学算起,一个人就算只读到初中毕业,也有9年的时间在学校度过;倘若读了高中、大学,那么就会多出6~7年,如果再读硕士、博士,那么又要多出5~6年……人从童年到青年的美好时光,大多是在学校和老师、同学一起度过的。我们每个人的生命历程都和学校、老师、同学有着割舍不了的关系以及忘却不了的情感。对于有的学生(后进生)来说,一提到老师,他们往往脸色骤变、神情暗淡,这种心情可以理解,因为在以往的岁月中,他们可能被无数次批评过、惩罚过,既不光彩,也很无奈。这样的学校生活往往令他们记忆深刻,而一些老师的言行更令他们刻骨铭心。如果有幸遇到一位让他们敬重的老师,那么他们会小心翼翼地把这些美好的时光珍藏在内心深处,因为那是他们读书生涯中为数不多的幸福时光。一个人的生命,就这样不得不与老师的生命重合在一起,不管时光如何流逝,不管记忆如何衰退,那些幸福或痛苦的时光都将伴随一生。

要坐得住冷板凳 | 2015-09-16,星期三

无论做哪个行业,没有点钻研精神,没有股痴迷劲儿,恐怕很难有高境界的职业体验。做学问要有坐冷板凳的耐心,司马迁历时14年,写成52万字的辉煌巨著《史记》;李时珍呕心沥血30年,成就《本草纲目》;达尔文写《物种起源》用了27年。如果缺乏耐得住寂寞的定力,没有独处时的冷静思考,这些成就是很难取得的。在当下,有些人对需要"久久为功"的事业缺乏耐心,总想着"一步登天",有些人学本领"三天打鱼,两天晒网",还有些人长着一颗"玻璃心",稍遇困难、挫折,就牢骚满腹,"鸣金收兵"。对这些人来说,最适合的"纠错"方法就是坐坐冷板凳了。当一些人沉浸于"成功

学"时,另一些人早已撸起了袖子加油干;当一些人在抱怨时运不济时,另一些人早已在坐"冷板凳"的修炼中看到了黎明的曙光。前路漫漫,要想成功,不妨下点慢功夫,先要耐得住寂寞,坐得住冷板凳,这样才能立得稳、行得远。

学会宽容 | 2015-09-28,星期一

有一首诗这样描述"宽容":

宽容是一种境界

宽容是一种洒脱

宽容是一种胸怀

宽容是一种美德

宽以待人是一种宽容

海纳百川是一种宽容

壁立千仞是一种宽容

以德报怨是一种宽容

宽容是克服困难的润滑剂

宽容是获得成功的铺路石

……

宽容能带给我们无尽的力量和收获。德谟克利特曾经说过这样一句话:"和自己的心进行斗争是很难堪的,但这种胜利则标志着这是深思熟虑的人。"我们应该学会宽容别人,宽容别人的同时也是在宽容自己;学会善待别人,善待别人的同时也是在善待自己。有了这种气度、这种胸怀,就能海纳百川、包容万物。对的,是踏向将来的基石;错的,是未来的镜子。这种经历对人生来说,就是一笔特殊的财富。

教育名言 | 2015-10-26,星期一

今晚我在宿舍翻看以前买的书,无意中看到美国心理学家奥苏伯尔的一句名言,我把它抄录下来,或许对我们教学工作有所启示:

假如让我把全部教育心理学仅仅归结为一条原理的话,那么,我将一言以蔽之:影响学生学习新知的唯一重要的因素,就是学习者已经知道了

什么。要探明这一点，并应据此教学，教学不应是从知识的逻辑起点开始，而应从学生已有的生活经验和知识点出发。也就是要注意学生已有的知识经验。

过好今天 | 2015-10-29,星期四

把今天过好其实很简单，就是你在吃饭的时候好好吃饭，睡觉的时候快快睡觉，看花的时候专注看花，读书的时候一心读书，使生活的每一个瞬间都充实、饱满。列夫·托尔斯泰说过："我们都在等待，等待着别的人来拯救我们自己。可是谁会来拯救我们呢？其实，唯有自救。"我们要懂得，此生不长，有些精彩只能经历一次，有些景色只能路过一回。不要等，有时等着等着，就让等待成为一种习惯，就会在等待中蹉跎岁月。不要怕，能说的立即说，能做的马上做。不要等待，等待只会让我们的年华消逝，到头来只怕是虚幻的一场空、一场梦。时间也许并不会永远给你明天，所以，不要把生命活成一场无尽的等待。过好今天，给自己挤出些时间，去做重要的事，见重要的人，让此生无憾！

学会改变自己 | 2015-11-18,星期三

偶尔会听到有老师说，这学期带的班级真差，又多了几个调皮捣蛋的学生。我觉得这是正常的事情，调皮捣蛋的学生年年有，他们顽皮、固执、任性，教育好这样的学生确实需要花费很大的力气。教师要调整好自己的心态，改变自己对学生的看法。面对这些十六七岁的青少年——未来社会的主人，要思考如何把他们引上成才的轨道。教师要在学科教学中通过各种教学活动来吸引他们的注意力，让他们在集体生活中学习知识，培养能力，接受情感、态度与价值观教育。教师坚持不懈在教书育人的路上走下去，一定会有成效。

"问号"不能变"句号" | 2016-01-15,星期五

有的教师基于错误的教育理念，将学生遵守课堂秩序作为教学所追求的主要目标，将"静"视为组织成功教学的标志。教师往往把学生的顽皮好动、质疑发难视为"违纪"的表现，常常以不冷静的态度加以限制，甚至训

斥,致使学生创新的种子尚未萌发便受到扼杀。从心理学的角度来看,好奇心是人们探究、发现新事物的内驱力,也是创新的基础。正因为如此,许多科学家提出要保持学生的"童心",实际上也就是要保护好他们在青少年时期所具有的强烈好奇心,强烈的好奇心孕育着创新的种子。

著名教育家尼尔·波斯特曼说:"孩子们入学时像个'问号',毕业时却像个'句号',那只能说是教学的失败。"在这里"问号"转变成"句号"所指的并不是学生的疑问都得到了解答,而是学生的好奇心在教学中被消磨殆尽,这是值得我们每位教学工作者深思的问题。

构建"未来蓝图" | 2016-03-11,星期五

眼下江苏省第14批特级教师申报工作正在进行,个人先申请,再由学校向县市教育部门推荐。特级教师对中小学教师来说是个崇高的荣誉,每个教师内心都无限向往。虽然不可能每个教师都能如愿以偿,一个人的"未来蓝图"也许对于现在只是一个美好的梦想,但你又怎么知道未来梦想不会成真呢? 我们的人生有何成就,到底取决于什么? 答案乃是当初所做的决定和我们的行动。当我们做出决定的那一刻,也许就注定了我们的梦想能实现到什么程度。特级教师令人羡慕,而实现特级教师梦的旅程更令人难忘。人生是公平的,只要我们用心去耕耘,从现在做起,从点滴做起,日积月累,锲而不舍,就一定会成功。

晚坐班的收获 | 2016-03-30,星期三

今晚在高一(5)班坐班,在巡视完教室、维持好秩序后,我坐到教室前的桌子旁,开始"忙碌"起来:先翻开教材,完成了"自然资源与人类""自然灾害与人类"两课时的备课任务,又批改了学生的练习册。第二节晚自习,我读了《地理教学》杂志上的两篇文章,摘录了一些材料,又写了一段文字(约500字)。时间过得真快,不知不觉就到了下晚自习的时间(21:40)。当我拿着书离开教室的时候,我觉得这个晚上过得很充实,时间没有浪费,而且我工作投入的状态也影响到学生,整个晚自习教室都是安静的,大家都在用心地读书。有的老师怕晚坐班,觉得没事可做,时间难熬,就上网或玩手机,我觉得这实在是浪费时间。晚坐班是学生自学的时间,也是坐班老

师备课、读书的大好时光,平时半天甚至一天才能完成的事情,晚坐班两节课就解决了,高效、充实。我喜欢晚坐班!

勇于承认错误 ｜ 2016-04-27,星期三

古人云:人非圣贤,孰能无过?知错就改,善莫大焉。每一位教师在工作中都可能会犯下不同程度的错误,犯错误其实并不可怕,可怕的是当错误犯下时拒不认错的态度。学生的心是非常敏感的,他们的眼睛是雪亮的,你是一个坚持真理的勇者,还是一个逃避错误的懦夫,在他们心中都有杆秤。事实上,教师纠正错误、挽回影响的真正苦口良药就是"不隐恶""不掩饰"。身教重于言传,无论教师说错什么、做错什么,都要敢于承认、勇于担当。同时,这也是一种无言的人格力量,能够直接映射到学生的心里,甚至能影响学生的一生。

千篇一律就等于毁灭 ｜ 2016-05-23,星期一

每个学生都是一个千差万别的个性世界。"没有差别的世界是一个孤寂的世界,没有差别的人只是一个没有个性的木偶。"作为教师,要善于了解每个学生的不同个性,精心呵护这些生命,走进他们独特的个性世界,悦纳、帮助和引导他们,让每个学生都能在温暖有爱的环境中茁壮成长。教师不应事事单一,时时统一,处处划一,实行简单的一个法子、一个模式、一个答案,导致千教一法、千人一面、千篇一律。千篇一律就等于毁灭,教师应该用行动去告诉学生,你是真心地在了解他、关心他,使他们产生强烈的自信,能够勇敢地面对困难和挑战,有勇气超越自我,不断进步,这种幸福感能够带给学生一生的积极心态。

成功从寂寞开始 ｜ 2016-06-03,星期五

有老师一个人在办公室是待不住的,备课没精神,读书打瞌睡,于是就上网或玩手机,浪费了宝贵时间,而他本人却并无感知。要想在本职岗位上有所成绩,要想成为一名优秀教师,就要耐得住寂寞。耐得住寂寞是一种难得的品质,它不是与生俱来的,它需要长期的磨炼和持续的自我提升。一个人的生活中总会有这样或那样的挫折,也会有这样或那样的机遇,只

杂

谈

277

要你有一颗耐得住寂寞的心，用心去对待、去守望，成功就一定会属于你。我们喜欢热闹和繁华，但更多的时候可能会与寂寞为伴，我们要用好寂寞的时光，认真读书、写字，反思过去，构思未来，这样我们就能不断充实、完善自己，当机遇向你招手时，你就能很好地把握，获得成功。

别迷信"参考答案" | 2016-06-17，星期五

这阵子备课，我把上课要讲的题目的"参考答案"誊抄上去了。上课以此为准，一般是不会有什么差错的，但今天在高二(2)班上课，却遇到了这样的窘境：我让学生做的5道题目，提供的"参考答案"竟然有2个错误答案，而且都是简单的题目。幸好我在让学生分析回答题目时及时辨出并纠正了错误答案，否则，如果像以前那样先公布答案再评讲，那要出笑话了。这就警示我，不要迷信和依赖"参考答案"，上课要讲的题目(无论难易)，课前一定要认真看一遍，有疑惑处可以查资料或与同事探讨，确保上课不出现"低级错误"。

比智力重要的是什么 | 2016-11-23，星期三

智力不是最重要的，比智力重要的是意志，比意志重要的是胸怀，比胸怀重要的是一个人的品德。正如美国心理学家卡耐基所说："在事业成功的各因素中，个性的重要性远胜过优秀的智力。"遗憾的是，有些人并没有意识到。一个人的胸襟和抱负，看起来与当下的考试与成绩无关，但其实这些才是一个人成长中最重要的。我们在看人物传记时，常常会对主人公幼年时的不同凡响印象深刻，原因就是这种成就动机对一个人的影响巨大。意志、胸怀、品德等因素，不是通过父母的说教——即"显教育"就能产生效果的，而是通过父母的行为——即"潜教育"内化进孩子心里的。培养孩子优秀品德的最好方式，除了父母做好表率外，就是要让孩子多读书，多读经典好书。

中国梦 人民梦 | 2016-12-08，星期四

习近平总书记说，中国梦是民族的梦，也是每个中国人的梦。国家好，民族好，大家才会好。中国梦与老百姓息息相关，中国梦最终要落实到老百

姓的幸福生活上,落实到解决老百姓关心的一件件具体事情上。老百姓对幸福生活的追求,构成了中国梦最坚实的基础。习近平总书记强调,实现中国梦,就是要实现国家富强、民族振兴、人民幸福。中国梦必须不断为人民造福,所以中国梦既是国家和民族的大义,又是老百姓实实在在的利益。

劳动生产率更重要 | 2016-12-23,星期五

在学习"人口增长模式转变"时,有的学生认为中国劳动力多,"人口红利"优势明显,在一些教辅资料中也有相关介绍。但实际情况发生了一些变化,国内外很多学者认为,比"人口红利"更重要的是劳动生产率。目前中国劳动年龄人口虽然在减少,但经济活动人口和就业人口的数量仍然持续增长,这是我国经济发展的巨大优势。但我国劳动生产率长期偏低,联合国劳工组织网站刊发的数据显示,2015年,中国劳动生产率仅为美国的74%,中国面临的问题不是人少而是人多,劳动力不是不足而是过剩。中国应不断提高劳动生产率,大力推进"中国制造2025"计划,促进制造业升级换代。

读书的好处 | 2017-01-05,星期四

每个星期我都会到县图书馆走一趟,看报纸,借图书,有时还会到书店走一走。读书、借书、买书成了我日常生活的一部分。有人问我,读书有什么用? 我没有认真思考过,但英国作家萧伯纳的一句名言或许可以回答这个问题,他说:"读了那么多东西,节目里并不一定直接用得到,只是为了不问愚蠢的问题而已。也许读过的东西有一天会全部忘掉,但正是这个忘掉的过程,塑造了一个人的知识结构和举止修养。"我的体会是,读书可以学到新知识,使人变得聪明,每个人在工作、学习或生活中都会碰到这样那样的困难、矛盾和问题,而很多解决方案就在书籍中,就看你能不能读到了;读书可以领略智者的思想,阅读名著、阅读经典可以让我们和智者对话,我们的思想也会因此变得成熟起来;读书可以提高一个人的涵养,使人变得有气质、有品位。当然,这种改变不是一蹴而就的,需要长久坚持才会慢慢显现。

读一读原文件 | 2017-01-16，星期一

今天我从教育部网站下载了《教育部等八部门关于推进中小学生研学旅行的意见》，并打印出来作为学习材料。中小学生研学旅行是目前教育界关注的热点之一，专家学者、新闻媒体对此作了大量解读和宣传。我虽然对其主要内容有所了解，但一直没有看过完整的文件，下载打印出来就可以细细品味和研读，这对我们提高教育理论水平、改进教学方式会有很大作用。近些年来，我已搜集了各种教育教学方面的政府文件、规定四十多份，装订在一起作为学习参考材料，有时间就拿出来翻看，受益无穷。

学问之用 | 2017-02-16，星期四

有老师经常讨论这样一个问题：高中地理所学的知识，如黄赤交角、气压带风带、洋流、地理环境整体性等，在实际生活中有何作用？这个问题提得好。确实，中学地理有些内容与学生生活关联度小，甚至难以找到应用的场所，但学习不能拿有用无用来衡量。语文教材中的古诗词、历史教材中的历史故事，于今天生活好像也没有用，但我们仍然要学。当年有人去问爱因斯坦，研究相对论有什么用？他也无法回答。真正的学习、真正的做学问不问有用无用，因为知识终究是力量。一切未知中都藏有真知，也许哪一棵野草就是将来打开生命大门的钥匙。我们向学生传授知识，落脚点不在于有没有用、能否带来各种价值，而在于激发学生探索未知世界的兴趣，在于让学生变得"聪明"起来。

追求有灵魂的教育 | 2017-02-17，星期五

人类的文明起源于智慧之爱，但不知从什么时候起，对知识的狂热追求淡化了对智慧的渴望：我们的教学方法和技巧不断花样翻新；教师辛辛苦苦工作，结果只是让学生学了大量考试后很快被遗忘的知识；学生的学习并不是为了获得最佳发展，而是为了得到考试成绩和他人的重视；素质教育、核心素养讨论得热火朝天，但如何有效实施目前仍没有明确方案，素养被分割成了各种技巧训练和知识的堆积，而远离了智慧。

有灵魂的教育意味着追求无限广阔的精神生活，追求人类永恒的终极

价值:智慧、自由、希望和爱,以及建立与此有关的信仰。真正的教育理应成为负载人类终极关怀的有信仰的教育,它的使命是给予并塑造学生的终极价值,使他们成为有灵魂、有信仰的人,而不只是热爱学习和具有特长的准职业者。

合作与竞争 | 2017-03-02,星期四

合作与竞争是一对矛盾的统一体,二者缺一不可。没有竞争,教师工作会缺乏动力;没有合作,竞争就可能偏离正确的方向。一方面,"它山之石,可以攻玉",以开放的心态主动去学习、借鉴其他教师的智慧和经验,对教师的成长是非常有益的。每位教师都有自己的优点和独特的思维方法,只要你善于同他人交流,便能从中学到很多东西。另一方面,在激烈的竞争环境下,每个人都可以充分发挥自己的聪明才智,把工作和学习上的事情做得更好。竞争中的合作十分必要,正如奥斯特洛夫斯基所说:"不管一个人多么有才能,但是集体常常比他更聪明和更有力。"要想成就一番事业,我们必须要有较强的合作意识和合作能力。在合作中,我们可以扬长避短,提高效率。合作,既有益于自己,又帮助了他人,何乐而不为呢?

学会"忙里偷闲" | 2017-03-03,星期五

昨天,地理组王老师有事请假了,她的课务分给了我和李老师,我们地理组本来人就少,她一走任务就更重了。现在我每周的课达到了22节,是教师中最多的。白天往往要上四五节课,还要备课、改作业,确实很忙。我早上在上班前,先安排好个人事务,然后去上课,午饭就在食堂吃,午后睡一觉,傍晚5点去操场跑步,6点吃晚饭。每天在办公室都会留几段"空白"时间,十分钟、二十分钟,暂时放下手头事务,喝点水、聊聊天或晒晒太阳,然后再回来工作。"文武之道,一张一弛",教学越忙、越辛苦,越要注意合理安排时间,要学会"忙里偷闲"。每天的运动、休息时间要有保证,我不主张为了工作而弄得筋疲力尽,否则工作也不会干好。

不忽视小事 | 2017-03-16,星期四

美国商业哲学家吉姆·罗恩说:"我认识的很多人都没有成功,而我却

成功了，我是怎么做到的呢？答案很简单：我觉得容易做的事情，他们觉得不去做更容易。"事实上，大多数人没能做到足够好，主要原因可以归结为一个词：忽视。让我们变得富有、强大和充满经验所需要的一切，全在我们触手可及的范围之内。为什么很少有人能充分利用自己所拥有的一切？主要原因就是忽视。不去做我们应该做的事情，会让我们感到内疚，而这种内疚会侵蚀我们的自信。随着自信心的下降，我们的活跃程度下降，我们的态度就会开始改变，我们的自信心就会进一步下降……如此不断地恶性循环下去，最终会击垮一个人潜在的充满快乐和希望的人生。因此，不要忽视去做那些简单的、基础的、容易的但有可能改变命运的事。

书籍的力量 | 2017-04-12，星期三

现在手机在高中学生中已经普及了大半，学生上课玩手机成了很多学校、老师烦恼的事。手机信息良莠不齐，玩游戏、聊天、看网络小说，会严重干扰学生的学习，使教学效果大为降低，但不允许学生用手机似乎也很难。我认为应该用书籍去代替手机：首先，图书馆、阅览室要正常向学生开放，鼓励学生多借书、多读书；其次，学校要建一些图书报刊亭，常年向学生销售图书报刊，特别是一些平价的报纸杂志和图书，让学生买得起；最后，允许学生在教室读课外书。书籍的力量是无穷的，只要学生多读书、读好书，我们就不愁教育不好学生。

无德者无教 | 2017-04-24，星期一

以身作则、以身立教是教师的天然职责。被誉为"万世师表"的孔子，把教师行为端正、道德高尚看作一种始源性的教育力量，"其身正，不令而行；其身不正，虽令不从"。孟子说"吾未闻枉己而正人者也"，意即一个教师，自己的行为都不端正，又怎能去教育学生呢？教师的本质特征是道德性，知识性是第二位的，甚至只是道德性的一个手段。苏格拉底提出了"美德即知识，知识即美德"的命题，就是在告诫为师者，之所以要传授知识，就是为了获得美德。教师之教，在传授给学生"谋事之才"与"立世立德"，立德是根本。学生或许可以容忍一个教师的无知，却无法容忍一个教师的无德。教师无德，其知识性就无法谈起。教师是精神的影响者，精神的改变

更多的是靠道德品质,只有教师的优秀道德品质对学生产生了影响,才能在其心底打下不可磨灭的烙印。

为了"晒课" | 2017-05-27,星期六

2017年度"一师一优课,一课一名师"活动已在全省范围展开,上周我已经把"人口分布与人口合理容量"一课的教学设计和课件上传到教育资源平台。今天学校组织课堂实录,我开始被安排在下午第三节课,后来王老师因故没能参加,我被调到上午第二节课上。这节课我已经准备了两周,课前我对教学各环节和过程又作了"梳理",应该说准备是充分的。哪知上课的时候,"人口普查"的视频没调好(跳转到一部电影镜头上去了),我一时没关掉,耽误了几分钟。课后录制的老师说,相关的镜头可以裁剪掉,但我想即使裁剪了,这节课"前松后紧",效果仍然不好。离开录播室,我真为这堂课的"失手"感到惋惜!后又一想,下午第三节课正好空着,为何不能再录一遍呢?我立即去找两位录制的老师商量此事,他们同意了。下午3:45,我组织高一(4)班学生到录播室又上了一遍,学生积极配合,课堂师生互动活跃,目标达成较好,虽然仍有不足,但比上午上得好多了,我是满意的。今天恰逢端午节放假,等我们下课的时候,其他班级已经放假。两位录制的老师热情为我服务,我真的非常感谢他们!

永不放弃 | 2017-09-01,星期五

作为教育工作者,教师应该具有"永不放弃"的精神。这不仅仅体现在对自我工作的态度上,更体现在教师对学生的爱,对学生教育的"永不放弃"上。确实,农村的教育不好办,有的学生不爱学习,不服管理;有的学生太调皮,总是惹是生非;有些学生太特别,怎么也教不会。这些学生对教师来说是严峻的考验,教师是服务者,你服务得好不好,学生和家长说了算,特别是后进生及其家长。要让学生和家长说好,你就要有投入、有奉献。不管怎样的班级总会有学生让你烦恼,我们应该多学习,多总结,多反思,多与学生特别是特殊学生进行沟通,一种方法不行换一种,持之以恒,久久为功。用爱心和"永不放弃"的精神去开启学生心灵的窗户,走进学生的心灵世界,成为他们的良师益友,这是非常重要的。

杂谈

283

网上热点与思维"活水" ｜ 2017-10-18,星期三

读书不断,新知不绝,人的思想跟着澄澈,生命也因此丰厚。可近些年来,一些年轻人的"源头活水"越来越少,几个朋友聊天,读书的话题似乎没人提了,而兴趣点都在手机和网络上,生活好像一直在被网络"热点"牵着跑。

互联网确实给人们获取资讯提供了便利,但我们也要看到,不少互联网内容装扮成新知的模样,看上去鲜活、有用、有趣,但热度过去,回头一看,或是空洞无物,或是千篇一律,或是无病呻吟,为的不过是利用你的好奇,完成传播轨迹,获取商业利益。作为用户的我们,花掉了自己宝贵的时间,"烧"干了学习思考的"活水"。信息不代表知识,热度更不代表智慧,热点面前,一颗求真之心会给自己带来一份思考:"我看到的是什么内容?""我有必要知道这些信息吗?""我是否在浪费时间?"警惕之中带些反思和自省,只有如此,网络热点才不会"烧"干我们思维和智慧的"源头活水"。

盐城缺水吗 ｜ 2017-10-19,星期四

在学生印象中,盐城属亚热带季风气候,降水丰富,河流纵横,水资源充足,不存在缺水问题。但现在情况发生了变化,随着工业化和城市化的发展,盐城水污染问题日趋突出,也陷入了守着河流没水喝的尴尬境地。为解决饮用水安全问题,盐城在京杭大运河宝应金氾水段开辟新水源地,通过大口径输水管道将南水北调源头活水引进来。新水源地及引水工程是盐城历史上最大的跨区域引水工程,最大的饮用水提档升级和安全保障工程。工程主线全长83千米,连同支线合计220多千米,总引水规模为每天115万吨,供水范围包括盐城中心城区、大丰区、建湖县、射阳县,受益人口近500万。

学习的价值 ｜ 2017-12-01,星期五

传统教育以传授知识为主,"知识就是力量"成为传统教育知识观的基础。传统教育的学习价值主要是知识的获得,即人们熟知的"求知明理"。而在终身教育的理念引导下,学习的价值追求正处在变革中:学习已不再

仅仅是"求知明理",学习的价值在于"使人成为他自己",在于人的个性的丰富与发展,"使他的人格丰富多彩,表达方式复杂多样;使他作为一个人,作为一个家庭和社会的成员,作为一个公民和生产者、技术发明者和有创造性的理想家,来承担各种不同的责任"①。

珍惜时间吧 ｜ 2017-12-06,星期三

人的生命是由时间构成的,时间是一种特殊的不可再生资源,但浪费时间是我们很多人的共同毛病,常看到有人在工作时间闲谈、玩手机、打游戏、炒股,时间似乎多的是,这其实正是我们平庸无为的原因。对于普通人来说,只有赢得时间,才能取得成功。有志者都是非常吝啬时间的,美国银行业大王摩根算是珍惜时间的模范。他每天除了接洽与生意有重要关系的人外,从来不与人交谈超过5分钟。对于没有什么重要事情,只是为了聊聊天而耗费宝贵光阴的人,摩根是不能容忍的,高效的工作和时间管理使摩根取得了事业上的成功。时间就是金钱,时间就是效率,时间就是成功的砝码。我们每个人最宝贵的财产就是自己手中的时间,好好地安排时间,就是对自己财产的打理;好好地利用时间,是我们摆脱平庸、赢得成功的重要途径。

三分教,七分带 ｜ 2017-12-28,星期四

在我的记忆中,20多年前教过我的老师中,印象最深的不是他们的专业知识和授课水平,而是他们的思想觉悟、道德素质以及他们对学生的关怀,这是终生难忘的。常言说:"做人,三分教,七分带。"无论是课堂教学还是日常言行,教师都在进行身教,都是在潜移默化地影响学生。"喊破嗓子不如做个样子",教师就是要以高尚的人格去影响学生,不管你教什么,无论你是有意还是无意,在传授知识的同时,你的气质、性格、观念、修养、爱好等都在影响学生。教师一个赞许的点头,一丝会意的微笑,一束鼓励的目光,都会渗入学生的心田。学生都有天然的"向师性",教师的一言一行都会引起他们的注意,并透过眼睛在他们心灵底片上留下影像,这个影像可能会被保存一辈子。

杂谈

285

① 联合国教科文组织国际教育发展委员会.学会生存:教育世界的今天和明天[M].北京:教育科学出版社,1996:2.